O LIVRO DE RECEITAS DAS ERVAS MEDICINAIS

Informações essenciais para plantar, cozinhar e produzir cosméticos e remédios naturais

O LIVRO DE RECEITAS DAS ERVAS MEDICINAIS

Informações essenciais para plantar, cozinhar e produzir cosméticos e remédios naturais

100 plantas de A a Z

PUBLIFOLHA

UM LIVRO DA DORLING KINDERSLEY
www.dk.com

Título original: *Cook, Brew, and Blend your Own Herbs*

COORDENAÇÃO DO PROJETO: PUBLIFOLHA
Editora-assistente: Paula Dume
Coordenação de produção gráfica: Mariana Metidieri
Produção gráfica: Rodrigo Luis de Andrade

PRODUÇÃO EDITORIAL: ESTÚDIO SABIÁ
Edição: Silvana Salerno
Tradução: Dafne Melo
Preparação de texto: Silvia Carvalho de Almeida
Consultoria: Roberta Braga Sanalios
(mestre em Biologia pela Universidade de São Paulo)
Revisão: Olga Sérvulo e Hebe Lucas
Editoração eletrônica: Pólen Editorial

EDIÇÃO ORIGINAL: DORLING KINDERSLEY
Editora: Susannah Steel
Fotografia: Peter Anderson, Peter Kindersley, William Reavell
Editora de projeto: Sarah Ruddick
Editora de projeto de arte: Kathryn Wilding
Diretor editorial: Dawn Henderson
Diretora sênior de arte: Marianne Markham
Editor sênior de criação: Nicola Powling
Editora sênior de criação: Caroline de Souza
Editor de produção: Ben Marcus
Controladora sênior de produção: Alice Sykes
Apoio técnico de criação: Sonia Charbonnier

DK ÍNDIA
Editores: Alicia Ingty, Chitra Subramanyam
Editores-assistentes: Tina Jindal, Ekta Sharma
Editores de arte: Neha Ahuja, Devika Dwarkadas, Shruti Soharia Singh
Diretora-assistente de arte: Era Chawla
Diretora editorial: Glenda Fernandes
Diretora de arte: Navidita Thapa
Diretor de produção: Pankaj Sharma
Diretor de paginação: Sunil Sharma
Diagramadores: Dheeraj Arora, Jagtar Singh
Paginadores: Neeraj Bhatia, Tarun Sharma
Assistente de paginação: Sourabh Challariya

Pessoas com restrições alimentares devem ficar atentas aos ingredientes indicados nas receitas.

As fotos deste livro podem conter acompanhamentos ou ingredientes meramente ilustrativos.

Dados Internacionais de Catalogação na Publicação (CIP)
(Câmara Brasileira do Livro, SP, Brasil)

O livro de receitas das ervas medicinais / Susan Curtis... [et al.] ; (tradução Dafne Melo). – São Paulo : Publifolha, 2011.

Outros autores: Louise Green, Penelope Ody, Dragana Vilinac

Título original: Cook, brew, and blend your own herbs
ISBN 978-85-7914-303-8

1. Ervas 2. Ervas - Uso terapêutico 3. Matéria médica
I. Curtis, Susan. II. Green, Louise. III. Ody, Penelope.
IV. Vilinac, Dragana.

11-04160 CDD-615.321

Índices para catálogo sistemático
1. Ervas : Uso terapêutico : Fitoterapia 615.321

A grafia deste livro segue as regras do Novo Acordo Ortográfico da Língua Portuguesa.

PUBLIFOLHA
Divisão de Publicações do Grupo Folha
Al. Barão de Limeira, 401, 6º andar
CEP 01202-900, São Paulo, SP
Tel.: (11) 3224-2186/2187/2197
www.publifolha.com.br

Impresso na Tien Wah Press, Cingapura.

Sumário

Tanacetum parthenium
Tanaceto

AS AUTORAS

Susan Curtis

Susan é homeopata especialista em medicina natural e diretora da empresa Neal's Yard Remedies, na Inglaterra. Já escreveu diversos livros sobre saúde, como *Essential Oils*, e é coautora de *Natural Healing for Women*. Tem dois filhos e seu maior prazer é ajudar as pessoas a viver de maneira mais natural.

Louise Green

Militante ecológica, luta em prol dos produtos orgânicos e de uma vida mais sustentável. Trabalhou por 15 anos na empresa Neal's Yard Remedies atuando em uma série de funções, desde comprar até desenvolver os produtos. Recentemente tornou-se diretora de sustentabilidade. Mora em Londres.

Penelope Ody

É membro do Instituto Nacional de Médicos Fitoterapeutas, na Inglaterra. Tornou-se fitoterapeuta na década de 1980, atuando como consultora na área por 12 anos. Já escreveu mais de 20 livros sobre ervas medicinais ocidentais e chinesas. Atualmente ministra workshops em Hempshire sobre a utilização das ervas na medicina tradicional e na culinária.

Dragana Vilinac

Com vasto conhecimento na área, pertence à quarta geração de uma família de fitoterapeutas. A paixão pelas ervas a fez viajar para diversos lugares do mundo. Lecionou as disciplinas ervas medicinais ocidentais e medicina tradicional chinesa. Também atua na Neal's Yard Remedies como fitoterapeuta-chefe.

Introdução

De acordo com a Organização Mundial da Saúde (OMS), os fitoterápicos são o tratamento médico mais usado no mundo. Em muitos países desenvolvidos, esse conhecimento havia sido praticamente esquecido, porém nas últimas décadas o interesse ressurgiu, e cada vez mais pessoas vêm descobrindo suas vantagens.

Usadas corretamente, as ervas podem proporcionar uma vida mais holística. Muitas delas são empregadas em fórmulas de remédios da medicina moderna. Ministradas adequadamente, não oferecem riscos e podem ser bastante efetivas no tratamento de diversos males. É possível, por exemplo, tratar resfriados, gripes e ferimentos leves durante os primeiros estágios, evitando assim que o problema se agrave e seja necessário entrar com remédios alopáticos, que geram efeitos colaterais muitas vezes indesejáveis.

Aprender quais ervas funcionam para cada necessidade nos permite saber mais sobre as plantas e a natureza como um todo, e também sobre os processos de cura. Algumas ervas, entretanto, não são indicadas para todos, ou em determinados estágios da vida, como durante a gravidez. Diante de qualquer dúvida, procure sempre um médico.

Todas as receitas deste livro foram experimentadas e testadas, por isso asseguramos que elas são ótimas e funcionam. Há também fotos mostrando uma série de ervas raras e com sabores diferenciados, para que a experiência de cada um seja segura e que a saúde seja realmente beneficiada.

A Neal's Yard Remedies possui mais de 30 anos de experiência na elaboração de produtos naturais para a pele e os cabelos. Estamos orgulhosos de poder compartilhar algumas de nossas receitas naturais preferidas, que ajudam nos cuidados com o visual sem agredir o corpo. Divirta-se criando produtos naturais feitos por você mesmo!

Susan Curtis, diretora da empresa Neal's Yard Remedies

Nota da consultoria

Hipócrates, o pai da medicina, escreveu: "Deixe a comida ser seu remédio e o remédio ser sua comida". Muitas das ervas descritas neste livro são reconhecidas tanto pelo seu uso medicinal como por serem saborosas. As receitas dão ideias criativas para apreciar cada planta, combinadas com ingredientes saudáveis. Embora nem todas as ervas medicinais tenham sido estudadas pela ciência moderna, a maioria resistiu ao teste do tempo. Espero que este livro possa ajudar no tratamento e na prevenção de moléstias menos graves, bem como entender os tratamentos elaborados pelos fitoterapeutas. Mas não se esqueça de sempre procurar um médico quando tiver problemas sérios de saúde.

Dr. Merlin Willcox, membro da Academia Real de Medicina e da Academia de Médicos Fitoterápicos

Ervas de A a Z

Descubra cem das mais eficientes ervas medicinais para manter a saúde e o bem-estar. Veja como usar cada planta para curar doenças comuns e aprenda a cultivar e colher suas próprias ervas.

Achillea millefolium Mil-folhas

Nativa da Europa e da Ásia ocidental, é usada para curar ferimentos, embora também tenha substituído o lúpulo na produção de cerveja na Alemanha e países nórdicos. Com propriedades adstringentes e redutora de secreção no pulmão, é usada em remédios para resfriados e para o trato urinário. Também conhecida como milefólio.

CARACTERÍSTICAS
Resistente, perene e de pequeno porte. Espalha-se por 5-20 cm.

PARTES USADAS Folhas, flores, óleo essencial

PRINCIPAIS COMPONENTES Asparagina, óleo volátil, ácido valérico, ácido salicílico, esteroides, flavonoides

AÇÃO Adstringente, vasodilatadora, estimulante digestiva, diaforética, febrífuga, regula a menstruação. Óleo essencial: anti-inflamatória e antialérgica

COMO USAR

INFUSÃO Tome 1 xícara de uma infusão padrão (p. 342), três vezes ao dia, para estimular a produção de suor e reduzir a febre. Combina bem com flor de sabugueiro e hortelã para curar resfriados. Também estimula o apetite.

TINTURA Use 1-2 ml (20-40 gotas), três vezes ao dia, junto com outras ervas para o tratamento de infecção urinária.

FOLHA FRESCA Coloque uma única folha para estancar sangramentos nasais.

POMADA Passe em cortes e arranhões.

ÓLEO DE MASSAGEM Misture 10 gotas do óleo essencial em 25 ml de óleo de erva-de-são-joão para massagear articulações inflamadas.

INALAÇÃO Ferva 1 colher (sopa) de flores em água para aliviar a febre do feno (reação alérgica ao pólen das plantas).

COMO OBTER

CULTIVO Plante em terra seca e que receba sol diretamente. Colha as sementes na primavera. A propagação pela divisão da raiz deve ser feita na primavera ou no outono. Pode facilmente se tornar invasiva.

NA NATUREZA Pode ser encontrada em jardins, pastos, cercas vivas ou prados.

COLHEITA As flores podem ser colhidas assim que brotarem e as folhas e outras partes aéreas, durante o verão.

CUIDADO Em casos raros, a mil-folhas causa irritação na pele, pois o uso prolongado pode aumentar a fotossensibilidade. Não use na gravidez. Não use os óleos essenciais sem orientação de um especialista.

Actaea racemosa Erva-de-são-cristóvão

Originária do Canadá e do leste dos Estados Unidos, era o remédio preferido dos povos da América do Norte, sendo usada para curar diversas moléstias ginecológicas, picadas de cobra, febre e doenças reumáticas. Na Europa, é empregada desde o século 19, onde é conhecida como *Cimicifuga racemosa*. Já foi relacionada a danos no fígado, por isso seu uso é restrito em alguns países.

FLORES
Quando florescem, no fim do verão, são brancas e macias. Parecem-se com as flores da espécie escova-de-garrafa (Callistemon sp)

FOLHAS
Quando totalmente desenroladas, são elegantes e divididas na base, podendo chegar a 90 cm de comprimento. São indicadas para decorar jardins de plantas selvagens

2 m

CARACTERÍSTICAS
Ereta, perene e arbustiva. Espalha-se por 60 cm.

PARTES USADAS Raiz e rizoma
PRINCIPAIS COMPONENTES Derivados do ácido cinâmico, taninos, isoflavonas, cromonas, ácido salicílico e glicosídeos de triterpenos
AÇÃO Antiespasmódica, anti-inflamatória, antirreumática, analgésica, alivia os sintomas da menopausa, combate cólicas e sintomas da TPM, diurética, sedativa, antitussígena, reduz a pressão e a glicemia, emenagoga

COMO USAR

TINTURA Tome 20-40 gotas, três vezes ao dia, quando estiver com dor; misture com a mesma quantidade de tintura de agripalma e tome, três vezes ao dia, para sintomas da menopausa. Tome 20 gotas, três vezes ao dia, com a mesma quantidade de valeriana, para tratamento de pressão alta.
DECOCÇÃO Ferva 15 g da raiz em 900 ml de água por 15 minutos, duas vezes ao dia, para aliviar dores reumáticas, nevralgia facial, tendinite, inflamação do nervo ciático e dor lombar.
CÁPSULAS Use para mal-estar da menopausa e doenças reumáticas; siga as instruções da embalagem. Não ingerir acima de 40 mg por dia.
XAROPE Misture 300 ml de uma decocção (ver acima) com 225 g de açúcar ou mel. Ferva por 5-10 minutos. Tome 5 ml a cada 2 ou 3 horas, para aliviar tosses.

COMO OBTER

CULTIVO Gosta de terra úmida, fértil, em sombra parcial. Coloque as sementes em um suporte e, depois que brotar, transfira para um vaso de 7 cm. Plante em local definitivo no final da primavera.
NA NATUREZA É encontrada nos Estados Unidos e em partes da Europa.
COLHEITA Colha as raízes maduras no outono.

CUIDADO Não tome mais que o indicado, pois pode causar problemas hepáticos. Não utilize caso já tenha tido alguma disfunção no fígado. Em caso de dúvida, procure um médico. Não use na gravidez.

Agastache rugosa **Agastache**

Nativa do leste asiático, incluindo partes da Índia, da China e do Japão. É conhecida na medicina chinesa como *huo xiang*. Indicada no tratamento de problemas de má digestão, náuseas, vômito e falta de apetite, é usada há mais de 1.500 anos.

PARTES USADAS Partes aéreas, óleo essencial
PRINCIPAIS COMPONENTES Óleos voláteis (incluindo metil-chavicol, linalol, anetol, anisaldeído, limoneno, pineno)
AÇÃO Bactericida, fungicida, diminui a febre, carminativa, diaforética

COMO USAR

INFUSÃO Tome 1 xícara de uma infusão padrão (p. 342) feita com as partes aéreas, duas vezes ao dia, para indigestão e gases.
LOÇÃO/POMADA Use 1 xícara da infusão em compressas para micose, ou faça uma pomada e aplique três vezes ao dia. Pode também misturar 10 gotas do óleo essencial com 15 ml (1 colher de sopa) de óleo de amêndoa.
TINTURA Tome 10-40 gotas com um pouco de água para aliviar náuseas.
DECOCÇÃO Na medicina tradicional chinesa, é misturada com ervas como *huan qin* (escutelária) e *lian qiao* (sino--dourado) para tratar diarreia aguda.
REMÉDIOS PATENTEADOS Está presente em fórmulas de remédios patenteados na China, como o *huo xiang zheng qi san*, pó feito com agastache que ajuda a diminuir as secreções no pulmão.

COMO OBTER

CULTIVO Prefere solos bem drenados, férteis e com matéria orgânica decomposta. Deve receber luz do sol diretamente. Plante as sementes em vasos de 7 cm e depois transfira para um lugar maior.
NA NATUREZA Não é facilmente encontrada fora de seu *habitat*. Colete as folhas durante toda a estação de crescimento e use como substituta da hortelã. Também pode ser empregada no preparo de chás.
COLHEITA Colha as partes aéreas no verão, antes de as flores aparecerem.

> **CUIDADO** Na medicina chinesa, não é administrada em casos de febre. Não use na gravidez.

FLORES *Vão do lilás ao roxo, aparecem no verão e atraem insetos. São indicadas para arranjos de flores*

FOLHAS *Possuem um cheiro que lembra uma mistura de alcaçuz com hortelã. Podem ser usadas na culinária para temperar carnes e molhos*

CARACTERÍSTICAS *Planta perene e resistente. Espalha--se por 60 cm e possui flores que chegam a 10 cm de comprimento.*

Agrimonia eupatoria Agrimônia

Encontrada na Europa, no Norte da África e na Ásia ocidental, é usada como erva medicinal desde a Antiguidade: originalmente, para tratar doenças oculares e diarreia, e depois para curar ferimentos. Atualmente é empregada para tratar doenças urinárias e má digestão. Uma variedade chinesa, a *Agrimonia pilosa*, é usada de forma similar no Sudeste Asiático.

FLORES
No outono, as flores, amarelas, produzem frutos em forma de ouriço, com carrapichos

No verão, podem ser facilmente encontradas em cercas vivas e lugares úmidos

FOLHAS
Tanto as flores como as folhas são usadas para tratar problemas urinários e ferimentos

60 cm

CARACTERÍSTICAS
Perene com caules eretos e folhosos. Espalha-se por 20-30 cm.

PARTES USADAS Partes aéreas
PRINCIPAIS COMPONENTES Taninos, cumarinas, flavonoides, óleo volátil, minerais (incluindo sílica), vitaminas B e K
AÇÃO Adstringente, diurética, cicatrizante, colagoga

COMO USAR

INFUSÃO Tome 1 xícara de uma infusão padrão (p. 342), três vezes ao dia, para melhorar a digestão ou para fortalecer o aparelho digestório. A agrimônia é uma erva ótima para crianças com diarreia (consulte um herbalista para saber a dosagem correta).
LOÇÃO Faça uma infusão padrão para limpar cortes, arranhões, eczemas e úlceras varicosas. Pode ser aplicada diversas vezes ao dia.
GARGAREJO Use 1 xícara de uma infusão padrão para fazer gargarejo em casos de laringite, dores na garganta e rouquidão.
TINTURA Tome 1-4 ml (20-80 gotas), três vezes ao dia, para auxiliar no tratamento de cistite, infecções urinárias ou incontinência. Se os sintomas persistirem, procure um médico.

COMO OBTER

CULTIVO Prefere solo fértil, úmido, sombra parcial ou sol direto. No outono ou na primavera, plante as sementes em um suporte e depois passe para o lugar definitivo.
NA NATUREZA Pode ser encontrada em terrenos de terra úmida. Suas flores amarelas chamam a atenção.
COLHEITA Colha as partes aéreas no verão, quando está florescendo.

CUIDADO Por ser adstringente, deve ser evitada em casos de constipação.

Alchemilla xanthochlora Pé-de-leão

Também conhecido como alquemila, é tradicional no tratamento de moléstias ginecológicas, principalmente para regular a menstruação e diminuir o fluxo intenso, além de facilitar o pós-parto. Originário do Norte da Europa e de regiões montanhosas do sul europeu, nos últimos anos tem sido bastante utilizado como planta ornamental em arranjos.

FLORES
Bem pequenas, aparecem no fim da primavera e no início do verão. Podem ser colhidas com as folhas

FOLHAS
Em inglês, é chamado de lady's mantle – manto de senhora – devido ao formato de suas folhas

CAULE
É comprido e se desenvolve a partir de uma roseta de folhas na base

CARACTERÍSTICAS
Perene, arbustiva, com porta-enxerto fibroso; espalha-se por 50 cm.

PARTES USADAS Partes aéreas
PRINCIPAIS COMPONENTES Taninos, ácido salicílico, saponinas, fitoesteroides, óleo volátil, princípio amargo
AÇÃO Adstringente, regula a menstruação, auxilia a digestão, anti-inflamatória, cicatrizante

COMO USAR

INFUSÃO Tome 1 xícara de uma infusão padrão (p. 342), cinco vezes ao dia, para diarreia aguda ou gastrenterite. Indicada também para cólica e fluxo menstrual intenso.
TINTURA Tome 1-2 ml (20-40 gotas), três vezes ao dia, para regular o ciclo menstrual. Tome com a mesma quantidade de erva-de-são-joão, para aliviar cólicas menstruais.
LOÇÃO Use uma infusão padrão para limpar arranhões ou eczemas.
GARGAREJO Use 1 xícara de uma infusão padrão para aliviar dor de garganta, laringite e aftas.
POMADA/CREME Aplique durante a noite e pela manhã em casos de coceira ou corrimento vaginal. Use um aplicador vaginal. Se os sintomas persistirem, procure um ginecologista.

COMO OBTER

CULTIVO O pé-de-leão é uma planta resistente e perene, desenvolvendo-se em solo úmido e bem drenado, com sol direto ou sombra parcial. Pode ser semeado diretamente no solo na primavera ou por divisão na primavera ou no verão. Espalha-se com facilidade.
NA NATUREZA Encontrado no Norte da Europa e nas regiões montanhosas da Europa central e sul.
COLHEITA Durante todo o verão, pode ser colhido nos jardins.

Allium sativum **Alho**

Acredita-se que seja originário do sudoeste da Sibéria, tendo se espalhado pela Europa e Ásia na Antiguidade. É usado como planta medicinal há mais de 5 mil anos. Reduz o colesterol e o risco de ataques cardíacos. Também é um forte antibiótico para o tratamento de resfriados, infecções respiratórias e para diminuir a secreção pulmonar.

PARTES USADAS Bulbo
PRINCIPAIS COMPONENTES Óleos voláteis (incluindo alicina, alina e ajoeno), enzimas, vitaminas A, B, C e E, minerais (incluindo selênio e germânio), flavonoides
AÇÃO Antibiótica, expectorante, diaforética, antitrombótica, anti-histamínica, vermífuga, reduz a pressão, a glicemia e o colesterol

COMO USAR

SUCO Tome 5 ml (1 colher de chá) do suco, duas vezes ao dia, para combater infecções, arteriosclerose, ou para reduzir o risco de trombose.
ALHO CRU Antes de dormir, esfregue 1 dente de alho cru em regiões da pele com acne. Inclua 2-3 dentes de alho cru na alimentação todos os dias, para diminuir os riscos de doenças cardiovasculares e baixar o colesterol, ou para prevenir resfriados e gripes.
CÁPSULAS Tome 1 cápsula antes das refeições (veja a dosagem na embalagem), para evitar infecções sazonais.
TINTURA Tome 2-4 ml (40-80 gotas) com água, três vezes ao dia, para tratar problemas cardiovasculares, problemas respiratórios ou infecções por fungos.
PÓ Para quem já sofreu um ataque cardíaco, é recomendável tomar todos os dias 1 colher (chá) de alho em pó diluído em água.

COMO OBTER

CULTIVO Prefere lugares mais quentes, solo profundo e fértil, com luz direta do sol. No outono ou no inverno, plante os bulbos ou dentes individualmente, a 5-10 cm de profundidade.
NA NATUREZA Em geral, é encontrado apenas em áreas de cultivo.
COLHEITA No final do verão e no início do outono. Deixe secar antes de congelar.

CUIDADO O óleo de alho pode causar irritações na pele e deve ser ingerido somente em cápsulas. Também pode causar irritações estomacais em algumas pessoas.

DENTES
Usar alho na cozinha é saboroso e ajuda a baixar os níveis de colesterol

BULBO
O óleo de alho, extraído por meio da destilação dos bulbos, é usado em cápsulas para melhorar a circulação e a respiração, bem como contra infecções

CARACTERÍSTICAS
Bulbos perenes com flores brancas no verão. Espalha-se por 23-30 cm.

Aloe vera **Babosa**

Nativa da África tropical, onde era usada como antídoto, a babosa, também conhecida como *aloe vera*, chegou à Europa na Antiguidade e era empregada pelos gregos e romanos como cicatrizante. A seiva é refrescante e por séculos tem sido usada para curar queimaduras, inflamações e feridas na pele. A folha inteira é purgativa. O uso interno é restrito em alguns países.

FOLHAS *São grossas, pontiagudas e com espinhos nas bordas. Às vezes, aparecem manchas vermelhas em plantas jovens*

O gel contido dentro das folhas é bactericida para Staphylococcus aureus *e diversas espécies de estreptococos*

CARACTERÍSTICAS *Perene, sensível a geadas e sempre verde, tem tamanho indefinido.*

PARTES USADAS Folhas, gel
PRINCIPAIS COMPONENTES Antraquinonas, glicosídeos (incluindo aloína e aloe-emodina), resinas, polissacarídeos, esteroides, saponinas, cromonas
AÇÃO Purgativa, colagoga, cicatrizante, tônica, bactericida, fungicida, sedativa, vermífuga, emoliente

COMO USAR

GEL Corte a folha ao meio no sentido do comprimento e use o gel diretamente. Se preferir, raspe com uma faca. Aplique em queimaduras (incluindo as de sol), pele ressecada, feridas, infecções por fungos, irritações na pele do bebê, herpes-zóster, micose, picadas de insetos, eczema, vermelhidão por alergias ou coceiras.
TINTURA Faça com a polpa de uma folha. Tome 5 ml (1 colher de sopa), três vezes ao dia, para tratar constipação, ou ½-3 ml (10-60 gotas), três vezes ao dia, para aumentar o apetite ou estimular a produção de bile em caso de má digestão.
CÁPSULAS Há versões com a polpa em pó. Use 100-500 mg para constipação.
CONDICIONADOR Misture 10 ml (2 colheres de sopa) do gel com 120 ml de infusão padrão de camomila (p. 342) e passe nos cabelos.

COMO OBTER

CULTIVO Gosta de solo bem drenado e arenoso, em contato direto com o sol. Deve ser regada moderadamente no verão; suporta invernos secos. Normalmente se propaga com as pequenas folhas que nascem nas plantas maduras. Pode ser semeada na primavera ou no início do verão. Em áreas temperadas pode ser cultivada dentro de casa. Em dias quentes, deixe fora.
NA NATUREZA Pode ser achada, selvagem, em regiões tropicais. É facilmente confundida com espécies semelhantes que crescem nos trópicos.
COLHEITA Colha as folhas e o gel da planta, quando necessário, durante todo o ano.

CUIDADO Não use na gravidez.

Aloysia triphylla **Limonete**

Originalmente encontrada em regiões montanhosas do Chile e da Argentina, hoje é usada em todo o mundo como planta ornamental bastante aromática e na indústria de perfumes. Também é apreciada na culinária para dar um sabor cítrico a sobremesas, sucos e marinadas. É considerada ao mesmo tempo relaxante e revigorante.

FLORES *Pequenas flores brancas ou violeta aparecem no verão, quando geralmente as folhas são colhidas*

FOLHAS *São destiladas para extrair o óleo essencial, usado na aromaterapia, e para tratar problemas digestivos e nervosos*

CAULE *No inverno, as partes mais fibrosas devem ser protegidas do frio*

CARACTERÍSTICAS *Medianamente resistente, decídua. Espalha-se por 3 m.*

PARTES USADAS Folhas, óleo essencial
PRINCIPAIS COMPONENTES Óleo volátil (incluindo citral, nerol e geraniol)
AÇÃO Sedativa, carminativa, antiespasmódica, febrífuga, estimula as funções do fígado e da vesícula. Há relatos de ação fungicida (contra *Candida albicans*)

COMO USAR

INFUSÃO Use ½ colher (chá) de folhas para 1 xícara de água (p. 342) depois das refeições, para evitar flatulência, ou à noite, para combater insônia. Adicione folhas de dente-de-leão e tome três vezes ao dia, para melhorar a função do fígado.
BANHO Adicione 1 xícara de uma infusão padrão na banheira, para ajudar a aliviar o estresse e a tensão.
ÓLEO DE MASSAGEM O óleo essencial de limonete é muito difícil de ser obtido, já que normalmente é adulterado com outras essências cítricas. Misture 5 gotas em 15 ml de óleo de amêndoas, para fazer massagens em casos de estresse, ansiedade, insônia, cólicas menstruais e indigestão.

COMO OBTER

CULTIVO Gosta de exposição direta ao sol, solo úmido porém bem drenado. Normalmente se propaga no verão por pequenos pedaços, com caule não fibroso. Espalha-se depois de dar frutos em um verão quente. Não resiste bem a geadas e climas muito frios. No inverno, cultive dentro de casa ou em estufas. Pode também podar e cobri-la com uma flanela.
NA NATUREZA Não é encontrada selvagem fora da América do Sul, mas pode se espalhar facilmente em áreas de clima ameno ou quente.
COLHEITA Colha as folhas no verão.

CUIDADO O uso prolongado ou altas doses podem causar irritações gástricas. O óleo essencial pode irritar peles mais sensíveis e deve-se evitar a exposição ao sol após a aplicação.

Althaea officinalis **Alteia**

Nativa de regiões costeiras da Europa, atualmente pode ser cultivada em diversos lugares. O nome botânico da planta vem do grego *altho*, que significa "curar". É valorizada por sua ação relaxante e curativa há pelo menos 3.500 anos. Além do uso medicinal, a raiz e as folhas podem ser usadas na culinária, como verduras.

PARTES USADAS Raízes, folhas e flores
PRINCIPAIS COMPONENTES Raiz: asparagina, mucilagem, polissacarídeos, pectinas, taninos. Folhas: mucilagem, flavonoides, ácido salicílico e outros ácidos fenólicos, cumarina
AÇÃO Raiz: emoliente, expectorante, diurética, cicatrizante. Folhas: expectorante, diurética, emoliente. Flores: expectorante

COMO USAR

MACERAÇÃO Deixe de molho 30 g da raiz em 600 ml de água da noite para o dia. Coe e verifique se a mistura está muito grossa e com excesso de mucilagem. Tome ½-1 copo, três vezes ao dia, em casos de refluxo, queimação, cistite ou tosse seca.
COMPRESSA Faça uma pasta com 1 colher (chá) de raiz em pó misturada com água e coloque sobre abscessos ou feridas infeccionadas e com cicatrização ruim.
POMADA Use em feridas com pus, cortes ou perfurações.
INFUSÃO Tome 1 xícara de uma infusão padrão (p. 342), três vezes ao dia, para auxiliar no tratamento de bronquites, asma, secreção nos pulmões e pleurite.
XAROPE Faça um xarope misturando 600 ml de uma infusão padrão de flores frescas com 450 ml de mel. Leve ao fogo e deixe por 10-15 minutos. Tome 5 ml quando necessário.

COMO OBTER

CULTIVO Gosta de solo fértil, úmido e bem drenado, com sol direto, mas tolera outras condições. No verão, plante as sementes em um suporte pequeno com composto e depois passe para um vaso maior. Se quiser passar para a terra, faça na primavera. Outra possibilidade é dividir as plantas no outono. Se as condições forem ideais, a alteia pode se espalhar com facilidade.
NA NATUREZA Pode ser encontrada em valetas, vegetações perto do mar e margens de rios.
COLHEITA Colha a raiz no outono. Colha as flores no verão para fazer o xarope, ou as folhas durante a estação de crescimento. A raiz pode ser cozida e servida como verdura.

FLORES
São pálidas e brotam no verão; uma receita tradicional francesa de chá mistura esta flor com as flores da papoula (Papaver rhoeas)*, da violeta* (Viola odorata) *e do verbasco* (Verbascum thapsus)

FOLHAS
Podem ser cozidas e servidas em saladas

1,8 m

CARACTERÍSTICAS
Planta perene e ereta. Espalha-se por 60-90 cm.

Angelica archangelica **Angélica**

Originária do Norte da Europa, é uma planta ornamental bastante valorizada, que dá flores lindas no verão. Seu nome vem do latim e remete ao período medieval *(herba angelica)*, quando se acreditava que espantava os maus espíritos. Os caules são usados na culinária e o óleo essencial é um delicioso tempero.

SEMENTES
O óleo essencial extraído das sementes ou das raízes é bastante usado como tempero, e também em aperitivos e licores

CAULE
Pode ser cristalizado e usado no preparo de bolos

CARACTERÍSTICAS
Bienal e robusta ou perene com vida curta. Espalha-se por 1,2 m.

PARTES USADAS Folhas, raiz, óleo essencial
PRINCIPAIS COMPONENTES Óleo volátil (incluindo felandreno, pineno, borneol, linalol e limoneno), iridoides, resinas, cumarinas (incluindo bergapteno e angelicina), ácido valérico e taninos
AÇÃO Antiespasmódica, diaforética, anti-inflamatória, expectorante, carminativa, diurética, bactericida, auxilia a digestão

COMO USAR

INFUSÃO Tome 1 xícara de uma infusão padrão (p. 342), feita com as folhas, após as refeições, para prevenir indigestão.
DECOCÇÃO Tome ½-1 xícara de uma decocção feita com a raiz. Recomendável em casos de resfriados, artrite, problemas reumáticos, má circulação e má digestão.
TINTURA Tome 3 ml (60 gotas), três vezes ao dia, para tratar casos de bronquite ou flatulência, e 1-2 ml (20-40 gotas) da tintura feita com raiz, três vezes ao dia, para diminuir secreções pulmonares, tosse, problemas digestivos como indigestão crônica e perda de apetite, ou como estimulante hepático.
ÓLEO DE MASSAGEM Use 5 gotas em 15 ml de óleo de amêndoa, para massagear o tórax em casos de bronquite ou tosse, ou articulações com artrite.

COMO OBTER

CULTIVO Gosta de solo profundo, fértil e úmido. Cresce sob luz direta do sol ou em meia-sombra. Semeie na primavera e depois transfira a muda para o lugar definitivo. Em boas condições, ela se espalha.
NA NATUREZA Encontrada em áreas mais pantanosas do nordeste e leste europeus e na Ásia.
COLHEITA Colha as folhas e o caule no início do verão, as raízes com mais de um ano no outono, e as sementes quando maduras.

CUIDADO Não use na gravidez. Não tome doses terapêuticas se for diabético, a não ser que um médico recomende. Evite a exposição ao sol após a aplicação (fototóxica).

Apium graveolens **Aipo**

Nativo da Europa, da região do Mediterrâneo e do oeste asiático, é cultivado em diversos lugares do mundo e usado na culinária, sobretudo em saladas (como a Waldorf, com nozes e maçãs). As sementes e o óleo essencial podem tratar problemas urinários e artrites, além de ajudar a eliminar ácido úrico em caso de gota.

FOLHAS
Há uma variedade selvagem de aipo que é mais folhosa e ramificada

CAULE
Os talos podem ser usados para fazer um suco desintoxicante

CARACTERÍSTICAS
Bienal, com a raiz em forma de bulbo. Espalha--se por 15-30 cm.

PARTES USADAS Sementes, folhas, caule e óleo essencial
PRINCIPAIS COMPONENTES Óleo volátil (incluindo limoneno, apiol, selineno e ftalidas), cumarinas, furanocumarinas, flavonoides, minerais (incluindo ferro, fósforo e potássio)
AÇÃO Antirreumática, sedativa, fungicida, antisséptica do sistema urinário, diurética, carminativa, hipotensiva, antiespasmódica, galactagoga, anti-inflamatória, ajuda na eliminação de ácido úrico

COMO USAR

DECOCÇÃO Ferva 15 g de sementes em 600 ml de água por 10 minutos. Tome ½-1 xícara, três vezes ao dia, para problemas reumáticos, artrite reumatoide, gota e inflamações no trato urinário.
ÓLEO DE MASSAGEM Pingue 1 ml (20 gotas) de óleo em 60 ml de óleo de amêndoa. Massageie o abdômen em casos de indigestão, flatulência e congestão hepática. Indicado também para reumatismo e dor ciática.
ESCALDA-PÉS Adicione 1 ml (20 gotas) de óleo em uma bacia com água quente. Mergulhe os pés em caso de dores causadas por gota.
SUCO Beba um copo do suco feito com talos e folhas para aliviar estresse.

COMO OBTER

CULTIVO Gosta de solo úmido, bem drenado e com sol direto. Na primavera, plante as sementes em vasos pequenos, cobrindo-as com uma camada fina de composto. Coloque em lugar onde bata sol. Quando a planta atingir 10 cm, plante diretamente no solo, a 30 cm uma da outra.
NA NATUREZA Cresce em áreas costeiras.
COLHEITA No primeiro ano, colha para comer como salada. As sementes devem ser colhidas maduras, no segundo verão.

CUIDADO Não use as sementes na gravidez e cuidado com as cultivadas, pois podem conter fungicidas. O óleo essencial é aconselhado somente sob acompanhamento médico.

Aralia racemosa **Arália**

Usada por muitos povos originários da América para curar doenças como reumatismo, tosse, indigestão, asma e bactérias no sangue, é encontrada em diversas partes dos Estados Unidos, do Meio-Oeste à Costa Leste. Embora seja conhecida por estimular a produção de suor e por ser desintoxicante, não tem sido muito pesquisada.

PARTES USADAS Raiz
PRINCIPAIS COMPONENTES Óleo volátil, taninos, glicosídeos, diterpenos
AÇÃO Expectorante, diaforética, desintoxicante e estimula o aumento da temperatura corporal

COMO USAR

DECOCÇÃO Tome ½ xícara de uma decocção feita com 15 g de raiz seca em 600 ml de água, três vezes ao dia, para doenças reumáticas.
XAROPE Misture 300 ml da decocção com 225 g de açúcar ou mel. Deixe ferver e abaixe o fogo por 5-10 minutos. Tome 5 ml a cada 3 horas, para aliviar tosses.
EXTRATO LÍQUIDO Tome 1,5-3 ml (30-60 gotas), três vezes ao dia, com um pouco de água, para tratar doenças reumáticas, lombalgia e dores similares.
COMPRESSA Para eczemas e outras irritações, faça uma pasta de 15 g da raiz em pó com um pouco de água. Aplique na pele ou faça uma compressa com uma gaze.

COMO OBTER

CULTIVO Prefere sombra parcial mas tolera sol. Plante as sementes no outono ou no inverno em lugar fresco e, na primavera seguinte, transfira para local definitivo.
NA NATUREZA Encontrada facilmente em bosques do Meio-Oeste e leste dos Estados Unidos. Além das propriedades medicinais, a raiz é usada para dar sabor a cervejas e chás.
COLHEITA Colha as raízes no verão ou no outono.

CUIDADO Não use na gravidez.

CARACTERÍSTICAS *Herbácea perene com flores pequenas, que aparecem no verão. Espalha-se por 60 cm-2 m.*

Arctium lappa **Bardana**

Originária da Europa e da Ásia, ajuda o corpo a eliminar toxinas, principalmente depois da ingestão de alimentos muito pesados. É geralmente empregada para tratar problemas na pele, artrite e infecções. As raízes e folhas são muito usadas na Europa, enquanto os chineses preferem as sementes, incluídas em medicamentos para resfriados.

CARACTERÍSTICAS
Vigorosa, bienal e com raiz ramificada. Espalha-se por 1 m.

PARTES USADAS Raízes, folhas e sementes
PRINCIPAIS COMPONENTES Folha/raiz: glicosídeos amargos (como arctiopicrina), flavonoides (incluindo a arctina), taninos, óleo volátil, policetilenos antibióticos, resina, mucilagem, inulina, alcaloides, sesquiterpenos. Semente: ácidos graxos essenciais, vitaminas A e B2
AÇÃO Raiz: desintoxicante, laxante (ameno), diurética, diaforética, antirreumática, antisséptica, antibiótica. Folhas: laxante (ameno), diurética. Sementes: febrífuga, bactericida, anti-inflamatória, hipoglicêmica

COMO USAR

DECOCÇÃO DA RAIZ Tome ½-1 xícara de uma decocção padrão (p. 342) feita com a raiz, três vezes ao dia, para tratar furúnculos e eczemas secos. Use também para limpar a pele e tratar acnes, pé de atleta ou micose.
INFUSÃO Tome 1 xícara de uma infusão padrão (p. 342) antes das refeições, para combater a indigestão.
DECOCÇÃO DAS SEMENTES Tome 1 xícara de uma decocção padrão feita com as sementes, três vezes ao dia, para tratar resfriados e gripes febris ou para aliviar dor de garganta e tosse.
TINTURA Tome 5-10 ml de uma tintura feita com a raiz, três vezes ao dia, para desintoxicar o organismo em casos de artrite, pedra nos rins ou para estimular a digestão. Normalmente é usada em combinação com outras ervas.
COMPRESSA Em feridas, aplique uma mistura feita a partir da raiz.

COMO OBTER

CULTIVO Gosta de solo úmido, do neutro ao alcalino, sol direto ou sombra parcial. Plante as sementes na primavera, diretamente no local. Espalha-se com facilidade e pode se tornar invasiva. Colha antes que as frutas amadureçam, para controlar seu tamanho.
NA NATUREZA Encontrada em bosques na Europa e na Ásia ocidental.
COLHEITA As raízes são colhidas no fim do verão e as folhas, assim que a planta começa a dar flores. As sementes podem ser colhidas quando maduras, no outono.

Arctostaphylos uva-ursi **Uva-ursi**

Nativa de áreas úmidas da Ásia, da América do Norte e da Europa, é um dos vegetais preferidos dos ursos, o que explica seu nome latino – literalmente, "a uva do urso". É bastante usada por fitoterapeutas como um antisséptico urinário, graças à presença de hidroquinonas, substâncias que ajudam a limpar o trato urinário. Também conhecida como uva-ursina.

FOLHAS
Têm cor verde-escura e devem ser colhidas e secas individualmente para ser usadas como remédio contra cistite e outros problemas urinários

FLORES
Em formato de sino, possuem cinco pétalas brancas ou rosas que se curvam nas pontas. Aparecem no final da primavera, ou no início do verão

CARACTERÍSTICAS
Arbustiva e rasteira. Espalha--se por cerca de 90 cm.

PARTES USADAS Folhas, frutos
PRINCIPAIS COMPONENTES Hidroquinonas (incluindo arbutin), ácido ursólico, ácido tânico, ácido gálico, glicosídeos fenólicos, flavonoides, óleo volátil, resina, taninos
AÇÃO Adstringente, bactericida, antisséptica do sistema urinário, possivelmente diurética, estanca sangramentos, acelera o parto

COMO USAR

INFUSÃO Tome 1 xícara de uma infusão padrão (p. 342) feita com as folhas, três vezes ao dia, para cistite temporária, uretrite ou queimação ao urinar. É frequentemente misturada com outras ervas medicinais, como a aparine *(Gallium aparine)*. Se os sintomas persistirem, procure um médico.
TINTURA Tome 2-4 ml (40-80 gotas), três vezes ao dia, para tratar problemas no trato urinário ou corrimento vaginal.
CÁPSULAS Disponíveis em farmácias especializadas, são normalmente misturadas com outras ervas para combater retenção de líquidos. Siga as instruções da embalagem.

COMO OBTER

CULTIVO Gosta de solo úmido, fértil e ácido, em sombra parcial. É rasteira e pode ser uma boa planta para cobrir o solo, que deve estar livre de limo. Plante as sementes no outono em pequenos suportes e passe para vasos assim que estiver maior.
NA NATUREZA Encontrada em lugares úmidos. Os pequenos frutos são comestíveis e podem servir para fazer geleias e caldas.
COLHEITA As folhas devem ser colhidas na primavera ou no verão e os frutos, no outono.

CUIDADO Não use na gravidez ou na amamentação. Não indicada para quem possui problemas renais. Não use por mais de dez dias seguidos sem orientação médica. Doses altas podem causar vômitos e náuseas.

Artemisia absinthium **Absinto**

Extremamente amargo e bastante usado como estimulante digestivo. Nativo da Europa, já foi uma erva popular para o tratamento de vermes parasitas, sendo ainda hoje indicado para esse fim. Seu nome – que vem do latim – é o mesmo da bebida de origem francesa muito consumida no século 19.

PARTES USADAS Folhas, parte superior das flores
PRINCIPAIS COMPONENTES Óleos voláteis (incluindo lactonas de sesquiterpeno, azulenos e tujona), princípios amargos, flavonoides, taninos, sílica, lignana, antibióticos poliacetilenos, inulina, hidrocumarinas
AÇÃO Tônica, vermífuga, estimulante uterina, colagoga, carminativa, anti-inflamatória, estimula o sistema imunológico e o fígado

COMO USAR

Aviso: use apenas com acompanhamento médico.
TINTURA Pingue 1 gota diretamente sobre a língua para estimular a digestão e inibir a vontade de comer chocolate.
MACERAÇÃO Use ½ colher (chá) da erva seca com 1 xícara de água fria. Deixe de molho durante toda a noite. Coe e tome pela manhã em casos de falta de apetite, má digestão, hepatite e disfunção do fígado.
COMPRESSA Umedeça uma gaze e coloque sobre picadas de insetos e arranhões.
LOÇÃO DE LIMPEZA Use 1 xícara da maceração para limpar lesões na pele causadas por parasitas.
EXTRATO FLUIDO Tome 2 ml (40 gotas) bem diluídos em água, em jejum, para curar parasitoses. Repita quinzenalmente.

COMO OBTER

CULTIVO Gosta de solo bem drenado, fértil e luz direta do sol. Tolera solo pobre e seco. Plante no outono em pequenos suportes e transfira quando a planta crescer. Outra opção é tirar segmentos na primavera ou ramos no verão.
NA NATUREZA Encontrado em regiões de mata rasteira na Ásia central, na Europa e em parte dos Estados Unidos.
COLHEITA Colha as folhas no verão e partes aéreas quando começar a florear.

CUIDADO Não use na gravidez ou em casos de pressão alta. Não consuma por mais de 4-5 semanas, a não ser por indicação médica.

CARACTERÍSTICAS
Perene e subarbustiva, espalha-se por 60-90 cm.

Astragalus membranaceus **Astragalo**

Uma das ervas medicinais mais conhecidas da China, é geralmente usado como tônico pelos mais jovens (enquanto os mais velhos preferem ginseng). É indicado para fortalecer o sistema imunológico e aumentar o vigor. Também serve para limpar abscessos e úlceras.

FOLHAS
São bem verdes e divididas em pares, 12-18 folhas ovais em cada caule

CARACTERÍSTICAS
Perene e membro da família das ervilhas. Espalha-se por 30-40 cm.

PARTES USADAS Raiz
PRINCIPAIS COMPONENTES Flavonoides (principalmente isoflavonas), saponinas, polissacarídeos, asparagina, esteroides
AÇÃO Antiespasmódica, diminui o estresse, diurética, colagoga, bactericida, reduz a glicemia e a pressão, estimula os sistemas imunológico e nervoso

COMO USAR

DECOCÇÃO Geralmente utilizado em associação com outras ervas. Misture 9-15 g em uma *tang* ("sopa") chinesa e tome uma ou duas vezes ao dia. É usado com ginseng *(Panax ginseng)* contra fadiga ou com angélica *(Angelica sinensis)*, para combater cansaço e dor ou após perda de sangue.
TINTURA Tome 2-4 ml (40-80 gotas) do tônico, três vezes ao dia, em casos de fadiga crônica e infecções recorrentes, ou para combater suor em excesso.
CÁPSULAS Disponíveis em farmácias como tônico. Siga as instruções da embalagem.

COMO OBTER

CULTIVO Gosta de sol direto. Raspe as sementes com uma lixa antes de plantar. Deixe-as a 1 cm de profundidade e com uma distância de 10 cm. Plante as sementes no fim do inverno e no começo da primavera. O solo deve ser alcalino. Apenas regue quando o solo secar.
NA NATUREZA Encontrado somente no nordeste da China, na Mongólia e na Manchúria.
COLHEITA No outono, colha as raízes de plantas com quatro anos de idade.

CUIDADO Evite o uso em estágios graves de infecções. Pode interferir na ação de drogas imunossupressoras ou que afinem o sangue.

Avena sativa **Aveia**

Nativa do Norte da Europa, é cultivada em todo o mundo como cereal. Tanto a versão em flocos como a em farelo são facilmente encontradas em qualquer mercado e podem ser usadas para fazer biscoitos, bolos, mingaus ou como cereais matinais. É restauradora do sistema nervoso e pode ajudar a reduzir o colesterol. Tradicionalmente, toda a planta ainda verde era usada na medicina.

PARTES USADAS Toda a planta
PRINCIPAIS COMPONENTES Saponinas, flavonoides, minerais (incluindo o cálcio), alcaloides, esteroides, vitaminas B1, B2, D e E, caroteno, ácido silícico, proteína (glúten), carboidratos, gorduras
AÇÃO Antidepressiva, restauradora do sistema nervoso, nutritiva, reduz o colesterol

COMO USAR

TINTURA Deve ser feita com a planta toda, ainda fresca e verde. Tome 1-5 ml (1 colher de chá), três vezes ao dia, para combater sintomas como esgotamento, tensão, ansiedade, debilidade após alguma doença ou depressão. Pode ser combinada com valeriana, arnica *(Arnica montana)* e verbena.
INFUSÃO Tome 1 xícara de uma infusão padrão (p. 342), conforme necessário, para aliviar estresse.
ESFOLIANTE Para peles sem brilho, com acne ou oleosas, faça uma pasta com ½ xícara de aveia (farelo fino) e água. Passe no rosto e deixe agir por 10 minutos. Enxágue bem.
BANHO Coe 600 ml de uma decocção padrão feita com os talos ou grãos inteiros e coloque na banheira para diminuir coceiras e eczemas.

COMO OBTER

CULTIVO Gosta de solo neutro ou levemente ácido, ambiente fresco e úmido, mas tolera secas. É semeada no outono e colhida no verão, ou semeada na primavera e colhida no começo do outono.
NA NATUREZA Pode ser encontrada em margens de campos. Muitos fitoterapeutas consideram a aveia selvagem mais eficiente para os tratamentos.
COLHEITA No fim do verão ou no início do outono.

> **CUIDADO** Para os que possuem intolerância a glúten, as decocções e tinturas devem ser decantadas, e somente a parte mais clara do líquido deve ser tomada.

SEMENTES
A aveia é colhida no fim do verão ou no começo do outono, quando passa de verde a bege, e então se separa o grão do caule

CARACTERÍSTICAS
Ereta e anual, com folhas chatas e longas. Espalha-se por 15-23 cm.

Borago officinalis **Borragem**

Nativa das regiões do Mediterrâneo e da Ásia ocidental, é conhecida por seus efeitos revigorantes e já foi chamada de "a planta que alegra" *(Euphrosynum)* pelos romanos. Isso porque atua sobre as glândulas adrenais, que produzem adrenalina. O óleo feito com a semente também é comercializado.

FLORES
Azuis, aparecem no verão e são bastante usadas em saladas e bebidas. Um óleo feito com elas também é comercializado

FOLHAS
Possuem uma penugem e um gosto similar ao pepino. Elas podem ser usadas em saladas

Depois de florescer, as sementes são uma fonte rica em ácido linoleico

CARACTERÍSTICAS
Anual, vigorosa e vertical. Caules ocos. Espalha-se por 15-30 cm.

PARTES USADAS Folhas, flores, sementes
PRINCIPAIS COMPONENTES Partes aéreas/folhas: saponinas, mucilagem, taninos, vitamina C, cálcio, potássio. Sementes: ácidos cis-linoleico e gama-linoleico
AÇÃO Estimulante das adrenais, galactagoga, diurética, diaforética, expectorante, antidepressiva, anti-inflamatória

COMO USAR

TINTURA Use 2-5 ml (1 colher de chá), três vezes ao dia, por 2-3 semanas, para combater os efeitos do estresse ou após o tratamento com esteroides.
LOÇÃO Adicione partes iguais de água ao suco feito com as folhas e flores. Passe na pele irritada, inclusive nas irritações causadas por origem nervosa.
INFUSÃO Tome 1 xícara de uma infusão padrão (p. 342), três vezes ao dia, misturada com hortelã e sabugueiro, para tratar gripes com febre.
CÁPSULAS O óleo feito com as sementes é facilmente encontrado em farmácias especializadas em forma de cápsulas. Podem ser tomadas para tratar eczemas, artrite reumatoide, síndrome do colo irritável e menstruação irregular.
XAROPE Faça uma infusão padrão usando as flores inteiras ou as partes aéreas. Adoce com açúcar ou mel (450 g para 600 ml de infusão) e use para aliviar tosses.

COMO OBTER

CULTIVO Prefere solo bem drenado em sombra parcial ou sol direto. Plante as sementes no final do verão e depois separe as mudas. Espalha-se facilmente.
NA NATUREZA Encontrada em lugares rochosos do Mediterrâneo.
COLHEITA Colha as partes aéreas no verão.

CUIDADO Não use na gravidez. A borragem é restrita na Austrália e na Nova Zelândia. Não se recomenda tratamento prolongado (superior a três semanas).

Calendula officinalis **Calêndula**

Acreditava-se que elevava o espírito e trazia alegria. É uma das plantas medicinais mais usadas e mais versáteis. Há diversas versões de cremes e pomadas para uso externo, mas também pode ser ingerida para o tratamento de problemas digestivos, ginecológicos ou de pele e reumatismos.

CARACTERÍSTICAS
Vertical, arbustiva, aromática, anual. Espalha-se por 50-70 cm.

PARTES USADAS Flores, óleo essencial
PRINCIPAIS COMPONENTES Flavonoides, mucilagem, triterpenos, óleo volátil, glicosídeos amargos, resina, esteroides, carotenos
AÇÃO Adstringente, bactericida, fungicida, anti-inflamatória, cicatrizante, antiespasmódica, regula a menstruação

COMO USAR

Não confunda com produtos feitos com cravo-de-defunto *(Tagetes patula)*.
INFUSÃO Tome 1 xícara de uma infusão padrão (p. 342), três vezes ao dia, para tratar inflamações no aparelho digestório. Também é indicada para combater corrimentos vaginais. Feridas na gengiva ou aftas podem ser tratadas com gargarejo.
CREME/POMADA Aplique em cortes e arranhões pequenos, ou qualquer inflamação ou irritação na pele. Use também em eczemas, mamilos rachados e frieiras. Pode ser empregada em queimaduras leves (incluindo as de sol), acne, pé de atleta e micoses.
ÓLEO MACERADO Use como pomada em microvarizes. Para aliviar queimaduras de sol, misture com 20% de óleo de lavanda.
TINTURA Tome 2-5 ml (40 gotas-1 colher de chá), três vezes ao dia, para tratar problemas menstruais (irregularidade, cólicas e fluxo intenso).

COMO OBTER

CULTIVO Gosta de solo bem drenado e lugar ensolarado, mas tolera sombra parcial. Plante as sementes no outono ou na primavera. Transfira a planta para seu lugar definitivo quando estiver maior. Floresce durante todo o verão e espalha-se facilmente.
NA NATUREZA É encontrada em áreas rochosas do Mediterrâneo e raramente próxima a jardins.
COLHEITA Colha as flores no verão com frequência para que elas não se tornem invasivas.

CUIDADO Não use na gravidez.

Capsicum frutescens **Pimenta-malagueta**

Originalmente encontrada em áreas tropicais da América, foi descrita pela primeira vez em 1493 pelo médico que acompanhava a expedição de Cristóvão Colombo. Depois foi introduzida na Índia e na África pelos portugueses no século 16. Logo se transformou em um ingrediente importante na culinária. Atualmente também é usada para fins medicinais.

FLORES
São pequenas e solitárias, vão do branco ao lilás, dependendo da variedade, e aparecem na primavera e no verão

FRUTOS
As pimentas são estimulantes, aumentam a circulação sanguínea e a produção de suor. Também auxiliam a digestão. Há diversas espécies, em variadas cores e formas

1,5 m

CARACTERÍSTICAS
Perene e arbustiva. Espalha-se por 50 cm-2 m.

PARTES USADAS Fruto
PRINCIPAIS COMPONENTES Capsaicina, carotenoides, ácidos graxos, flavonoides, vitaminas A, B1 e C, óleo volátil, açúcar
AÇÃO Estimula a circulação, diaforética, estimulante gástrico, carminativa, antisséptica, bactericida

COMO USAR

ÓLEO MACERADO Aqueça 30 g de pimenta-malagueta em pó ou 3-4 pimentas frescas picadas em 600 ml de óleo de girassol, em banho-maria, por 2 horas. Use como óleo de massagem para reumatismos, lombalgia, artrite e para aliviar a dor de herpes-zóster.
TINTURA Tome 1 ml (20 gotas) de tintura com um pouco de água morna para estimular a circulação e ajudar a aquecer mãos e pés.
GARGAREJO Adicione ¼-½ ml (5-10 gotas) de tintura e uma pitada de pimenta-malagueta em pó em ½ copo de água e faça gargarejos em caso de dor de garganta e laringite.

COMO OBTER

CULTIVO Plante duas ou três sementes em vasos de 7,5 cm e transporte para o lugar definitivo quando a temperatura do solo estiver igual ou maior que 15ºC. Em regiões temperadas, os vasos podem ficar dentro de casa.
NA NATUREZA Dificilmente é encontrada de forma selvagem. É bastante cultivada na região dos trópicos, nas Américas, na África e na Índia.
COLHEITA No verão, quando os frutos estiverem maduros; deixe secar à sombra.

CUIDADO Não ingira mais que o recomendado, pois o excesso pode gerar irritação gástrica. Evite esfregar olhos, pele e boca após manusear a pimenta, pois pode causar ardor e irritação.

Carum carvi **Alcaravia**

Nativa do Mediterrâneo, é cultivada e consumida em partes da Ásia e da América do Norte. O óleo é empregado comercialmente em produtos farmacêuticos e de higiene pessoal, como pastas de dentes e enxaguatórios bucais. Assim como o anis e a erva-doce, é usada na culinária e para tratar problemas respiratórios e digestivos.

PARTES USADAS Sementes, óleo essencial
PRINCIPAIS COMPONENTES Óleo volátil (principalmente carvona e limoneno), flavonoides, polissacarídeos
AÇÃO Antiespasmódica, carminativa, bactericida, expectorante, galactagoga, emenagoga, diurética, tônica

COMO USAR

INFUSÃO Faça uma infusão padrão (p. 342) com as sementes. Indicada três vezes ao dia, para tratar cólica e gases em crianças. Reduza a dosagem de acordo com a idade. Para crianças de 1-2 anos, dê 10 ml (2 colheres de chá) de uma infusão padrão diluída em 100 ml de água morna. Para crianças de 3-4 anos, use 20 ml com a mesma diluição. Em caso de cólica menstrual, tome uma infusão padrão três vezes ao dia. Tome 1 xícara por dia para aumentar o fluxo de leite durante a amamentação.
TINTURA Tome 3-5 ml (1 colher de chá) da tintura feita com as sementes, três vezes ao dia, para flatulência ou falta de apetite.
ÓLEO ESSENCIAL Adicione 5 gotas do óleo a 5 ml de óleo de amêndoa e use para passar no peito em caso de bronquite ou tosse com secreção.

COMO OBTER

CULTIVO Gosta de solo profundo, fértil e bem drenado. Na primavera, plante as sementes no lugar definitivo e, quando as mudas aparecerem, separe-as. É bienal e floresce no segundo ano. Precisa de uma estação de crescimento bem quente para produzir muitas sementes.
NA NATUREZA Pode ser encontrada em locais mais quentes, produzindo sementes no fim do verão. Em regiões frias, produzirá só se o verão tiver sido bem quente.
COLHEITA Colha as sementes maduras no fim do verão.

CUIDADO O óleo essencial pode causar irritação na pele.

CARACTERÍSTICAS
Ereta, bienal e com raiz ramificada. Espalha-se por 30 cm.

Centella asiatica Centelha asiática

Originária da Índia, do Sudeste Asiático e de partes do norte da Austrália, é chamada de *gotu kola* no Sri Lanka. As folhas verdes são usadas em saladas ou como remédio. Na aiurveda, é conhecida como *brahmi* e serve como tônico para estimular a longevidade, a memória e a inteligência. Possui restrições em alguns países.

FOLHAS
Grandes e arredondadas, são macias e quase sem penugem

FLORES
São bem pequenas, vermelhas ou rosa, nascem em pequenos ramos próximos ao solo

ESTOLÕES
A planta se espalha pelos estolões que saem dos nodos das folhas

20 cm

CARACTERÍSTICAS
Perene e rasteira. Pode ser anual se plantada a partir dos nodos. Espalha-se indefinidamente.

PARTES USADAS Toda a planta
PRINCIPAIS COMPONENTES Alcaloides (incluindo hidrocotilina), terpenoides, saponinas, flavonoides, princípio amargo, óleo volátil
AÇÃO Tônica, antirreumática, alivia o estresse, relaxante, diurética, laxante, desintoxicante

COMO USAR

INFUSÃO Faça uma infusão de ½ colher (chá) da erva seca e tome 1 xícara por dia para reduzir problemas dermatológicos, reumatismo ou para amenizar depressão e cansaço.
TINTURA Tome 5 ml (1 colher de chá) com um pouco de água, todos os dias, para estimular memória fraca, amenizar dificuldade de concentração ou cansaço generalizado.
LOÇÃO/POMADA Use em machucados com cicatrização lenta ou em feridas na pele.
FOLHA FRESCA Tradicionalmente dada às crianças indianas para combater disenteria. Inclua em saladas.
EXTRATO FLUIDO Tome 20 gotas com um pouco de água, três vezes ao dia, para combater problemas reumáticos e circulação venosa difícil.
PÓ Usado na medicina aiurveda para fazer uma pasta (com um pouco de água), que é aplicada em eczemas e machucados.

COMO OBTER

CULTIVO Geralmente é colhida onde cresce naturalmente, mas pode ser cultivada em lugares de temperatura mais amena ou quente, semeando na primavera. Prefere lugares pantanosos e margens de rios, portanto cresce melhor em sombra parcial e solo úmido. Espalha-se de maneira indefinida e pode se tornar invasiva.
NA NATUREZA Pode ser colhida inteira.
COLHEITA Amadurece em três meses e pode ser colhida em qualquer época do ano.

CUIDADO Pode causar fotossensibilidade. Não consuma por mais de seis semanas seguidas.

Cichorium intybus **Chicória**

Nativa da região do Mediterrâneo, é cultivada em diversas partes do mundo, onde é consumida como verdura. Também é cultivada para substituir o café. A planta é bastante amarga e é um excelente digestivo, estimulante, tônico e laxante leve.

BOTÕES DE FLORES
Eles aparecem durante todo o verão e têm 2-4 cm de comprimento, com duas fileiras de brácteas: as mais externas são pequenas e mais abertas, enquanto as internas são longas e eretas

FLORES
São azul-celeste e podem ser usadas junto com as folhas no preparo de chás

FOLHAS
São amargas e podem ser refogadas com manteiga, alho, pimenta e anchovas e servidas com macarrão

CARACTERÍSTICAS
Raiz ramificada, ereta e perene. Espalha-se por 45-60 cm.

PARTES USADAS Raiz, folhas, flores
PRINCIPAIS COMPONENTES Inulina (na raiz), sesquiterpeno, lactonas (lactucina e lactupicrina), oligossacarídeos, glicosídeos, vitaminas, minerais
AÇÃO Laxante, diurética, sedativa, atua como tônico digestivo e hepático

COMO USAR

DECOCÇÃO Tome ½-1 xícara de uma decocção padrão (p. 342) feita com a raiz, três vezes ao dia, para estimular o fígado e o sistema digestório. Use ½-1 xícara diluída em ¼ de xícara de água (para uma decocção mais leve), duas vezes ao dia, para constipação. A chicória contém oligossacarídeos que são probióticos e ajudam a manter a flora intestinal.
INFUSÃO Faça uma infusão padrão (p. 342) com as folhas e as flores. Tome 1 xícara, três vezes ao dia, para melhorar a digestão.
TINTURA Tome 1-2 ml (20-40 gotas) da tintura feita com a raiz, três vezes ao dia, para estimular o apetite.
EXTRATO FLUIDO Os extratos têm sido usados com êxito para curar parasitoses em ovelhas e bovinos, mas há pouca pesquisa sobre os efeitos em seres humanos.

COMO OBTER

CULTIVO Gosta de solo fértil, úmido e bem drenado, que deve estar entre o neutro e o alcalino, e prefere sol direto. Plante as sementes no outono ou na primavera em suportes pequenos, protegidos do frio, e, quando estiverem maiores, transfira para o lugar definitivo, distantes 60 cm uma da outra. Espalha-se com facilidade.
NA NATUREZA Encontrada em campos arbustivos, especialmente no sul da Europa.
COLHEITA As folhas devem ser colhidas no verão; as raízes, no início da primavera do segundo ano.

Crataegus laevigata **Pilriteiro**

Também chamado de espinheiro-branco, com espinhos de diferentes espécies, pode ser encontrado ao norte de zonas temperadas. A *Crataegus laevigata* é a espécie europeia. A *Crataegus pinnatifida* é nativa da China e também usada como erva medicinal. Os frutos são transformados em uma geleia salgada para ser saboreada com queijo, carnes frias e aves de caça.

FLORES
Aparecem no fim da primavera e são indicadas para estimular a circulação

CAULE
É cheio de espinhos e por isso é uma planta comum em cercas vivas e oferece um lugar seguro para os ninhos de pássaros

CARACTERÍSTICAS
Planta decídua, arbustiva ou árvore de pequeno porte. Espalha-se por 5-8 m.

PARTES USADAS Flores superiores, frutos
PRINCIPAIS COMPONENTES Glicosídeos flavonoides (incluindo rutina, quercertina), triterpenoides, procianidinas, polifenóis, saponinas, taninos, cumarinas, minerais
AÇÃO Vasodilatadora, estimula a circulação, adstringente, relaxante, antioxidante

COMO USAR

INFUSÃO Tome 1 xícara de uma infusão padrão (p. 342) feita com as flores da parte de cima, três vezes ao dia, para melhorar a circulação ou para tratar pressão alta.
DECOCÇÃO Faça uma decocção padrão dos frutos e tome ½ xícara, seis vezes ao dia, para tratar diarreia e má digestão. Use também como um tônico para o coração, tomando 2 xícaras por dia.
TINTURA Tome 1-2 ml (20-40 gotas) de uma tintura padrão feita com os frutos e com as flores para tratar pressão alta; pode ser misturada com outras ervas.
SUCO Bata os frutos no liquidificador, coe e tome 10 ml (2 colheres de sopa), duas vezes ao dia, para aliviar má digestão ou diarreia.

COMO OBTER

CULTIVO Plante as sementes no outono, protegendo-as do frio no inverno. Propaga-se mais rápido a partir de ramos, na primavera. Plante em um vaso pequeno e, quando criar raiz, passe para um vaso maior e depois para a terra. Espalha-se com facilidade.
NA NATUREZA É encontrada em cercas vivas e campos arbustivos. Evite colher perto de rodovias, devido à poluição.
COLHEITA As flores podem ser colhidas no final da primavera ou no início do verão, para serem usadas em chás; e os frutos, no fim do outono, quando estiverem maduros. Use no preparo de geleias.

CUIDADO Se você apresenta algum tipo de doença cardíaca ou está tomando outras medicações, procure orientação médica antes de usar.

Curcuma longa **Cúrcuma**

Conhecida como o principal ingrediente do curry em pó, é originária do sul da Ásia e tem um histórico de uso tanto na medicina aiurveda como na chinesa. É bastante indicada para tratar moléstias digestivas, embora pesquisas recentes também afirmem que é antioxidante e pode reduzir os níveis de colesterol.

PARTES USADAS Rizoma
PRINCIPAIS COMPONENTES Óleo volátil, curcumina (pigmento amarelo), resina, vitaminas, minerais, princípio amargo
AÇÃO Carminativa, colagoga, antioxidante, colerética, desintoxicante, bactericida, anti-inflamatória, anticancerígena, reduz o colesterol

COMO USAR

DECOCÇÃO Tome ½ xícara de uma decocção padrão (p. 342), três vezes ao dia, para combater problemas digestivos, incluindo náuseas, gastrite, acidez estomacal, indigestão ou problemas no fígado ou vesícula. Também pode ser misturada com outras ervas, como a angélica, para tratar artrite.
TINTURA Tome 2-4 ml (40-80 gotas) com um pouco de água, três vezes ao dia, para reduzir o colesterol, ou tome 5 ml (1 colher de chá) misturada com um pouco de água, para aliviar cólicas menstruais.
PÓ Tome 1-2 g (½-1 colher de chá) com um pouco de água, suco ou leite para tratar artrite e eczema.
POMADA Aplique de duas a três vezes ao dia em regiões da pele afetadas por psoríase, pé de atleta e micose.

COMO OBTER

CULTIVO Gosta de solo úmido, fértil e sombra parcial. Cresce apenas em regiões quentes, mas pode ser cultivada em estufas em lugares frios. No outono, plante as sementes ou uma divisão da raiz quando a planta estiver dormente.
NA NATUREZA Dificilmente é encontrada fora das florestas da Índia e de outras partes do Sudeste Asiático.
COLHEITA O rizoma pode ser colhido no outono e deve ser cozido antes de secar.

CUIDADO Pode causar irritações na pele ou fotossensibilidade. Não use na gravidez, mas quantidades culinárias são totalmente seguras. Procure orientação médica em caso de problemas na vesícula.

FOLHAS
São verdes, brilhantes e pontiagudas e podem medir 60 cm

São usadas na Índia, na Indonésia e em outras partes do Sudeste Asiático para temperar ensopados ou para embrulhar comidas que serão cozidas

CARACTERÍSTICAS
Aromática e perene. Espalha-se indefinidamente.

Cymbopogon citratus Capim-limão

Originário de savanas do Sudeste Asiático, é bastante cultivado nas regiões tropicais – como América do Sul, Índias ocidentais e Filipinas – e usado tanto como erva culinária como óleo essencial. É bastante popular na indústria de perfumes e como remédio digestivo em algumas partes da Ásia.

TALOS
Muitos supermercados vendem capim-limão para a culinária. Os caules são usados em chás e sucos de fruta em diversas partes da Ásia

CARACTERÍSTICAS
Cresce rápido, é perene e com caule similar ao da cana. Expande-se por 1 m.

PARTES USADAS Folhas, talos e óleo essencial
PRINCIPAIS COMPONENTES Óleo volátil (citral: 65-85%), nerol, geraniol, citronelol, mircenol e borneol
AÇÃO Antiespasmódica, carminativa, febrífuga, analgésica, antidepressiva, antisséptica, adstringente, bactericida, fungicida, sedativa, tônica

COMO USAR

LOÇÃO Dilua 30 gotas do óleo essencial em 1 colher (sopa) de vodca e mais 120 ml de água e use como repelente (pulgas, carrapatos e piolhos) ou como desodorante.
ÓLEO DE MASSAGEM Dilua 20 gotas do óleo essencial em 60 ml de óleo de amêndoa e massageie os músculos ou o abdômen para aliviar dores e cólicas.
INFUSÃO Tome 1 xícara de uma infusão padrão (p. 342), três vezes ao dia, contra gases, indigestão ou cólicas estomacais.
EMPLASTRO Frite um punhado de folhas e talos picados, por 1-2 minutos, no azeite e passe em articulações doloridas.

COMO OBTER

CULTIVO Em regiões mais frias, plante em contêineres fechados ou estufas. Pode suportar no mínimo 7°C ao ar livre. Em regiões quentes e sem perigo de geada, plante em solo fértil, úmido e bem drenado, com sol direto, mantendo uma distância de 60 cm entre cada planta. Plante as sementes no início da primavera em potes pequenos e depois transfira para vasos grandes. Outra possibilidade é propagar pela divisão da raiz no final da primavera.
NA NATUREZA Dificilmente é encontrada fora de sua região de origem (Sudeste Asiático), mas é bastante cultivada em jardins e quintais.
COLHEITA Colha os talos ao longo do ano.

CUIDADO Não empregue o óleo essencial sem orientação médica. Não use na gravidez, mas quantidades culinárias são seguras.

Cynara cardunculus Subespécie Scolymus **Alcachofra**

As flores grandes e arredondadas são colhidas antes de abrir para fins culinários, porém a parte mais valorizada é o coração. É originária do Mediterrâneo e provavelmente foi desenvolvida na Antiguidade a partir da espécie *Cynara cardunculus*. Como erva medicinal, pode ser usada para melhorar a função do fígado e protegê-lo de infecções.

FLORES
São colhidas antes de abrir e cozidas. Normalmente são servidas com manteiga

O coração da alcachofra se encontra no meio da flor e pode ser usado em saladas e conservas

CARACTERÍSTICAS
Perene de grande porte, podendo espalhar-se por 1,2 m. Tem espinhos em forma de flor.

PARTES USADAS Flores, folhas e raiz
PRINCIPAIS COMPONENTES Sesquiterpeno, lactona (cinaropicrina), cinarina, inulina
AÇÃO Calagoga, colerética, restauradora do fígado, diurética, reduz a glicemia e o colesterol

COMO USAR

SUCO Bata quantidades iguais de água e de folhas e flores e tome 1 xícara ao dia como um tônico para o fígado.
INFUSÃO Tome 1 xícara de uma infusão padrão (p. 342) das folhas, três vezes ao dia, para tratar problemas hepáticos e na vesícula, incluindo lesões no fígado e icterícia, indigestão, náusea e gases abdominais. Também ajuda a diminuir os níveis de colesterol e a evitar ou controlar diabetes (seja o tratamento baseado em dieta ou em medicação).
DIETA Comer alcachofra regularmente pode ajudar a evitar diabetes tardia.
CÁPSULAS Tome 3 cápsulas de 250 g que contenham o pó feito com as folhas, antes das refeições, para melhorar a função hepática.

COMO OBTER

CULTIVO Gosta de locais ao ar livre mas protegidos do vento, ensolarados e com solo bem drenado. Coloque composto orgânico na terra antes de plantar. Na primavera, plante as sementes em um lugar protegido e transfira para o lugar definitivo quando a planta estiver maior. Também pode ser propagada a partir de ramos da raiz no inverno.
NA NATUREZA Não é comum encontrá-la crescendo de modo selvagem.
COLHEITA Para uso culinário, corte as folhas antes de florescer e as flores antes de as brácteas abrirem.

Dioscorea villosa **Inhame-selvagem**

Serviu de base para a primeira pílula anticoncepcional. É nativo dos Estados Unidos e da América Central, embora seja atualmente cultivado em diversos lugares de clima subtropical. A substância diosgenina foi identificada em 1930 e, por volta de 1960, já estava sendo usada na fabricação de progesterona. Também conhecido como yam mexicano.

PARTES USADAS Raiz e tubérculo
PRINCIPAIS COMPONENTES Alcaloides, saponinas, esteroides (principalmente a hioscina, que quebra a diosgenina), taninos, fitoesteroides, carboidratos
AÇÃO Relaxante muscular, antiespasmódica, colagoga, anti-inflamatória, diaforética, antirreumática, diurética

COMO USAR

DECOCÇÃO Tome ½-1 xícara de uma decocção feita com 10 g da raiz em 600 ml de água, três vezes ao dia. Deixe ferver por 20 minutos e use para aliviar cólicas associadas à síndrome do colo irritável ou diverticulose. Tome ½ xícara a cada 3-4 horas para amenizar dores menstruais. Durante o parto, tome aos poucos para aliviar a dor.
TINTURA Tome 2-3 ml (40-60 gotas), três vezes ao dia, para tratar problemas relacionados à menopausa.
EXTRATO FLUIDO Tome 1-2 ml (20-40 gotas) com um pouco de água, três vezes ao dia, para tratar artrite. Geralmente é misturado a outras ervas, como erva-de-são-cristovão, filipêndula ou salgueiro-branco, para amenizar artrite reumatoide. Também é usado para estimular o fígado.

COMO OBTER

CULTIVO Gosta de solo úmido, bem drenado, de arenoso a argiloso, e sombra parcial. Normalmente é cultivado através de cortes na raiz, ou a partir de pequenos tubérculos que crescem próximos às folhas. A planta tem sexos separados, e tanto a fêmea como o macho produzem sementes, que podem ser plantadas em um vaso protegido ou miniestufa no início da primavera e transferidas quando estiverem maiores.
NA NATUREZA Pode ser encontrada em bosques, campos arbustivos e regiões pantanosas da América Central ou centro-sul dos Estados Unidos.
COLHEITA Colha as raízes no outono, lave e deixe secar.

CUIDADO A saponina pode causar náusea em pessoas mais sensíveis.

CAULE *Ele se enrosca da direita para a esquerda e produz raízes adventícias que podem chegar a 5 m*

FLORES *Amarelo-esverdeadas, aparecem durante todo o verão e podem variar as formas, dependendo do sexo da planta*

FOLHAS *Em formato de coração, podem chegar a 10 cm de comprimento*

CARACTERÍSTICAS *Planta trepadeira com folhas em forma de coração e caule vermelho-amarronzado.*

Echinacea purpurea **Equinácea**

Nativa da região sudeste dos Estados Unidos, era usada pelos indígenas para combater febres e ajudar na cicatrização de ferimentos. Foi introduzida na Europa no século 19, e tem sido muito pesquisada desde então. É indicada como antibiótico no tratamento de diversas infecções.

FLORES *São roxas, parecidas com margaridas e aparecem no fim do verão*

FOLHAS *Cientistas alemães defendem que as folhas da equinácea podem ser tão efetivas no combate a infecções quanto a raiz*

1,2 m

CARACTERÍSTICAS *Vertical, rizomatosa, perene e com flores parecidas com margaridas. Espalha-se por 35 cm.*

PARTES USADAS Raízes, folhas
PRINCIPAIS COMPONENTES Óleo volátil (incluindo humuleno), glicosídeos, alcamidas, inulina, polissacarídeos, poliacetilenos (antibiótico)
AÇÃO Estimula os sistemas imunológico e linfático, antialérgica, antibiótica

COMO USAR

INFUSÃO Tome 1 xícara de infusão padrão (p. 342) feita com folhas frescas, três vezes ao dia, contra gripe e resfriado.
DECOCÇÃO Tome 10 ml (2 colheres de sopa) de uma decocção padrão feita com a raiz, a cada 2-4 horas, em infecções agudas. Combina bem com agrimônia.
GARGAREJO/ENXAGUATÓRIO BUCAL Use 1 xícara da decocção feita com a raiz ou 10 ml da tintura com 1 copo de água morna e faça gargarejos, três vezes ao dia, em casos de dor e inflamação na garganta e aftas.
TINTURA Tome 5 ml (1 colher de chá) de tintura, três vezes ao dia, para tratar infecções urinárias. Misture com uma quantidade igual de tintura de aparine, em casos de gânglios inchados ou febre glandular. Para gripes e resfriados, tome 10 ml da tintura, quatro vezes ao dia, por 48 horas.
CREME/POMADA Use em cortes infeccionados, acne, arranhões e abscessos.

COMO OBTER

CULTIVO Gosta de solo fértil, úmido e bem drenado, e lugar ensolarado. Na primavera, plante as sementes em pequenos potes e depois transfira para um vaso. Mais tarde transfira para lugar permanente. Pode-se dividir as plantas, no outono ou na primavera, ou cortar parte da raiz para replantar no fim do outono ou no começo do inverno.
NA NATUREZA Dificilmente encontrada fora dos Estados Unidos.
COLHEITA As folhas podem ser colhidas em toda a estação de crescimento e as raízes de plantas com quatro anos, no outono.

CUIDADO Doses altas podem causar náuseas e diarreia.

Equisetum arvense **Cavalinha**

É uma sobrevivente dos tempos pré-históricos. Nativa da Europa, da América do Norte e da Ásia, faz parte do conjunto de plantas que em seu processo de decomposição formaram as reservas de carvão. Como erva medicinal, ajuda a regenerar os tecidos conjuntivos; na Antiguidade era usada para estancar sangramentos.

FOLHAS E TALOS
Podem ser usados para fins medicinais, ajudando a recuperar tecidos conjuntivos

A presença de sílica no caule e nas folhas mostra que a planta é altamente abrasiva. Por isso, era usada para limpar panelas

CARACTERÍSTICAS
Perene e vertical, com muitos galhos. Espalha-se de maneira indeterminada.

PARTES USADAS Partes aéreas
PRINCIPAIS COMPONENTES ácido silícico e silicatos, alcaloides (incluindo nicotina), taninos, saponinas, flavonoides, princípio amargo, minerais (incluindo potássio, manganês, magnésio), fitoesteroides
AÇÃO Adstringente, hemostática, diurética, anti-inflamatória, cicatrizante, acelera a coagulação

COMO USAR

DECOCÇÃO Tome ½-1 xícara de uma decocção padrão (p. 342) feita com 15 g da erva e 600 ml de água, três vezes ao dia, para diminuir fluxo menstrual intenso, tratar inflamações do trato urinário e da próstata ou aliviar problemas crônicos nos pulmões.
SUCO Tome 5-10 ml (1-2 colheres de chá), três vezes ao dia, para tratar problemas pulmonares ou urinários.
BANHO Adicione 300 ml de uma decocção na banheira em casos de fratura, torção, distensão muscular e pele irritada, como eczema.
COMPRESSA Faça uma pasta com 1 colher (chá) da erva em pó e um pouco de água. Com uma gaze, ponha sobre machucados, feridas e frieiras, ou use um punhado de folhas abafadas no calor (banho-maria) e coloque diretamente sobre a pele.
GARGAREJO/ENXAGUATÓRIO BUCAL Use ½ xícara de uma decocção, com a mesma quantidade de água, para tratar infecções na garganta, gengiva ou boca.

COMO OBTER

CULTIVO Gosta de solo úmido, sol ou sombra parcial. Normalmente é cultivada por divisões da raiz, no início da primavera.
NA NATUREZA Não confunda com a cavalinha de outra espécie *(Equisetum palustre)*, que possui alcaloides tóxicos.
COLHEITA Na estação de crescimento.

CUIDADO Procure orientação médica em todos os casos de presença de sangue na urina, ou de mudança no fluxo menstrual que leve a um sangramento grande. Não use por mais de quatro semanas seguidas sem orientação de um médico.

Eucalyptus globulus **Eucalipto**

Nativa da Austrália e da Tasmânia, é uma árvore cultivada em todo o mundo para a fabricação de papel. Como absorve muita água, também é usada para drenar terrenos pantanosos. Dela se retiram remédios importantes, usados há séculos pelos aborígenes australianos. Na medicina, o óleo essencial é empregado principalmente como antisséptico.

PARTES USADAS Folhas, óleo essencial
PRINCIPAIS COMPONENTES Óleo volátil (incluindo cineol), taninos, aldeídos, resina amarga
PROPRIEDADES Antisséptica, descongestionante, antibiótica, antiespasmódica, estimulante, febrífuga, reduz a glicemia, vermífuga

COMO USAR

DECOCÇÃO Ferva 3-4 folhas por xícara de água por 10 minutos em uma panela tampada e tome ½-1 xícara, três vezes ao dia, para tratar os estágios iniciais de resfriado, calafrio, secreção nasal, gripe, asma, sinusite, dor de garganta e outros problemas respiratórios.
POMADA PARA O TÓRAX Use ½ ml (10 gotas) de óleo essencial de eucalipto com 30 ml de óleo de amêndoa e esfregue no tórax em casos de resfriado, bronquite, asma e problemas respiratórios.
INALAÇÃO Use ½ ml (10 gotas) do óleo essencial ou 6 folhas em uma tigela com água fervente e faça inalação com o vapor em casos de resfriado e infecções pulmonares.
COMPRESSA Umedeça uma gaze com uma mistura de 10 gotas do óleo essencial e 60 ml de água e aplique em inflamações, articulações doloridas ou queimaduras leves.

COMO OBTER

CULTIVO Gosta de solo úmido, entre neutro e levemente ácido. Prefere lugar onde bata sol, mas também protegido do frio e do vento seco. Na primavera, plante as sementes quando a temperatura estiver em torno de 21°C e espere crescer para transplantar para o local definitivo. Se preferir, compre a planta já estabelecida em viveiros. Absorve muita água e pode prejudicar o solo.
NA NATUREZA Atualmente é encontrada em diversos lugares devido ao seu uso comercial.
COLHEITA Colha as folhas durante todo o ano, conforme a necessidade.

CUIDADO Não use o óleo essencial. Fatalidades já foram relatadas ainda que com doses pequenas.

FOLHAS
Os aborígenes australianos já usavam as folhas para fins medicinais, em compressas para ferimentos ou para tratar gripes e resfriados

CARACTERÍSTICAS
Árvore de grande porte, folhas perenes e verde-acinzentadas que se tornam mais verdes quando maduras.

Eupatorium cannabinum **Trevo-cervino**

Nativo da Europa, era tradicionalmente usado para tratar resfriados com febre ou como compressa para machucados na pele. Um componente amargo chamado eupatorina foi recentemente identificado na planta e acredita-se que possa ter ação anticancerígena. Contém alcaloides tóxicos, portanto deve ser usado com cuidado.

FOLHAS
Podem ser batidas e do suco delas fazer um repelente de insetos para cachorros e cavalos

FLORES
As flores cor-de-rosa, que aparecem no verão até o começo do outono, são uma das favoritas dos passarinhos e abelhas

As folhas são geralmente usadas para embrulhar pães, evitando bolor

CARACTERÍSTICAS
Herbácea, perene, com folhas parecidas com as da Cannabis; espalha-se por 1,2 m.

PARTES USADAS Partes aéreas, raízes
PRINCIPAIS COMPONENTES Óleo volátil (incluindo timol, azulenos, alfa-terpineno), flavonoides, lactonas sesquiterpênicas (incluindo eupatorina), alcaloides de pirrolizidina
AÇÃO Febrífuga, diurética, antiescorbútica, laxante, colagoga, expectorante, imunoestimulante, antirreumática, diaforética, tônica

COMO USAR

Aviso: Tome por períodos curtos e somente com orientação médica.
INFUSÃO Tradicionalmente empregada no tratamento de alguns problemas dermatológicos, reumatismo e artrite. Use apenas com a orientação de um fitoterapeuta.
COMPRESSA Bata um punhado de folhas frescas no liquidificador, espalhe em uma gaze e coloque sobre feridas na pele.

COMO OBTER

CULTIVO Tolera diversos tipos de solo, embora prefira solo úmido, e pode crescer em lugar ensolarado ou com sombra parcial. No início da primavera, plante as sementes em lugar protegido e cubra com uma camada fina de composto. No início do verão, quando as plantas estiverem estáveis, transfira para lugar definitivo. Deixe um espaço de 60 cm entre cada uma. Se preferir, plante as sementes exatamente onde quer que cresçam, no outono ou na primavera.
NA NATUREZA Encontrado em lugares úmidos e pantanosos da Ásia ocidental e no norte da África.
COLHEITA Corte as flores no verão ou no início do outono; as raízes podem ser retiradas no outono.

CUIDADO Contém alcaloides de pirrolizidina, que são cancerígenos, portanto use apenas com orientação médica. Doses altas podem causar náuseas e vômitos. Não use na gravidez.

Eupatorium purpureum **Eupatório**

Originalmente encontrado em matagais pantanosos no leste dos Estados Unidos, é bastante usado em jardins ornamentais. Acredita-se que era empregado por indígenas da América do Norte para tratar febre tifoide. Ajudar a tratar pedra nos rins e outras moléstias no trato urinário.

PARTES USADAS Rizoma e raiz
PRINCIPAIS COMPONENTES Eupatorina, óleos voláteis, flavonoides, resina
AÇÃO Diurética, adstringente, antirreumática

COMO USAR

DECOCÇÃO Tome ½ xícara de uma decocção feita com 1 colher (chá) da raiz seca e 1 xícara de água. Ferva por 20 minutos e tome para pedra nos rins ou dores ao urinar. Essa mistura é geralmente usada para diminuir a dor do parto. Acredita-se que o eupatório ajude a eliminar mais rapidamente as toxinas do fígado, portanto a decocção também é boa para reumatismos e gota, pois ajuda a eliminar ácido úrico.
TINTURA Tome 2-4 ml (40-80 gotas), três vezes ao dia, para tratar problemas no trato urinário, incluindo cistite e pedra nos rins ou corrimentos devido a infecção. Combina bem com urtiga-branca *(Lamiun album)*, para tratar problemas na próstata e com hortência *(Hydrangea spp)* para tratar pedra nos rins.

COMO OBTER

CULTIVO Gosta de solo úmido e fértil, com sombra parcial ou sol direto. Plante as sementes em pequenos potes e em um lugar protegido. Quando as mudas estiverem maiores, replante no local definitivo, deixando um espaço de 90 cm entre cada uma.
NA NATUREZA Encontrado na natureza no leste dos Estados Unidos, embora esteja presente em alguns jardins como planta ornamental. Na Europa, a espécie correlata, *Eupatorium cannabinum* (p. 54), pode ser encontrada em lugares úmidos.
COLHEITA As raízes devem ser colhidas após completar dois anos, no outono.

CUIDADO Não use na gravidez.

CARACTERÍSTICAS
Robusta, perene, com caules eretos, espalha-se por 1 m.

Filipendula ulmaria **Filipêndula**

Cresce em lugares úmidos por toda a Europa e Ásia ocidental. Era usada para dar sabor ao vinho feito com mel e atualmente é bastante conhecida por sua ação antiácida, que atua no organismo em geral, ajudando a combater indigestão e gastrite e no tratamento da artrite.

CARACTERÍSTICAS
Arbustiva, perene, espalha-se por 60 cm.

PARTES USADAS Flores, partes aéreas
PRINCIPAIS COMPONENTES Silicatos, flavonoides (incluindo rutina e heparina), óleo volátil (incluindo salicilaldeído), ácido cítrico, mucilagem, taninos
AÇÃO Antiácida, anti-inflamatória, antirreumática, digestiva, diurética, diaforética e anticoagulante

COMO USAR

INFUSÃO Tome 1 xícara de uma infusão padrão (p. 342) feita com as flores e folhas, três vezes ao dia, para tratar resfriados com febre ou dores reumáticas amenas. Tome ½ xícara a cada 2 horas para combater refluxo ou acidez estomacal. Pode ser dada para crianças em casos de problemas digestivos. Procure um médico para saber a dosagem correta.
EXTRATO FLUIDO Tome 2-5 ml (1 colher de chá), três vezes ao dia, para tratar gastrite, úlceras e reumatismo crônico. Misture com angélica ou salgueiro para o tratamento de reumatismo.
COMPRESSA Mergulhe uma gaze ou pano em tintura diluída e aplique em articulações doloridas devido a reumatismos ou nevralgia.

COMO OBTER

CULTIVO Prefere solo fértil, não ácido, úmido e lugar ensolarado ou com sombra leve. No outono, plante as sementes em vasos, num local protegido, e replante na primavera seguinte. Deixe um espaço de 60 cm entre cada planta. Outra possibilidade é propagar a planta por divisão, no outono ou na primavera, ou com ramos da raiz, no inverno.
NA NATUREZA Encontrada em lugares úmidos e pantanosos da Europa e da Ásia ocidental. As partes aéreas podem ser coletadas quando começar a florescer, ou as flores, quando totalmente abertas.
COLHEITA Colha no verão, assim que a planta começar a florescer.

CUIDADO Não use na gravidez. Evite em casos de sensibilidade a aspirina (ou salicilato).

Foeniculum vulgare **Erva-doce**

Cultivada desde a Roma Antiga tanto para fins culinários quanto para fins medicinais, é originária do Mediterrâneo, mas por volta do século 8º d.C. espalhou-se pelo Norte da Europa. É bastante consumida como chá após as refeições, pois ajuda a digestão. Na culinária, é usada em bolos, doces e para temperar carnes e peixes.

PARTES USADAS Sementes, raiz, folhas, óleo essencial
PRINCIPAIS COMPONENTES Óleo volátil (incluindo anetol, estragol), ácidos graxos essenciais, flavonoides (incluindo rutina), vitaminas e minerais
AÇÃO Carminativa, estimula a circulação, anti-inflamatória, galactagoga, diurética, expectorante suave

COMO USAR

INFUSÃO Ferva ½-1 colher (chá) de sementes em 1 xícara de água e tome após as refeições para combater gases e má digestão. Tome uma infusão padrão (p. 342), três vezes ao dia, para ajudar a aumentar o fluxo de leite durante a amamentação.
GARGAREJO/BOCHECHO Use 1 xícara de uma infusão padrão feita com as sementes, em caso de problemas nas gengivas ou garganta inflamada.
TINTURA Use ¼-½ ml (5-10 gotas) para tratar constipação e combater cólicas intestinais.
DECOCÇÃO Tome 1 xícara de uma decocção padrão feita com a raiz, três vezes ao dia, para desordens ligadas ao excesso de ácido úrico.
POMADA PARA O TÓRAX Adicione ¼-½ ml de cada óleo essencial: erva-doce, tomilho e eucalipto. Use para massagear o peito em casos de tosse e bronquite.

COMO OBTER

CULTIVO Na primavera, plante as sementes, ou as mudas, no local definitivo. Normalmente é resistente, mas pode não suportar invernos rigorosos. Pode ser tratada como uma bienal. A variedade dulce é consumida em saladas.
NA NATUREZA Normalmente cresce em terrenos e áreas costeiras.
COLHEITA As folhas devem ser colhidas no verão e as sementes, no outono. Corte a raiz quando as folhas já tiverem caído.

CUIDADO O óleo essencial não deve ser usado sem orientação médica.

CARACTERÍSTICAS
Perene com raiz profunda, flores pequenas e folhas em forma de fios. Espalha-se por 50 cm.

Fragaria vesca Morango

Tem origem no século 18, da variedade silvestre combinada com um híbrido da América. É encontrado na Europa, na Ásia ocidental e na América do Norte. Atualmente, há várias espécies que podem ter uso terapêutico, principalmente como chás adstringentes.

FRUTOS
São doces e podem ser consumidos em sucos ou caldas

FLORES
Com cinco pétalas, são brancas e pequenas. Aparecem um pouco antes dos frutos, no início do verão

FOLHAS
Podem ser colhidas durante o verão e, depois de secas, usadas em chás adstringentes para tratar diarreias e outros problemas digestivos

CARACTERÍSTICAS
Perene de crescimento lento, com frutos no verão. Espalha-se por estolões de maneira indefinida.

PARTES USADAS Folhas, fruto
PRINCIPAIS COMPONENTES Folha: óleo volátil, taninos, flavonoides. Fruto: ácido frutico, salicilatos, açúcar, vitaminas B, C e E
AÇÃO Adstringente, cicatrizante, diurética, laxante, desintoxicante e tônica para o fígado.

COMO USAR

INFUSÃO Tome 1 xícara de uma infusão padrão (p. 342) feita com as folhas, três vezes ao dia, para combater diarreia.
GARGAREJO Use 1 xícara de infusão padrão feita com as folhas para inflamações na gengiva e garganta.
LOÇÃO Use uma infusão padrão das folhas para limpar queimaduras e pequenos ferimentos.
FRUTO FRESCO Por ser refrescante, o morango era muito usado para tratar gota, artrite, reumatismo e tuberculose. É também um relaxante para casos de gastrite e convalescência.
SUCO Bata alguns morangos e tome 10 ml (2 colheres de sopa), três vezes ao dia, para combater infecções, amenizar artrite ou como um laxante leve.
COMPRESSA Os morangos amassados podem ser usados em uma compressa para aliviar queimaduras de sol e inflamações na pele.

COMO OBTER

CULTIVO Prefere solo úmido e bem drenado, rico em matéria orgânica, com sol direto ou sombra parcial. Pode ser plantado a partir da semente, na primavera ou no outono. Mantenha a terra úmida e transplante em vasos de 7,5 cm quando estiver maior.
NA NATUREZA Pode ser encontrado em diversas partes do mundo. Colete os frutos quando estiverem maduros e as folhas, em todo o verão.
COLHEITA Os frutos no verão, quando bem maduros, e as folhas durante toda a estação.

Galium aparine **Aparine**

Bastante comum em jardins e encontrada por toda a Europa, além de norte e oeste da Ásia. Na China, é consumida como salada. Tem sido usada em tratamentos para câncer desde a Antiguidade, embora a eficácia não tenha sido confirmada por pesquisas modernas. Também serve como purificadora do sistema linfático.

CARACTERÍSTICAS
Anual e trepadeira, enrosca-se em ganchinhos; espalha-se por 3 m.

PARTES USADAS Toda a planta
PRINCIPAIS COMPONENTES Flavonoides, derivados de antraquinonas (na raiz), iridoides, cumarinas, taninos, ácidos polifenólicos
AÇÃO Diurética, limpadora do sistema linfático, tônica adstringente, anti-inflamatória

COMO USAR

SUCO Tome 10 ml (2 colheres de sopa) do suco, três vezes ao dia, para ajudar a limpar o sistema linfático e estimular a produção de urina em casos de febre glandular, garganta inflamada ou problemas na próstata.
CREME Use frequentemente em casos de psoríase; é mais efetivo se aplicado logo no começo, quando a lesão ainda é pequena.
INFUSÃO Tome 1 xícara de uma infusão padrão (p. 342) feita com a erva fresca, três vezes ao dia, para tratar cistite. Normalmente, a aparine é misturada com outras plantas medicinais, como mil-folhas, buchu ou alteia.
TINTURA Tome 5 ml (1 colher de chá), três vezes ao dia, para limpar o sistema linfático e desintoxicar nódulos inchados.
COMPRESSA Aplique uma gaze embebida em uma infusão nos arranhões e inflamações na pele.

COMO OBTER

CULTIVO Considerada uma erva daninha invasiva, a aparine cresce em qualquer lugar enroscando-se em ganchos, pregos e galhos de outras plantas, chegando a 1,2 m de altura e 3 m de comprimento. Os frutos eriçados, que aparecem no outono, podem ser colhidos imediatamente e colocados onde a planta deve nascer no ano seguinte.
NA NATUREZA Pode ser encontrada da primavera até o outono em jardins, parques e terrenos. Toda a planta pode ser colhida e o melhor é usá-la fresca.
COLHEITA Deve ser feita na primavera, pouco antes de começar a florescer.

Ginkgo biloba Ginkgo biloba

Último exemplar do seu gênero, é cultivado há mais de 200 milhões de anos. As plantas dividem-se em macho e fêmea, florescendo apenas quando estão próximas. As sementes comestíveis são usadas na medicina tradicional chinesa para tratar alguns tipos de asma; já as folhas se tornaram populares no Ocidente no tratamento de problemas na circulação.

PARTES USADAS Folhas, sementes
PRINCIPAIS COMPONENTES Folhas: flavona, glicosídeos, flavonoides, beta-sitosterol, lactonas, antocianina. Sementes: ácidos graxos, minerais, flavonoides
AÇÃO Folha: vasodilatadora, estimula a circulação. Sementes: fungicida, bactericida e adstringente

COMO USAR

EXTRATO FLUIDO Tome 1-3 ml (20-60 gotas), três vezes ao dia, para tratar doenças relacionadas à má circulação ou para arteriosclerose cerebral em idosos.
TINTURA Tome 3-5 ml (1 colher de chá), três vezes ao dia, para tratar problemas cardiovasculares. Geralmente é misturada com flores de limão e congorsa (*Vinca spp.*) para tratar problemas circulatórios, ou com trevo-amarelo para tratar problemas venosos.
DECOCÇÃO Tome 1 xícara de uma decocção padrão feita com 3-4 sementes e 600 ml de água, três vezes ao dia, para tosse persistente e asma. Pode ser misturada com uma infusão de folhas de tussilagem e amora.
CÁPSULAS Disponíveis em farmácias e recomendadas para má circulação, perda de memória e problemas venosos.

COMO OBTER

CULTIVO Há mudas disponíveis em viveiros que geralmente são obtidas a partir de cortes das plantas masculinas. As plantas femininas podem ser difíceis de encontrar. Gosta de solo úmido e bem drenado e com sol direto. No outono, plante as sementes de uma planta fêmea em uma sementeira coberta com vidro; no verão, plante ramos semimaduros. Evite podar.
NA NATUREZA Raramente é encontrado na natureza, mas é muito cultivado em jardins.
COLHEITA No outono, colete folhas e frutos.

CUIDADO Evite se estiver tomando aspirina ou varfarina. Doses altas das sementes podem gerar problemas na pele e dores de cabeça. É de uso restrito em alguns países.

FOLHAS
As folhas assemelham-se às de alguns tipos de samambaia

CARACTERÍSTICAS
Vertical, alta e decídua. Espalha-se por 20 m.

Glycyrrhiza glabra Alcaçuz

Nativo da região do Mediterrâneo e do sudeste da Ásia, tem sido valorizado desde a Antiguidade pelo seu sabor adocicado. Os romanos o usavam como remédio para asma e tosse. Seu cultivo espalhou-se para o Norte da Europa no século 15. Há uma espécie correlata na Ásia, *Glycyrrhiza uralensis*, conhecida como a avó de todas as ervas e muito usada na medicina chinesa.

FOLHAS
São parecidas com as de pinheiro, dividindo-se em pares. Têm 7,5-15 cm de comprimento

FLORES
O alcaçuz é um membro da família das ervilhas; suas flores são de cor creme e lilás, similares às da ervilha, e aparecem na primavera

2 m

CARACTERÍSTICAS
Perene, com raiz ramificada e receptáculo alongado. Espalha-se por 1 m.

PARTES USADAS Raiz
PRINCIPAIS COMPONENTES Saponinas, glicirrizina, substâncias estrógenas, cumarinas, flavonoides, esteroides, asparagina
AÇÃO Anti-inflamatória, emoliente, estimula as adrenais, laxante suave, expectorante, diminui o colesterol, regula o pH estomacal

COMO USAR

TINTURA Tome 2-5 ml (1 colher de chá), três vezes ao dia, para tratar gastrite, úlcera péptica, afta ou acidez estomacal. A mesma quantidade em xaropes alivia tosses.
EXTRATO FLUIDO Tome 1-2 ml (20-40 gotas), três vezes ao dia, para estimular os rins, especialmente após tratamento com esteroides, ou ingira como um tônico digestivo.
DECOCÇÃO Tome 1 xícara de uma decocção padrão (p. 342), três vezes ao dia, para reduzir a acidez estomacal e diminuir inflamações ou úlceras no estômago. Tome 1 xícara antes de dormir para combater constipações leves.
XAROPE Misture a decocção com uma quantidade igual de mel. Combina bem com tomilho, hissopo ou ênula para tratar problemas respiratórios.
BANHO Adicione 5 ml (1 colher de chá) da tintura em 50 ml de água morna e use para lavar a pele irritada ou inflamada.

COMO OBTER

CULTIVO Gosta de solo profundo, entre neutro e alcalino, bem drenado e com sol direto. Plante as sementes no outono ou na primavera e depois passe para um vaso maior. Deixe crescer em local protegido até que se estabeleça.
NA NATUREZA Encontrado no sul da Europa. Colete apenas as sementes e plante em casa.
COLHEITA No outono, colha a raiz das plantas de 3-4 anos.

CUIDADO Não use na gravidez, em casos de pressão alta ou se estiver tomando remédios à base de digoxina. Não tome por períodos prolongados, exceto sob orientação médica.

Hamamelis virginiana **Hamamélis**

Usada por indígenas norte-americanos para curar ferimentos e dores musculares, é encontrada em regiões úmidas da América do Norte, da Nova Escócia à Flórida. Atualmente é cultivada em diversos lugares do mundo por suas qualidades farmacêuticas, mas também como planta ornamental, dando flores aromáticas no outono.

PARTES USADAS Folhas, galhos
PRINCIPAIS COMPONENTES Taninos, flavonoides (incluindo quercetina e campferol), saponinas, óleos voláteis (incluindo eugenol e safrol), colina e ácido gálico
AÇÃO Adstringente, estanca sangramentos, anti-inflamatória

COMO USAR

DESTILADO/HIDROSSOL As folhas e os galhos são destilados comercialmente para produzir uma mistura de água e óleo essencial (às vezes conservado em álcool). Pode ser usado para estancar sangramentos, inclusive de nariz, para passar sobre varizes e pele irritada, ou em compressas para olhos inchados e machucados.
INFUSÃO Tome 1 xícara de uma infusão padrão (p. 342) feita com as folhas, três vezes ao dia, para tratar diarreia ou para evitar microvarizes.
GARGAREJO Use 1 xícara de uma infusão padrão feita com as folhas em casos de afta, garganta inflamada, faringite ou sangramentos na gengiva.
TINTURA Adicione 5 ml (1 colher de chá) de tintura feita a partir da casca da árvore em 50 ml de água e use como uma alternativa ao destilado/hidrossol.
POMADA/CREME Feitos com a casca da árvore, são usados para tratar cortes, arranhões, microvarizes e hematomas.

COMO OBTER

CULTIVO Prefere solo fértil, bem drenado, levemente ácido, em sombra parcial ou sol direto. Tolera solo profundo e rico em calcário. No outono, plante as sementes maduras em uma sementeira coberta com vidro.
NA NATUREZA Encontrada em bosques no leste da América do Norte. Não é recomendado colher a casca de árvores selvagens, pois pode ferir a planta. Porém, as folhas e alguns galhos podem ser colhidos normalmente no verão e no início do outono, antes de surgirem as flores.
COLHEITA As folhas podem ser colhidas no verão e a cortiça, no outono. Os galhos podem ser retirados quando a planta está dormente.

CAULE
A decocção com os caules pode ser feita da mesma forma que com as folhas, caso se encontre uma árvore adequada

CARACTERÍSTICAS
Árvore de pequeno porte, decídua, com um ou vários troncos principais. Espalha-se por 4 m.

Houttuynia cordata **Dokudami**

Já foi usado como antídoto para venenos. Seu nome vem do japonês e significa "bloqueador de veneno". Em chinês, é chamado de *yu xing cao*, que significa "planta com cheiro de peixe"; serve para dar sabor a pratos salgados. No Japão é usado como desintoxicante.

FLORES
Pequenas flores amarelas aparecem em brácteas brancas no início do verão. Quando elas caem, as folhas e a raiz podem ser colhidas

FOLHAS
Podem ser consumidas em saladas ou no preparo de tempura

As folhas aromáticas com formato de coração são um dos ingredientes do chá de dokudami (chá de houttuynia) no Japão

30 cm

CARACTERÍSTICAS
Perene e rizomatosa. Espalha-se vigorosa e indefinidamente.

PARTES USADAS Folhas, raiz
PRINCIPAIS COMPONENTES Flavonoides (incluindo quercetina e hiperina), terpenos (incluindo limoneno e canfeno), linalol, sitosterol, sais de potássio, óleos voláteis (incluindo decanol – acetaldeído)
AÇÃO Adstringente, diurética, bactericida, laxante, antisséptica urinária, anti-inflamatória, antitussígena e cicatrizante

COMO USAR

TINTURA Tome 10 ml (2 colheres de chá), três vezes ao dia, para tratar infecções urinárias ou dor ao urinar. Se os sintomas persistirem, procure um médico.
INFUSÃO Faça uma infusão padrão (p. 342), usando a erva fresca, e tome 1-2 xícaras em um dia, todo mês, para desintoxicar-se.
XAROPE Misture 450 ml de mel em 600 ml de uma infusão padrão com quantidades iguais de infusões de dokudami e flor-balão. Tome 5 ml (1 colher de chá), cinco vezes ao dia, para tratar tosses com secreção.
DECOCÇÃO Faça uma decocção padrão com a planta inteira e tome 1-2 xícaras todos os dias para tratar abscessos e furúnculos. Porém, a melhora só ocorre após o dreno.
LOÇÃO/POMADA Use em cortes, arranhões, acne, furúnculos, picadas de inseto e micoses.

COMO OBTER

CULTIVO Gosta de solo úmido e fértil, lugar ensolarado ou sombra parcial, mas suporta solos e climas mais secos e precisa de proteção em épocas mais frias. No verão, plante as sementes em uma sementeira, passando para um vaso; na primavera, transplante para o lugar definitivo. Pode ser invasiva.
NA NATUREZA Nativo de regiões úmidas e de margens de rios do Japão, China, Vietnã e Laos. É considerado planta invasiva na América do Norte e na Austrália.
COLHEITA No verão, depois de florescer.

CUIDADO É uma erva que resfria o organismo, portanto evite em casos de gripes e resfriados.

Humulus lupulus **Lúpulo**

Os estróbilos, ou seja, as flores da planta fêmea, são matéria-prima desde o século 11 no preparo de cervejas, enquanto os romanos usavam as folhas em saladas. Nativo da Europa, é sedativo e amargo, e empregado medicinalmente tanto para tratar problemas nervosos quanto de natureza digestiva. É também estrogênico, levando à perda da libido em homens que bebem muita cerveja.

FLORES
Há a planta fêmea e a macho. Esta última possui pequenas flores verdes e produzidas em agrupamentos nos galhos. Já as flores da fêmea são estróbilos que nascem abaixo das brácteas verdes

FOLHAS
São divididas em três lóbulos, com as bordas picotadas

Uma infusão feita com as flores fêmeas era usada na massa de pão para mantê-la leve e aumentar sua capacidade de crescimento

7 m

CARACTERÍSTICAS
Planta decídua, vigorosa, perene e trepadeira, com caules em espiral.

PARTES USADAS Estróbilos (flores femininas)
PRINCIPAIS COMPONENTES Princípios amargos (incluindo humulona e ácido valérico), taninos, óleos voláteis (incluindo humuleno), substâncias estrógenas, asparagina, flavonoides
AÇÃO Sedativa, anafrodisíaca, tônica para o sistema nervoso, estimulante digestiva, diurética, soporífica e adstringente

COMO USAR

TINTURA Tome 1-2 ml (20-40 gotas) com água, três vezes ao dia, para relaxar, diminuir a ansiedade, estimular a digestão, aliviar cólicas e espasmos intestinais.
INFUSÃO Para insônia, ferva 2-4 estróbilos frescos por xícara. Deixe descansar por 5 minutos e tome meia hora antes de dormir. Plantas secas também podem ser usadas (plantas mais velhas têm menor efeito).
LOÇÃO Use uma infusão padrão de lúpulo fresco ou seco para limpar feridas e erupções na pele.
COMPRESSA Adicione 10 ml de tintura em 120 ml de água, mergulhe uma gaze e faça compressa em varizes.

COMO OBTER

CULTIVO Gosta de solo fértil, bem drenado, com sol direto ou sombra parcial. Use treliças, ganchos e canos para dar suporte à planta. Na primavera, plante as sementes em uma sementeira, à temperatura de 15ºC, e transplante para o local definitivo quando estiverem maiores. Outra possibilidade é propagar por mudas na primavera ou no início do verão. Corte os ramos e galhos velhos no verão.
NA NATUREZA Pode ser encontrado perto dos locais onde é cultivado comercialmente.
COLHEITA Colete as flores fêmeas. Colete os estróbilos no verão.

CUIDADO Não ingira em casos de depressão. A planta adulta pode causar dermatite por contato.

Hydrastis canadensis **Hidraste**

Empregada pelos indígenas norte-americanos para tratar uma variedade de doenças, incluindo coqueluche, problemas hepáticos e cardíacos, é originária dos Estados Unidos. Atualmente é usada para tratar feridas nas mucosas. A extração excessiva no século 20 fez com que a planta ficasse ameaçada de extinção.

PARTES USADAS Rizoma
PRINCIPAIS COMPONENTES Alcaloides (incluindo hidrastina, canadina e berberina), óleo volátil, resina
AÇÃO Adstringente, tônica, digestiva, estimula a produção de bile, anti-inflamatória, laxativa, bactericida, cicatrizante da mucosa estomacal, estimula o útero, estanca sangramentos internos, diminui a produção de secreção nasal e pulmonar

COMO USAR

TINTURA Tome ½-2 ml (10-40 gotas), três vezes ao dia, para tratar colite na mucosa, secreção no nariz e pulmões, gastrenterite, corrimento vaginal, digestão lenta devido ao mau funcionamento do fígado ou para ajudar a controlar sangramento menstrual intenso, ou após o parto.
GARGAREJO Use 2-3 ml (40-60 gotas) de tintura em 100 ml de água morna para tratar afta, garganta irritada ou com secreção e gengiva infeccionada.
CÁPSULAS Tome uma cápsula de 300 mg, três vezes ao dia, para diminuir a secreção nasal e pulmonar, tratar infecções ou misture com eufrásia em pó para aliviar a febre do feno.

COMO OBTER

CULTIVO Gosta de sombra, solo úmido, bem drenado e levemente ácido ou neutro. Plante as sementes em uma sementeira coberta com vidro e depois transplante para lugar definitivo. É possível propagar por divisão da raiz no outono.
NA NATUREZA Está em perigo de extinção, por isso plantas selvagens não devem ser colhidas.
COLHEITA As raízes de plantas maduras devem ser retiradas no outono e depois ressecadas.

CUIDADO Estimula a urina, portanto não use na gravidez e na amamentação. Evite em casos de pressão alta. O uso prolongado pode gerar deficiência de vitaminas do complexo B.

FOLHAS
Aparecem em pares, e cada uma pode chegar a 10 cm de comprimento

FRUTOS
As flores e os frutos se formam na parte superior do caule das folhas. As flores aparecem na primavera

30 cm

CARACTERÍSTICAS
Rizomatosa, decídua e perene. Espalha-se por 15-30 cm.

Hypericum perforatum **Erva-de-são-joão**

Desde a época das Cruzadas, a erva-de-são-joão é usada no tratamento de feridas. É nativa de regiões temperadas da Europa e foi por séculos considerada "uma erva que cura tudo". Também servia para tratar histeria e doenças mentais. Atualmente é muito indicada para tratar casos de depressão. A qualidade dos remédios disponíveis hoje em dia pode variar.

FLORES
Em formato de coração, devem ser colhidas no verão, quando totalmente abertas

FOLHAS
Quando são colocadas contra a luz, é possível ver pontinhos escuros que são, na verdade, bolsas de óleo

CARACTERÍSTICAS
Compacta, ereta e perene. Espalha-se por 1 m.

PARTES USADAS Partes aéreas, flores
PRINCIPAIS COMPONENTES Hipericina, pseudohipericina, flavonoides (incluindo rutina), óleo volátil, taninos, resinas
AÇÃO Adstringente, analgésica, antiviral, sedativa, anti-inflamatória, tônica para o sistema nervoso

COMO USAR

INFUSÃO Tome 1 xícara de uma infusão padrão (p. 342) feita com as partes aéreas, três vezes ao dia, em casos de ansiedade, tensão nervosa, e problemas emocionais associados com a menopausa e a TPM.
TINTURA Tome 2-5 ml (1 colher de chá), três vezes ao dia, para tratar nervosismo e cansaço. Em crianças que urinam durante a noite, 5-10 gotas antes de dormir pode ajudar.
LOÇÃO Use 1 xícara de uma infusão padrão para ajudar a cicatrizar cortes, hematomas e arranhões.
ÓLEO MACERADO Aplique um pouco de óleo, três vezes ao dia, em queimaduras leves, inclusive as de sol, cortes e arranhões. Massageie suavemente para aliviar as dores de articulações inflamadas e tendinites, ou dores nevrálgicas. Para aumentar a eficácia, misture com 5 ml (1 colher de chá) de óleo de lavanda.

COMO OBTER

CULTIVO Gosta de sol e solo alcalino e bem drenado. No outono e na primavera, plante as sementes em sementeiras e passe para um vaso quando estiver maior. Deixe ficar mais resistente antes de plantar no local definitivo.
NA NATUREZA Encontrada em cercas vivas e campos arbustivos. Há diversas espécies parecidas.
COLHEITA Antes de florescer. As flores de cima, no meio do verão.

CUIDADO Não use na gravidez. Pode causar irritações gastrointestinais ou alergias. Interage com vários remédios, incluindo pílula anticoncepcional. Não se exponha ao sol após a aplicação.

Hyssopus officinalis Hissopo

Atualmente é cultivado em diversos lugares, mas originalmente é encontrado em regiões rochosas do Mediterrâneo. Em jardins, mantém as borboletas longe das brássicas. Pode ser usado na culinária para temperar ensopados ou como erva medicinal para tratar tosses e gripes.

CARACTERÍSTICAS
Planta arbustiva com flores em forma de espiral. Espalha-se entre 60-90 cm.

PARTES USADAS Partes aéreas, flores, óleo essencial
PRINCIPAIS COMPONENTES Óleo volátil (incluindo cânfora e pinocanfona), flavonoides, terpenos (incluindo marrubina), hissopina, taninos
AÇÃO Expectorante, carminativa, diaforética, antiespasmódica, hipertensiva, emenagoga e há relatos de ação antiviral

COMO USAR

INFUSÃO Tome ½ xícara de uma infusão padrão (p. 342), a cada 2 horas, para estimular a produção de suor em estágios iniciais de resfriado e gripe.
TINTURA Tome 2-4 ml (40-80 gotas), três vezes ao dia, para diminuir gases e tratar indigestão, especialmente as de fundo nervoso.
XAROPE Misture 600 ml de uma infusão feita apenas com as flores com 450 ml de mel. Use contra tosses com secreção. Tome 5 ml (1 colher de chá) sempre que necessário. Pode ser combinado com tomilho, tussilagem e verbasco.
POMADA PARA O TÓRAX Misture 15 ml (1 colher de sopa) do óleo macerado de hissopo com 2 gotas (1 ml) de óleo essencial de tomilho e de eucalipto. Massageie o peito com a mistura em casos de bronquite ou resfriado.

COMO OBTER

CULTIVO Prefere solo fértil, de neutro a alcalino, e sol direto. Plante as sementes em sementeiras no outono ou na primavera e depois transplante para o local definitivo, 90 cm distantes umas das outras. Faça a poda depois de florescer.
NA NATUREZA Encontrado no Mediterrâneo.
COLHEITA Colha as folhas e os botões de flor no verão e os galhos na estação de crescimento.

CUIDADO Doses altas do óleo podem desencadear ataques epiléticos; procure orientação médica e não use na gravidez.

Inula helenium **Ênula**

Muito empregada para tratar tosses e problemas respiratórios. É nativa da Europa e da Ásia ocidental. Antigamente era usada pelos romanos para tratar dores no nervo ciático e problemas digestivos. Os anglo-saxões utilizavam para tratar doenças na pele, como lepra.

PARTES USADAS Raiz e rizoma
PRINCIPAIS COMPONENTES Inulina, helenina, óleo volátil (incluindo azulenos e lactonas sesquiterpênicas), esteroides, mucilagem, possivelmente alcaloides
AÇÃO Tônica, estimulante, expectorante, diaforética, bactericida, fungicida, vermífuga

COMO USAR

DECOCÇÃO Tome 1 xícara de uma decocção padrão (p. 342) feita com a raiz fresca, três vezes ao dia, para tratar bronquite, asma e secreção nos pulmões. A mesma mistura pode ajudar a aliviar a febre do feno. A decocção tem um gosto diferente, portanto, se quiser, adoce com 1 colher (chá) de mel.
TINTURA Tome 3-5 ml (1 colher de chá), três vezes ao dia, para tratar problemas respiratórios como bronquite.
XAROPE Misture 300 ml de uma decocção padrão com 225 ml de mel e faça um xarope. Tome 1 colher (chá) conforme a necessidade, em casos de febre do feno ou tosse.

COMO OBTER

CULTIVO Gosta de solo úmido e bem drenado, em lugar ensolarado. No outono, plante as sementes em uma sementeira coberta com vidro e depois replante no local definitivo. Deixe um espaço de 90 cm entre cada planta. Outra possibilidade é propagar por divisão na primavera ou no outono. A planta possui um rizoma profundo e, quando estável, é difícil de erradicar. As flores aparecem no verão.
NA NATUREZA Geralmente a raiz é usada, mas pode ser difícil encontrar na natureza. As flores podem ser colhidas no verão e usadas para fazer xarope para tosse.
COLHEITA A raiz deve ser colhida no outono, picada e seca em temperatura alta.

CUIDADO Não use na gravidez e na amamentação.

FLORES
Aparecem no verão. As de uma espécie correlata (Inula japonica) são usadas para tratar tosse na China

FOLHAS
Grandes e brilhosas, podem chegar a 70 cm de comprimento e possuem a parte inferior mais clara

CARACTERÍSTICAS
Alta, vertical, rizomatosa e perene. Espalha-se por 1,5 m.

Jasminum officinale **Jasmim**

Nativo da região do Himalaia, Índia, Paquistão e partes da China, é bastante conhecido. Seu óleo essencial é usado como sedativo e antidepressivo. Uma planta correlata, *Jasminum grandiflorum*, é conhecida como "jati" na Índia e é considerada um tônico espiritual para fortalecer o amor e a paixão.

O óleo de jasmim é produzido a partir das flores, sendo bastante caro devido ao seu processo de produção lento e complexo

FLORES
Aparecem do verão até o início do outono, são raras de encontrar comercialmente, pois são usadas na fabricação de óleo. Porém, podem ser colhidas em jardins e usadas em infusões para aliviar estresse e tensão

CAULE
Com suas folhas pequenas e brilhantes, pode chegar a 12 m

12 m

CARACTERÍSTICAS
Decídua, trepadeira e com caule fibroso. Bastante aromática.

PARTES USADAS Flores, óleo essencial
PRINCIPAIS COMPONENTES Alcaloides (incluindo o jasmone), óleos voláteis (incluindo álcool benzílico, linalol, acetato de vinila), ácido salicílico
AÇÃO Afrodisíaca, adstringente, sedativa, relaxante (nervos), analgésica, galactagoga, antidepressiva, antisséptica, antiespasmódica, tônica uterina, estimula o parto

COMO USAR

INFUSÃO Use 4-6 flores frescas em 1 xícara de água fervente e deixe descansar por 5 minutos. Tome duas ou três vezes ao dia para aliviar estresse ou para depressão leve.
ÓLEO DE MASSAGEM Adicione 1-2 gotas de óleo essencial em 5 ml de óleo de amêndoa e use em massagens para aliviar tensão, combater insônia ou depressão. Coloque 20 gotas do óleo essencial em 30 ml de óleo de amêndoa e use para massagear o abdômen no início do trabalho de parto. Essa mesma mistura serve para aliviar cólicas menstruais.
AROMATIZADOR Use 2-3 gotas do óleo essencial em um difusor de aromas para amenizar problemas sexuais como impotência ou frigidez. Antes da relação sexual, uma massagem mútua entre parceiros, com 5 ml de óleo de amêndoa e 1-2 gotas de óleo de jasmim, também pode ajudar.

COMO OBTER

CULTIVO Prefere solo fértil, bem drenado e sol direto ou sombra parcial. Se necessário, faça a poda depois de florescer. Normalmente, é cultivado por meio de ramos retirados no verão, embora as plantas já estáveis se reproduzam com frequência.
NA NATUREZA Dificilmente é encontrado na natureza, mas é cultivado comercialmente em todo o mundo.
COLHEITA As flores são geralmente colhidas à noite, quando estão bem abertas e exalando mais aroma.

Juniperus communis **Zimbro**

Nativo da Europa, da América do Norte e de diversas partes da Ásia, era muito utilizado em templos nos rituais de purificação. Hoje, é indicado para tratar problemas urinários. O óleo essencial está presente em óleos de massagem, para a musculatura e as articulações.

PARTES USADAS Frutos, óleo essencial, óleo de xilema
PRINCIPAIS COMPONENTES Óleo volátil (incluindo mirceno e cineol), flavonoides, açúcar, glicosídeos, taninos, vitamina C
AÇÃO Antisséptica para o trato urinário, diurética, carminativa, tônica para o sistema digestório, emenagoga, antirreumática

COMO USAR

TINTURA Tome 1-2 ml (20-40 gotas) com um pouco de água, três vezes ao dia, para problemas no trato urinário, incluindo cistite, ou para estimular a digestão e combater flatulência.
INFUSÃO Deixe 15 g de frutos amassados em 600 ml de água fervente por 30 minutos e tome ½-1 xícara, três vezes ao dia, para tratar problemas gástricos ou dores menstruais.
ÓLEO DE MASSAGEM Use 10 gotas do óleo essencial em 5 ml (2 colheres de chá) de óleo de amêndoa para massagear regiões atingidas por artrite.
CONDICIONADOR Na psoríase, use 10 gotas do óleo feito a partir da destilação do xilema com 1 colher (sopa) de óleo de amêndoa e 600 ml de água quente sobre o couro cabeludo por 15 minutos e lave bem.

COMO OBTER

CULTIVO Tolera quase todas as condições, mas não gosta de solo muito úmido. Normalmente planta-se a semente no outono ou na primavera. Espere a planta estabilizar para transplantar para local definitivo.
NA NATUREZA Encontrado em florestas de coníferas e charcos em diversas regiões do hemisfério Norte.
COLHEITA Colete os frutos balançando os galhos e colocando um pano ou lona embaixo da árvore.

CUIDADO Não use na gravidez ou se já tiver tido problemas renais. Pode irritar os rins após uso prolongado, portanto não ultrapasse seis semanas sem uma pausa.

CARACTERÍSTICAS
Arbusto vertical que se espalha por 1,5 m. Seus frutos demoram dois anos para amadurecer.

Lavandula angustifolia **Lavanda**

O nome vem do latim *lavare* ("limpar, enxaguar"). Tem sido usada por anos para aromatizar óleos de banho e sabonetes. Originária do Mediterrâneo, é bastante associada à indústria de perfumes do sul da França. As flores são muito valorizadas por seus efeitos sedativos e calmantes, e o óleo essencial é usado para tratar problemas respiratórios e dores musculares.

FLORES
São destiladas para produzir o óleo essencial, que pode ser aplicado em músculos doloridos

CARACTERÍSTICAS
Arbustiva, compacta, sempre com folhas verdes. Espalha-se por 90 cm.

PARTES USADAS Flores, óleo essencial
PRINCIPAIS COMPONENTES Óleos voláteis (cineol e acetato de linalil em grande parte), taninos, cumarinas, flavonoides, triterpenos
AÇÃO Relaxante, antiespasmódica, tônica para o sistema nervoso, estimula a circulação, bactericida, analgésica, carminativa, colagoga, antidepressiva

COMO USAR

INFUSÃO Tome 1 xícara de uma infusão padrão (p. 342) feita com as flores, três vezes ao dia, para amenizar esgotamento ou dores de cabeça causadas por tensão. Uma xícara antes de dormir pode ajudar a combater a insônia e, depois das refeições, ajuda a digestão.
TINTURA Tome 5 ml, duas vezes ao dia, para tratar dores de cabeça, depressão ou nervosismo. Pode também ajudar a aliviar asma, especialmente se os ataques são desencadeados por problemas nervosos.
ÓLEO DE MASSAGEM Dilua 2 ml (40 gotas) do óleo essencial em 10 ml (2 colheres de chá) de óleo vegetal. Use para aliviar dores musculares e tensões, massageando têmporas e pescoço.
CONDICIONADOR Dilua 1 ml (20 gotas) do óleo essencial em uma jarra de água e use para finalizar o enxágue do cabelo em caso de piolhos e lêndeas. Outra opção é colocar algumas gotas de óleo em um pente fino e passá-lo nos cabelos.
ÓLEO ESSENCIAL Passe um pouco em picadas de insetos ou coloque 10 gotas em 50 ml de água e use como loção pós-sol. Adicione 3-4 gotas em um lenço e coloque dentro do travesseiro para dormir melhor.

COMO OBTER

CULTIVO Gosta de solo bem drenado, moderadamente fértil e sol direto. A germinação a partir da semente pode ser difícil, por isso prefira plantar no verão a partir de ramos.
NA NATUREZA Nativa de regiões secas e montanhosas do Mediterrâneo e sudeste da Ásia.
COLHEITA As flores são geralmente colhidas pela manhã, em dias ensolarados de verão.

Leonurus cardiaca Agripalma

Possui uma longa tradição no trato de moléstias femininas. É usada no parto, para acalmar e estimular contrações. Nativa da Europa, possui uma folhagem bem bonita, sendo usada como ornamento. Também serve para tratar problemas cardíacos, sendo geralmente administrada a pessoas com palpitações.

FOLHAS *Têm a forma de uma juba de leão, o que dá à planta seu nome botânico,* Leonurus

CAULE *É parecido com o das outras espécies da família da hortelã, à qual pertence*

CARACTERÍSTICAS *Vertical, perene com caules arroxeados; espalha-se por 60 cm.*

PARTES USADAS Partes aéreas
PRINCIPAIS COMPONENTES Alcaloides (incluindo estaquidrina), iridoide (leonurina), flavonoides, diterpenos, óleo volátil, taninos, vitamina A
AÇÃO Estimulante uterina, relaxante, tônica para o coração, carminativa, antiespasmódica, hipotensiva, diaforética

COMO USAR

INFUSÃO Tome ½ xícara de uma infusão padrão (p. 342), três vezes ao dia, para ansiedade, menopausa ou coração fraco. Beba o chá aromatizado com cravos durante o trabalho de parto e depois para ajudar a restaurar o útero e reduzir o risco de hemorragias. Misture com melissa e flor de limão e use 2-4 colheres (chá) por xícara para aliviar os sintomas de angina do peito.
TINTURA Tome 5 ml (1 colher de chá), três vezes ao dia, para palpitações, menopausa, TPM e taquicardia.
CÁPSULAS Use como uma alternativa à infusão. Tome 1 colher (chá) da erva em pó com 1 colher (chá) de mel, ou 2 cápsulas de 500 mg, duas a três vezes ao dia.

COMO OBTER

CULTIVO Gosta de solo úmido, mas bem drenado e com sol ou sombra parcial. Na primavera, plante as sementes em uma sementeira coberta com vidro e depois transplante no local definitivo. Deixe um espaço de 45 cm entre cada planta. Também é possível plantar a partir de um ramo na primavera ou no outono. Pode se tornar invasiva.
NA NATUREZA Pode ser encontrada em terrenos, bosques e beiras de estrada na Europa. Evite as que estão em estradas movimentadas devido aos poluentes.
COLHEITA Colha no verão, enquanto a planta está florescendo.

CUIDADO É um estimulante uterino, portanto não use na gravidez (a não ser no parto) nem na menstruação. Vá ao médico em caso de problemas cardíacos.

Levisticum officinale Levístico

Tradicionalmente associado com poções de amor e afrodisíacos, era originalmente chamado de *luveshe* (francês arcaico) ou *loveache* (em inglês, "dor de amor"). Além de erva culinária, atualmente é usado para tratar diversos problemas digestivos, respiratórios e urinários. Também favorece a circulação.

PARTES USADAS Raiz, folhas, sementes
PRINCIPAIS COMPONENTES Óleo volátil (ftalídeos), cumarinas (incluindo bergapteno), beta-sitosterol, resinas e látex
AÇÃO Antibiótica (leve), antiespasmódica, diaforética, expectorante, sedativa, carminativa, diurética, emenagoga, anticatarral

COMO USAR

DECOCÇÃO Adicione 15 g da raiz em 900 ml de água e deixe ferver até reduzir a ⅓ do volume inicial. Tome ½-1 xícara, três vezes ao dia, para tratar indigestão, cistite, reumatismo, gota, falta de apetite e dores menstruais. Pode ser combinada com a mesma quantidade de infusão de agrimônia para tratar indigestão.
TINTURA Tome 1-3 ml (20-60 gotas) da tintura feita com a raiz com um pouco de água morna, três vezes ao dia, para tratar indigestão, falta de apetite, problemas urinários e dores menstruais. Tome a cada 2 horas em casos de cólica.
GARGAREJO/BOCHECHO Use 1 xícara da decocção com a raiz para tratar aftas e inflamação na garganta.
SEMENTES Mastigue 2-3 sementes para aliviar flatulência e indigestão.
FOLHA FRESCA E CAULE Pique e use no preparo de caldos.

COMO OBTER

CULTIVO Prefere solo úmido, bem drenado, lugar ensolarado e arejado, mas tolera outras condições. Plante as sementes no início do outono e transplante quando estiverem estáveis. Também é possível plantar a partir de ramos divididos na primavera.
NA NATUREZA Provavelmente é originário da Ásia.
COLHEITA Colha as folhas por toda a primavera e no início do verão, as sementes no fim do verão ou no outono e a raiz no fim do outono.

CUIDADO Não use na gravidez. A folhagem pode irritar a pele.

FLORES
São bem pequenas e variam do verde ao amarelo. Elas aparecem no meio do verão

CAULE
Possui um sabor similar ao do salsão e pode ser picado e usado em refogados e ensopados

CARACTERÍSTICAS
Perene, com folhas triangulares e flores bem pequenas. Espalha-se por 90 cm.

Linum perenne **Linhaça**

Nativa da Europa, da Ásia e do Mediterrâneo, é cultivada e vendida em todo o mundo. As sementes contêm uma grande quantidade de fibras, prevenindo problemas intestinais. O óleo de linhaça concentra grande parte das propriedades curativas da erva. A espécie *Linum perenne* fornece as partes aéreas para uso medicinal.

FOLHAS
As folhas são alternadas, numerosas, com 1-2 cm de comprimento

CAULE
Os caules são verticais, bem rígidos e com frequência curvados

CARACTERÍSTICAS
Herbácea, perene, com folhas estreitas e em forma de lança. As flores são azul-claras.

PARTES USADAS Sementes e óleo das sementes
PRINCIPAIS COMPONENTES Mucilagem, ácido linoleico, glicosídeos cianogênicos, princípio amargo, vitaminas A, B, D e E, minerais e aminoácidos.
AÇÃO Analgésica, diurética, anti-inflamatória, emoliente, antitussígena, laxativa, nutritiva

COMO USAR

COMPRESSA Bata as sementes no liquidificador, passe em uma gaze e coloque sobre feridas na pele, furúnculos e abscessos.
SEMENTES AMASSADAS Bata no liquidificador 30 g de sementes, com iogurte e uma fruta, para suprir a demanda por ácidos graxos essenciais e ajudar em tratamentos de eczemas, problemas menstruais, artrite reumatoide e arteriosclerose.
SEMENTES Para tratar constipação, misture 1-2 colheres (chá) de sementes secas com mingau de aveia ou iogurte e tome no café da manhã. Depois, beba 300 ml de água ou suco de fruta.

COMO OBTER

CULTIVO Gosta de solo bem drenado, leve e arenoso, com sol. Na primavera, plante as sementes diretamente no lugar definitivo, cobrindo com composto e deixando cada planta 25 cm distante da outra.
NA NATUREZA Geralmente encontrada na Europa, na Ásia e no Mediterrâneo.
COLHEITA As sementes devem ser colhidas no verão.

CUIDADO As sementes contêm traços de ácido prússico, que pode ser tóxico em grandes quantidades. Não exceda as doses.

Lycium barbarum **Goji**

O goji é muito rico em aminoácidos e tem sido usado na China há mais de 2 mil anos para tratar vários problemas associados ao fígado e aos rins, incluindo impotência e olhos amarelos. É nativo da China e do Tibete, também podendo ser usado em cercas vivas.

PARTES USADAS Fruto
PRINCIPAIS COMPONENTES Fruto: vitaminas, minerais, aminoácidos, ácidos graxos essenciais. Casca: alcaloides, saponinas, taninos
AÇÃO Hipotensiva, hipoglicêmica, hipolipidêmica, estimula o sistema imune, tônica para o fígado

COMO USAR

FRUTAS FRESCAS Junte 30 g do fruto fresco no iogurte ou cereal matinal, para uma maior absorção de nutrientes, aumentar a disposição e estimular o sistema imunológico.
FRUTAS SECAS Junte 30 g do fruto seco em sopas ou adicione a bolos e doces, como substituto das amoras.
TINTURA Tome 1-2 ml (20-40 gotas), três vezes ao dia, como estimulante.
REMÉDIO PATENTEADO Vários produtos são usados na China como tônicos para o sangue e energia yin. Alguns são misturados com crisântemo e devem ser prescritos por um fitoterapeuta.

COMO OBTER

CULTIVO Gosta de solo normal, em lugar com sol, mas tolera as secas. Plante as sementes com 1 cm de composto por cima, mantendo em lugar aquecido até que germinem. Transfira para vasos quando as folhas começarem a crescer. Corte as pontas quando alcançarem 10 cm, para estimular o crescimento. Produzirá frutos no segundo ano.
NA NATUREZA No Brasil, dificilmente é encontrado na natureza.
COLHEITA Colha os frutos no outono, balançando a árvore e aparando-os com um pano, pois perdem a cor se forem tocados.

> **CUIDADO** Não use doses terapêuticas nos casos de gravidez, gripe, diarreia e má digestão.

FLORES
São violeta e aparecem no verão

FOLHAS
São longas e estreitas e já foram muito usadas em chás

CARACTERÍSTICAS
Planta decídua com crescimento rápido, arbustiva, com caules curvados. Espalha-se por 2 m e produz frutos no outono.

Matricaria recutita **Camomila**

Nativa da Europa, da Índia e do oeste da Ásia, é uma das ervas mais conhecidas. Sua fragrância é similar à da maçã, sendo usada em chás para tratar desde má digestão a problemas nervosos. Também possui ação anti-inflamatória quando empregada em cremes e loções. A camomila romana *(Chamaemelum nobile)* tem uso similar.

FLORES
São parecidas com as das margaridas e aparecem do início do verão até o outono. As flores duplas aparecem somente em outras espécies

FOLHAS
São verdes, finas e aromáticas

CARACTERÍSTICAS
Vertical, anual ou bienal. Espalha-se por 10-38 cm.

PARTES USADAS Flores, óleo essencial
PRINCIPAIS COMPONENTES Óleo volátil (incluindo pró-azulenos), flavonoides (incluindo rutina), ácido valérico, cumarinas, taninos, salicilatos, glicosídeos cianogênicos
AÇÃO Anti-inflamatória, antiespasmódica, sedativa, antiemética, carminativa, antialérgica

COMO USAR

INFUSÃO Tome 1 xícara de uma infusão padrão (p. 342) feita com as flores, para amenizar indigestão ou insônia. As crianças podem usar em doses reduzidas.
INALAÇÃO Adicione 2 colheres (chá) de flores, ou 5 gotas do óleo essencial, em água fervente e faça inalação em casos de febre do feno ou asma leve.
TINTURA Tome 10 ml (2 colheres de chá) da tintura, três vezes ao dia, para reduzir a irritabilidade e aliviar os sintomas da síndrome do cólon irritável.
BANHO Coloque 4-5 gotas do óleo essencial na banheira para lavar ferimentos ou relaxar. Use 1 xícara da infusão padrão na banheira de crianças e bebês, para ajudar a dormir.
CREME/POMADA/LOÇÃO Aplique em picadas de inseto, feridas e eczemas.
GARGAREJO Misture 10 ml (2 colheres de chá) da tintura com água morna, ou 1 xícara de uma infusão padrão, em casos de garganta ou gengiva inflamada.

COMO OBTER

CULTIVO Prefere solo bem drenado, neutro a levemente ácido, e lugar ensolarado. Plante as sementes no local definitivo no outono ou na primavera. Espalha-se com facilidade.
NA NATUREZA Encontrada nos jardins de diversas partes do mundo. Facilmente é confundida com outras plantas. Por isso, aprenda a distinguir pelo cheiro característico.
COLHEITA Colha as flores no verão.

CUIDADO Pode causar dermatite de contato. Evite se for alérgico a plantas da família *Compositae*.

Melilotus officinalis Trevo-amarelo

Nativo da Europa, norte da África e zonas temperadas da Ásia, é muito cultivado para fazer silagem. Também é usado para tratar distúrbios de má circulação, incluindo trombose e problemas nas veias. No passado, foi um remédio popular contra indigestão, bronquite e insônia em crianças.

FLORES
Amarelas, são aromáticas e parecem as da ervilha. Abrem no verão

Toda a planta, incluindo o caule, deve ser ressecada ou usada fresca imediatamente, pois aumenta a toxicidade com o tempo

FOLHAS
Têm três lóbulos, são verdes e macias

1,2 m

CARACTERÍSTICAS
Vertical, bienal e delgada. Pode se espalhar de 20-90 cm.

PARTES USADAS Partes aéreas
PRINCIPAIS COMPONENTES Flavonoides, cumarinas, resina, taninos, óleo volátil e dicumarol (anticoagulante), que é produzido conforme a planta envelhece e apodrece
AÇÃO Antiespasmódica, anti-inflamatória, diurética, expectorante, sedativa, analgésica, estíptica (coagulante)

COMO USAR

INFUSÃO Tome ½-1 xícara (chá) de uma infusão padrão (p. 342) das partes aéreas da planta, três vezes ao dia, em casos de varizes (pequenas ou grandes), inchaços, ansiedade, menopausa, insônia e para reduzir riscos de trombose. Pode ser administrado a crianças com insônia, mas consulte um médico para saber a dosagem.
CREME Misture com a mesma quantidade de creme de calêndula e aplique, três vezes ao dia, em varizes.
POMADA Use diversas vezes ao dia para tratar hemorroidas.
COMPRESSA Embeba uma gaze em 1 xícara de infusão, para tratar nevralgia facial ou intercostal.
COLÍRIO Ferva 1 xícara de infusão bem coada por 2-3 minutos. Deixe esfriar por completo e use para tratar conjuntivite.

COMO OBTER

CULTIVO Prefere sol e solo bem drenado, do neutro ao alcalino, mas tolera outras condições. Plante as sementes no lugar definitivo na primavera ou no verão, deixando-as a uma distância de 60 cm. Espalha-se em condições ideais.
NA NATUREZA Encontrado em beiras de estrada, terrenos e cercas vivas em regiões temperadas.
COLHEITA Pode ser no fim da primavera ou no início do verão. Use imediatamente, fresca ou seca. Colete as flores para usar em óleos.

CUIDADO Não ingira se estiver tomando anticoagulante (varfarina ou heparina). Pode ser emético em doses altas.

Melissa officinalis **Melissa**

Originária da Europa, recebe o nome botânico da palavra grega para "mel de abelha" e tem sido considerada tão curativa quanto o mel. É, ao mesmo tempo, relaxante e revigorante do sistema nervoso, sendo muito usada no tratamento de ansiedade, depressão, tensão e problemas digestivos.

PARTES USADAS Partes aéreas, óleos essenciais
PRINCIPAIS COMPONENTES Óleo volátil (incluindo citronelol, linalol, citral), polifenóis, taninos, princípios amargos, flavonoides, ácido rosmarínico
AÇÃO Sedativa, antidepressiva, digestiva, vasodilatora, revigorante do sistema nervoso, carminativa, antiviral, bactericida

COMO USAR

INFUSÃO Tome 1 xícara de uma infusão padrão (p. 342) feita com folhas frescas e secas, três vezes ao dia, para tratar depressão, esgotamento nervoso, indigestão ou náusea. Use uma versão diluída em crianças com catapora.
CREME/POMADA Aplique em feridas, herpes e picadas de inseto.
LOÇÃO Coloque 1 ml (20 gotas) do óleo essencial e 100 ml de água em um spray e espirre sobre a pele para espantar mosquitos.
TINTURA Tome 10-20 gotas com um pouco de água, cinco vezes ao dia, para tratar depressão e dor de cabeça por tensão e ansiedade. Use folhas frescas.
ÓLEO DE MASSAGEM Misture 5-6 gotas de óleo essencial em 15 ml de óleo de amêndoa e use para fazer massagens em caso de depressão, tensão, asma e bronquite ou coloque sobre feridas recentes de herpes.

COMO OBTER

CULTIVO Gosta de solo úmido e bem drenado, mas tolera solo pobre e sol direto ou sombra. Na primavera, divida a raiz ou plante as sementes em uma sementeira coberta com vidro e transplante quando a erva estiver estável. Espalha-se com facilidade e pode se tornar invasiva.
NA NATUREZA Encontrada em jardins e campos arbustivos.
COLHEITA Colha as partes aéreas no verão, logo após florescer. As folhas podem ser colhidas na estação de crescimento.

FOLHAS
São confundidas com as de espécies da família da hortelã, mas o aroma de limão as torna únicas

FLORES
Aparecem no verão e atraem as abelhas. Dizem que colocar a erva na colmeia ajuda a espantar enxames

CARACTERÍSTICAS
Perene, arbustiva e densa. Espalha-se por 45 cm e suas folhas são muito aromáticas.

Mentha x piperita **Hortelã-pimenta**

Há mais de 25 tipos de hortelã, muitos dos quais fazem polinização cruzada, formando novas variedades híbridas. Esta é originária da Europa e resultado de alguns desses cruzamentos, possivelmente feitos na Antiguidade. Atualmente, é usada em todo o mundo na fabricação de produtos de higiene.

PARTES AÉREAS *São destiladas para a fabricação do óleo essencial*

FOLHAS *Geralmente são estreitas e pontiagudas nas pontas, mas podem ser ovais e ter penugem*

CAULE *A hortelã-pimenta costuma ser bem escura ou arroxeada tanto nas folhas como nos talos, mas há variedades mais claras*

CARACTERÍSTICAS *Herbácea, perene, com partes subterrâneas que podem espalhar-se rápida e extensamente.*

PARTES USADAS Partes aéreas, óleo essencial
PRINCIPAIS COMPONENTES Óleo volátil (mentol), taninos, flavonoides (incluindo luteolina), tocoferóis, colina, triterpenos, princípio amargo
AÇÃO Antiespasmódica, antiemética, vasodilatadora, carminativa, diaforética, colagoga, analgésica, antisséptica, tônica para o aparelho digestivo

COMO USAR

CHÁ Adicione 2-3 folhas frescas em 1 xícara de água fervente e deixe descansar por 5 minutos; tome após as refeições.
INALAÇÃO Adicione alguns galhos frescos em uma bacia com água fervente. Faça inalação para aliviar a congestão nasal.
INFUSÃO Use 15 g das partes aéreas e 600 ml de água e tome ½-1 xícara, três vezes ao dia, para amenizar náusea, indigestão, flatulência ou cólica. Combine com outras ervas para tratar resfriados.
LOÇÃO Adicione 30 gotas do óleo essencial em 120 ml de óleo vegetal e massageie músculos e articulações doloridas. Use também em micoses e para espantar mosquitos.

COMO OBTER

CULTIVO Prefere solo fértil, úmido, com sol direto ou sombra parcial. Pode ser invasiva. Na primavera ou no outono, propaga-se por divisão. Cria raiz facilmente se os ramos ficarem imersos em água por alguns dias; por ser uma planta híbrida, é estéril e não produz sementes.
NA NATUREZA Sendo nativa da Europa e do Mediterrâneo, pode ser encontrada em regiões úmidas. Na América do Norte é classificada como invasiva.
COLHEITA Colete as folhas para chás e fins culinários durante toda a estação de crescimento, antes de florescer.

CUIDADO Não use o óleo de hortelã em crianças com menos de cinco anos.

Nepeta cataria Erva-de-gato

Os gatos adoram rolar em cima das plantas mais jovens. Nativa da Europa e do Mediterrâneo, atualmente é cultivada em diversas partes do mundo para tratar problemas digestivos ou calafrios causados pela febre. É um remédio leve e pode ser usado com segurança em crianças.

PARTES USADAS Partes aéreas
PRINCIPAIS COMPONENTES Óleo volátil (incluindo citronelol, geraniol, nepetalactona), glicosídeos
AÇÃO Antiespasmódica, antidiarreica, carminativa, diaforética, emenagoga, diaforética, relaxante do sistema nervoso

COMO USAR

INFUSÃO Tome ½-1 xícara de uma infusão padrão (p. 342), três vezes ao dia, para tratar gripes, problemas estomacais e indigestão. Diminua a dose e use em crianças para amenizar cólicas ou irritabilidade.
TINTURA Tome 5 ml (1 colher de chá), três vezes ao dia, misturado com um pouco da infusão para tratar dor de cabeça associada a problemas digestivos. Use 5-10 ml (1-2 colheres de chá) da tintura pura para massagear regiões doloridas por artrite e reumatismo.
ENEMA Use 1 litro de uma infusão padrão bem coada para limpar o cólon.
POMADA Aplique duas a três vezes ao dia para tratar hemorroidas.

COMO OBTER

CULTIVO Gosta de solo úmido, bem drenado e com sol direto. No outono, plante as sementes em uma sementeira coberta com vidro e transplante para vasos quando estiverem maiores. No início do verão, passe para o lugar definitivo. Espalha-se em boas condições, especialmente em jardins onde não há gatos. Acredita-se que espante pulgões, besouros e outras pragas.
NA NATUREZA Encontrada em terrenos e em beiras de estradas na Europa, Ásia e América do Norte.
COLHEITA Colete as partes aéreas no verão, quando começam a florescer.

CUIDADO Não use na gravidez.

CARACTERÍSTICAS
Perene, pungente, com folhas verdes e ovais. Espalha-se por 23-60 cm.

Oenothera biennis Erva-dos-burros

Também conhecida como prímula, é nativa dos Estados Unidos, mas atualmente é cultivada em todo o mundo como uma planta ornamental e também para fins comerciais, devido ao uso de seu óleo essencial, rico em ácidos graxos essenciais. É considerada um suplemento alimentar e ajuda a tratar problemas dermatológicos, menstruais e artrite.

FLORES *Com fragrância marcante e em forma de sino, abrem no verão, especialmente à noite*

FOLHAS *Com os talos e as flores, podem ser usadas no preparo de chás e xaropes para tratar tosse e problemas asmáticos*

CARACTERÍSTICAS *Vertical, anual ou bienal. Espalha-se por 22-30 cm.*

PARTES USADAS Óleo da semente, folhas, caule e flores

PRINCIPAIS COMPONENTES Sementes: ricas em ácidos graxos essenciais, incluindo o ácido gama-linolênico, um precursor da prostaglandina E1

AÇÃO Toda a planta: adstringente, sedativa. Óleo da semente: hipotensiva, anticoagulante, hipolipidêmica

COMO USAR

INFUSÃO Faça uma infusão padrão (p. 342) com as folhas e caules e tome 1 xícara, três vezes ao dia, para tratar problemas digestivos, incluindo falta de apetite e diarreia.

XAROPE Misture 450 g de açúcar ou mel com 600 ml de uma infusão padrão feita com folhas e caule. Coe bem. Deixe ferver por 10 minutos. Tome 5-10 ml (1-2 colheres de chá) para tratar coqueluche.

CÁPSULAS Geralmente têm vitamina E como conservante. Tome 500 mg por dia ou siga as instruções da embalagem. Também usadas para tratar problemas da menopausa, de pele (incluindo psoríase e eczema) e artrite reumatoide. O óleo pode ser misturado com óleo de peixe para fazer uma loção anti--idade. Siga as instruções da embalagem.

CREME/ÓLEO DA SEMENTE Use duas a três vezes por dia em peles secas e descamadas.

COMO OBTER

CULTIVO Prefere solo pobre a moderadamente fértil, bem drenado, e lugar ensolarado, mas tolera estiagem. Na primavera, plante em uma sementeira coberta com vidro e transplante no verão, quando estiverem estáveis. Ou semeie direto no solo, do final do verão até o outono.

NA NATUREZA Encontrada em locais secos e pedregosos.

COLHEITA Colete as folhas e caules a partir do segundo ano, quando as flores aparecerem. As sementes podem ser colhidas quando maduras.

CUIDADO Não use o óleo em casos de epilepsia.

Panax japonicus Ginseng-japonês

Encontrado em áreas montanhosas do Japão, é bastante usado para tratar tosse. O mais popular é o ginseng-coreano *(Panax ginseng)* que, como o ginseng-americano *(Panax quinquefolius)*, é tônico e energético. O tien chi *(Panax pseudoginseng)* é usado para estancar sangramentos.

FRUTOS
Os botões verde-amarelados aparecem na primavera, seguidos de frutos que são inicialmente verdes e depois se tornam vermelhos

FOLHAS
As folhas são verde-escuras, grandes e nascem em grupos de cinco

CARACTERÍSTICAS
Árvore perene, com raiz aromática e folhas verdes e brilhantes.

PARTES USADAS Raiz
PRINCIPAIS COMPONENTES Saponinas, glicosídeos esteroidais, esteróis, óleo volátil
AÇÃO Expectorante, tônica, febrífuga

COMO USAR

CÁPSULAS Disponíveis em farmácias. Tome 600 g ao dia. O ginseng-japonês é mais efetivo, mas o coreano cumpre bem a função.
DECOCÇÃO Pesquisas recentes sugerem que o ginseng-japonês estimula o sistema imunológico. Tome ½-1 xícara da decocção (10 g de raiz e 600 ml de água fervente por 20 minutos), três vezes ao dia, em casos de infecções recorrentes. A decocção é usada pelos japoneses para tratar diabéticos não dependentes de insulina e para combater a obesidade.
XAROPE Adicione 450 g de açúcar em 600 ml de uma decocção padrão e deixe ferver por 5-10 minutos. Tome 5 ml para tosse com secreção.

COMO OBTER

CULTIVO Plante as sementes maduras em uma sementeira coberta com vidro, na sombra. A germinação pode ser lenta e difícil. Transplante para vasos de 7,5 cm quando as mudas estiverem maiores, mantendo na sombra e, se possível, em uma estufa até o primeiro inverno. No final do verão, plante em local definitivo, em solo úmido e bem drenado. Na primavera, também pode ser propagada pela divisão da raiz.
NA NATUREZA Dificilmente encontrado fora de seu *habitat*.
COLHEITA As raízes podem ser colhidas, no outono, após quatro anos de idade.

CUIDADO Não use na gravidez. Não consuma junto com bebidas que contenham cafeína.

Passiflora incarnata **Maracujá**

Nativo do sul dos Estados Unidos, teve sua flor muito usada por índios para tratar inchaços, infecções por fungos e como tônico para o sangue. Atualmente, é bastante conhecido por sua ação sedativa, sendo indicado a crianças hiperativas e para diminuir o tremor causado pelo mal de Parkinson.

PARTES USADAS Folhas e caules
PRINCIPAIS COMPONENTES Flavonoides (incluindo rutina e apigenina), glicosídeos cianogênicos, alcaloides, saponina
AÇÃO Analgésica, antiespasmódica, refrescante, hipotensiva, sedativa, tônica para o coração, relaxa os vasos sanguíneos

COMO USAR

INFUSÃO Tome 1 xícara de uma infusão padrão (p. 342) feita com quantidades iguais de folhas de maracujá e de framboesa, três vezes ao dia, para amenizar cólicas menstruais. Para insônia, tome à noite ½-1 xícara fervida com ½ colher (chá) de flores secas; para amenizar dores menstruais e dores de cabeça por tensão, tome três vezes ao dia. Para tratar crianças hiperativas, é recomendado diminuir a dosagem.
TINTURA Tome 2-4 ml (40-80 gotas) com um pouco de água, três vezes ao dia, para tratar tensão nervosa, pressão alta relacionada a estresse ou para reduzir a intensidade dos ataques da doença de Ménière.
EXTRATO FLUIDO Tome 2 ml (40 gotas) com um pouco de água, três vezes ao dia, para aliviar dores de dente e tratar herpes-zóster.
CÁPSULAS Tome 1 ou 2 cápsulas de 200 mg à noite e de manhã para tratar ansiedade, tensão e dores de cabeça.

COMO OBTER

CULTIVO Gosta de solo pobre, arenoso e levemente ácido. Plante as sementes em sementeiras na primavera. Transplante para vasos de 7,5 cm quando estiverem maiores. No verão, transfira para o local definitivo. Também é possível usar ramos semimaduros e plantá-los no verão. Proteja a planta do frio e do vento.
NA NATUREZA Difícil de ser encontrado em brotação espontânea.
COLHEITA Os frutos podem ser colhidos no verão e as partes aéreas, quando a planta já tiver flores ou frutos.

CUIDADO Pode causar sonolência.

FLORES
A forma bem recortada de cada flor, que se abre no verão, representa a coroa de espinhos de Jesus e as dez pétalas separadas, os apóstolos na crucificação

FOLHAS
Eram usadas pelos maias para preparar compressas contra inchaços

CARACTERÍSTICAS
Trepadeira perene, com flores ornamentais e frutos grandes e amarelos.

Plantago lanceolata **Tanchagem**

Muito comum na Europa, mas também pode ser encontrada em regiões como as zonas temperadas da Ásia. Foi introduzida na América do Norte e na Austrália pelos colonizadores britânicos. É usada como artigo de primeiros socorros.

FOLHAS
O suco extraído das folhas longas pode ser usado em compressas

FLORES
Podem dar um toque especial a jardins ornamentais, atraindo pequenas borboletas e mariposas

CARACTERÍSTICAS
Perene, com folhas longas que formam uma roseta.

PARTES USADAS Folhas
PRINCIPAIS COMPONENTES Flavonoides, iridoides, mucilagem, taninos, minerais
AÇÃO Expectorante, relaxante, tonifica os músculos, anticatarral, antiespasmódica, curativa, tópica, homeostática

COMO USAR

TINTURA Tome 3-5 ml (1 colher de chá), três vezes ao dia, para tratar problemas digestivos, secreção no peito e nariz, gastrite e síndrome do cólon irritável.
SUCO Use folhas frescas para fazer um suco e tome 10 ml (2 colheres de chá), três vezes ao dia, para aliviar cistite, diarreia e infecções no pulmão. Também pode ser aplicado em feridas e arranhões.
INFUSÃO Tome 1 xícara de uma infusão padrão (p. 342), três vezes ao dia, para diminuir secreções pulmonares ou aliviar garganta irritada.
XAROPE Junte 225 ml de mel em 300 ml de uma infusão padrão e tome 5 ml (1 colher de chá), várias vezes ao dia, para amenizar tosse e garganta irritada.
COMPRESSA Use as flores frescas batidas e aplique em picadas de insetos e feridas crônicas ou com má cicatrização.

COMO OBTER

CULTIVO Gosta de solo úmido, pobre a moderadamente fértil, lugar ensolarado ou sombra parcial. Normalmente vista como erva daninha em jardins. As sementes podem ser encontradas em casas especializadas. Na primavera, plante as sementes no local definitivo ou em vasos de 1,5 cm. As flores começam a aparecer a partir do segundo ano e surgem no início da primavera. Pode se tornar invasiva.
NA NATUREZA Pode ser encontrada em terrenos descampados, campos arbustivos e beiras de estrada da Europa. Colha as que estão longe de tráfego intenso de automóveis.
COLHEITA Colete as folhas no verão.

Plantago psyllium **Psilium**

Tanto as sementes pretas como as de cor creme da espécie correlata *Plantago ovata* são usadas para tratar constipação. O psilium preto é originário de regiões do Mediterrâneo, enquanto a variedade creme veio da Índia e do Paquistão. As sementes dilatam quando colocadas na água e produzem uma mucilagem usada como laxante.

PARTES USADAS Sementes
PRINCIPAIS COMPONENTES Mucilagem, óleo fixo (incluindo os ácidos linoleico, oleico e palmítico), amido, vitamina, minerais
AÇÃO Emoliente, antidiarreica, anti-inflamatória, laxante

COMO USAR

MACERAÇÃO Coloque 2 colheres (chá) de sementes em um pote com água morna e deixe da noite para o dia. Tome pela manhã para tratar constipação. Podem ser misturadas com suco, mingau de aveia ou iogurte. Tome 1 copo de água ou suco depois de ingerir as sementes.
COMPRESSA Misture 1 colher (chá) do farelo da semente com ½ colher (chá) de olmo em pó. Junte um pouco de água para formar uma pasta e coloque sobre abscessos e furúnculos.
PÓ Os farelos geralmente são vendidos em pó. Misture ½ colher (chá) com 1 xícara de água e tome, três vezes ao dia, para tratar diarreia ou para reduzir o colesterol.

COMO OBTER

CULTIVO Gosta de solo bem drenado e sol direto. Plante as sementes em uma sementeira e mantenha numa estufa. No início do verão, transplante para o local definitivo. As flores aparecem cerca de sessenta dias após o plantio e precisam de temperatura alta para se estabilizar.
NA NATUREZA Pode ser encontrado no sul da Europa, norte da África e na Ásia ocidental. Atualmente é cultivado em todo o mundo.
COLHEITA Colha as sementes no fim do verão ou no início do outono, quando estiverem maduras.

CUIDADO Ingira a erva com muita água e nunca exceda a dose. Em alguns casos, o psilium pode piorar os sintomas da síndrome do cólon irritável. Portanto, use com moderação. Tome pelo menos 1 hora antes de qualquer outra medicação.

FLORES
São brancas e aparecem no verão, com cápsulas cheias de sementes negras. As sementes e as cascas são matéria-prima de diversos remédios para tratar constipação

FOLHAS
São estreitas e chegam a 10 cm

CARACTERÍSTICAS
Anual, com folhas em forma de lança e flores brancas pequenas. Espalha-se por 30 cm.

Platycodon grandiflorus Flor-balão

Também conhecida como campainha-chinesa, esta erva é nativa do leste da Ásia e é considerada, na medicina chinesa, um importante remédio para tratar problemas respiratórios. No Ocidente, é mais usada como planta ornamental.

BOTÕES
Cada botão de flor se assemelha a um balão e, no verão, surgem as flores em forma de sino

FLORES
Além das variedades azuis e brancas, há algumas cor-de-rosa cultivadas em jardins ornamentais

FOLHAS
São ovais e verdes, com a parte inferior mais clara, e têm 5-10 cm de comprimento

90 cm

CARACTERÍSTICAS
Ereta e perene. Espalha-se por 30 cm.

PARTES USADAS Raiz
PRINCIPAIS COMPONENTES Saponinas, estigmasterol, inulina, platicodina
AÇÃO Fungicida, bactericida, expectorante, hipoglicêmica, reduz os níveis de colesterol

COMO USAR

DECOCÇÃO Tome 1 xícara de uma decocção padrão feita com a raiz, três vezes ao dia, para amenizar tosse com secreção e dores de garganta.
XAROPE Misture 450 g de açúcar ou mel com 600 ml de uma decocção feita com a raiz. Deixe ferver por 10 minutos e tome 5-10 ml (1-2 colheres de chá) para tratar bronquites ou tosse com secreção. Se os sintomas persistirem, procure um médico.
REMÉDIOS PATENTEADOS Está presente em vários remédios fabricados na China, incluindo o *sang ju yin* (uma decocção de folha de amora com crisântemo), usado para tratar tosses, bronquite e estágios iniciais de doenças com febre.
GARGAREJO Use 1 xícara de uma decocção padrão, duas ou três vezes ao dia, para tratar laringite e garganta irritada.

COMO OBTER

CULTIVO Prefere solo bem drenado e sol direto ou sombra parcial. Forma arbustos de 45 cm de diâmetro. No início do verão ou na primavera, plante as sementes em uma sementeira e depois transplante para vasos de 7,5 cm. Replante no local definitivo quando estiverem maiores.
NA NATUREZA Improvável de ser encontrado fora da China e do Japão.
COLHEITA Desenterre a raiz no outono.

CUIDADO Evite a ingestão se houver secreção com sangue.

Prunella vulgaris Prunela ou erva-férrea

O nome em inglês é *self-heal*, que significa autocurativa. Foi considerada por muito tempo uma erva cicatrizante. Nativa da Europa e da Ásia, é usada para curar ferimentos e como tônico. As flores são bastante empregadas na medicina chinesa para tratar problemas no fígado.

PARTES USADAS Partes aéreas, flores
PRINCIPAIS COMPONENTES Flavonoides (incluindo rutina), vitaminas A, B1, C, K e ácidos graxos essenciais, óleo volátil, princípio amargo
AÇÃO Partes aéreas: bactericida, hipotensiva, diurética, adstringente, hemostática, cicatrizante. Flores: hipotesiva, febrífuga, bactericida, tônica hepática

COMO USAR

TINTURA Use flores e caules frescos. Tome 5 ml (1 colher de chá), três vezes ao dia, para reduzir sangramentos, incluindo fluxo menstrual intenso ou ferimentos.
GARGAREJO Ferva ½ colher (chá) da erva seca em 1 xícara de água e deixe esfriar; use para tratar sangramentos e inflamações na boca, além de garganta irritada.
INFUSÃO Use uma infusão padrão (p. 342) feita com as flores para tratar distúrbios hepáticos relacionados ao estresse, irritabilidade, pressão alta, problemas oculares e dores de cabeça. Para tratar hiperatividade em crianças, um fitoterapeuta deve ser consultado para acertar a dose. Pode ser combinada com outras ervas.
COMPRESSA Use as folhas frescas sobre ferimentos.
CREME/POMADA Aplique para tratar hemorroidas com sangramentos.

COMO OBTER

CULTIVO Prefere solo úmido e sol direto ou sombra parcial, mas tolera outras condições. Plante as sementes em uma sementeira coberta com vidro, transplantando quando estiverem estáveis, ou divida pela raiz na primavera ou no outono. Pode se tornar invasiva.
NA NATUREZA É uma erva daninha comum na Europa e em partes da Ásia.
COLHEITA Colete as folhas e os caules no início do verão, deixando as flores para o final, quando estiverem totalmente abertas. Os brotos e as folhas podem ser colhidos antes de a planta florescer.

INFLORESCÊNCIA *Conhecidas na China como* xia ku cao, *as inflorescências são usadas para tratar problemas hepáticos, hiperatividade, irritabilidade e problemas oculares*

FLORES *As flores roxas que aparecem no verão dão um toque especial a jardins ornamentais*

FOLHAS *As folhas e os brotos, para fins medicinais, devem ser colhidos antes de a planta florescer*

CARACTERÍSTICAS *Trepadeira e rasteira, cresce pouco verticalmente, mas se espalha de maneira aleatória.*

Ribes nigrum **Groselha**

Tem origem em regiões temperadas da Europa e da Ásia e é bastante empregada na culinária. Os frutos, ricos em vitamina C, são difíceis de encontrar na natureza e devem ser cultivados em casa para uso medicinal. As folhas são consideradas diuréticas.

FOLHAS
Acredita-se que as folhas de groselha aumentam a produção de cortisol pelas glândulas adrenais, portanto ajudam a estimular o sistema nervoso simpático

FRUTOS
Ricos em vitamina C, são usados na produção de xaropes para prevenir gripes e resfriados

Uma árvore estável e saudável pode produzir 5 kg do fruto em um verão

CARACTERÍSTICAS
Perene, decídua, arbustiva e de pequeno porte. Espalha-se por 1,5-2 m.

PARTES USADAS Folhas, frutos, óleo da semente
PRINCIPAIS COMPONENTES Folhas: óleo volátil, taninos. Frutos: flavonoides, antocianosídeos, taninos, vitamina C, potássio. Sementes: ácidos graxos essenciais, incluindo o ácido gama-linolênico
AÇÃO Adstringente, febrífuga, diurética e antirreumática

COMO USAR

INFUSÃO Tome ½-1 xícara de uma infusão padrão (p. 342) feita com as folhas em casos de gripes e resfriados com febre.
ÓLEO DA SEMENTE Rico em ácido gama--linolênico, está disponível comercialmente como uma alternativa ao óleo de erva-dos--burros no tratamento de eczemas, menstruação irregular, artrite etc. Use a dosagem indicada na embalagem.
SUCO Tome 10 ml (2 colheres de chá), três vezes ao dia (de preferência fresco, sem açúcar), para tratar diarreia e problemas digestivos. Também fornece vitamina C contra gripes, resfriados e pneumonia.
GARGAREJO Use 1 xícara de uma infusão padrão feita com as folhas, três vezes ao dia, para tratar aftas e garganta irritada.
TINTURA Tome 5 ml (1 colher de chá) da tintura feita com as folhas, misturada a um pouco de água, três vezes ao dia, para ajudar a eliminar fluidos em casos de pressão alta.

COMO OBTER

CULTIVO Prefere sol direto, com solo fértil e bem drenado, mas tolera outras condições. No outono, plante os ramos em vasos e no início do inverno, quando estiverem estáveis, passe para o local definitivo. Regue sempre e mantenha livre de ervas daninhas.
NA NATUREZA Raramente encontrada fora da Europa. É hospedeira de alguns fungos, por isso foi banida em alguns lugares.
COLHEITA Colha os frutos quando estiverem maduros, no meio do verão, e as folhas durante toda a estação de crescimento.

Rosa canina **Rosa-mosqueta**

Nativa da Europa, do oeste asiático e do noroeste da África, hoje é encontrada por toda a América do Norte e Nova Zelândia, onde é considerada invasiva. O nome científico vem de uma tradição romana que afirmava, erroneamente, que a raiz ajudava a curar a raiva transmitida pelos cães. Os frutos são ricos em vitamina C e podem ser transformados em xaropes e geleias.

PARTES USADAS Frutos, folhas
PRINCIPAIS COMPONENTES Vitaminas A, B1, B2, B3, C e K, taninos, flavonoides, polifenóis, carotenoides, óleo volátil
AÇÃO Nutriente, adstringente, diurética, anti-inflamatória

COMO USAR

XAROPE Forma popular de suplemento alimentar para crianças e para dar sabor a outros remédios e xaropes para tosse. Adicione 225 ml de mel e 300 ml de uma decocção forte feita com os frutos (reduza uma decocção padrão até a metade do volume original e depois peneire). Tome 5 ml.
TINTURA Tome 5 ml (1 colher de chá) da tintura, três vezes ao dia, para tratar diarreia, gastrite e cólicas ou como diurético leve.
FRUTOS FRESCOS Os frutos podem ser consumidos como suplemento alimentar, mas tire as sementes antes de comer. Eram tradicionalmente usados em tortas ou geleias de frutas e, muitas vezes, junto com maçãs.
INFUSÃO As folhas podem ser usadas para fazer um chá de uso diário.

COMO OBTER

CULTIVO Normalmente a partir de ramos cortados no verão. Espalha-se com facilidade, podendo ser invasiva. Cresce em qualquer solo bem drenado, com sol direto ou sombra parcial, mas não se adapta bem em zonas litorâneas.
NA NATUREZA Encontrada no hemisfério Norte em terrenos, beiras de estradas e cercas vivas.
COLHEITA Colha os frutos no final do outono, quando começam a cair. Se forem colhidos antes, estarão duros e precisarão ser cozidos antes do consumo. As folhas podem ser colhidas a qualquer momento e, no verão, colete as pétalas das flores para usá-las em geleias.

CARACTERÍSTICAS
Decídua, cresce rapidamente. Espalha-se por 3 m.

Rosa x damascena Rosa-de-damasco

Originária do Oriente Médio e introduzida na Europa no século 13, hoje é considerada um cruzamento entre a *Rosa gallica* e a *Rosa moschata*. As flores variam na cor, que vai do cor-de-rosa ao vermelho-claro. O óleo de rosas é extraído por destilação a vapor, e os países que concentram sua produção são a Turquia e a Bulgária. Acredita-se que faça bem ao corpo e à alma.

FLORES
Antigamente, as pétalas eram usadas em tinturas adstringentes para tratar irritações na garganta e para dar sabor a remédios

ESPINHOS
Eles podem ser perigosos

CARACTERÍSTICAS
Arbusto decíduo que se espalha por 1,5 m.

PARTES USADAS Flores, óleo essencial, hidrossol
PRINCIPAIS COMPONENTES Geraniol, nerol, citronelol, ácido gerânico (a rosa-de--damasco contém mais de 300 substâncias, das quais apenas cem foram identificadas)
AÇÃO Sedativa, antidepressiva, anti--inflamatória, adstringente, reduz os níveis de colesterol

COMO USAR

ÓLEO DE MASSAGEM Use 1 gota do óleo em 5 ml (1 colher de chá) de óleo de amêndoa, para massagear as têmporas em situações de estresse e cansaço excessivo.
BANHO Pingue 2 gotas do óleo na banheira para amenizar depressão ou insônia.
CREME Feito com as pétalas ou adicionando algumas gotas de óleo essencial em um creme comum. Use na pele seca ou inflamada.
LOÇÃO A água de rosas, resíduo da destilação a vapor, pode ser base para diversas loções. Junte 10% de tintura de pé-de-leão e use em casos de coceira na vagina; ou misture meio a meio com hamamélis para limpar a pele acneica.
TINTURA Tome 1-2 ml (20-40 gotas) de uma tintura feita com as pétalas para tratar desordens nervosas, má digestão ou reduzir níveis de colesterol.

COMO OBTER

CULTIVO Prefere solo fértil, úmido, mas bem drenado e precisa de pelo menos 5 horas de sol durante a estação de crescimento. Tolera climas desde o subtropical até o temperado. Normalmente se propaga por ramos cortados no outono.
NA NATUREZA Encontrada em jardins.
COLHEITA Colha as flores no verão.

CUIDADO Não use na gravidez. Os óleos essenciais não devem ser empregados sem a orientação de um especialista. O óleo de rosas é frequentemente adulterado ou sintetizado, portanto compre de lojas confiáveis.

Rosmarinus officinalis **Alecrim**

Originalmente encontrado nas áreas costeiras do Mediterrâneo, hoje é cultivado em todo o mundo para uso culinário e medicinal. Pode servir como tônico digestivo, e seu óleo é usado para aliviar dores causadas pela artrite. Também é um importante ingrediente na indústria de cosméticos e perfumaria.

FLORES
Normalmente são azul-claras, mas podem variar do branco ao vermelho-escuro. Aparecem na primavera e podem ser cristalizadas e usadas na decoração de doces

FOLHAS
O óleo obtido a partir da maceração das folhas pode ser feito em casa e usado em receitas ou pode servir como pomada para aliviar dores nas articulações

CARACTERÍSTICAS
Arbusto verde e vertical. Espalha-se por 1,5 m.

PARTES USADAS Folhas, flores e óleo essencial

PRINCIPAIS COMPONENTES Óleos voláteis (incluindo borneol, canfeno, cineol), flavonoides, ácido rosmarínico e taninos

AÇÃO Adstringente, antisséptica, carminativa, antiespasmódica, antidepressiva, estimula a circulação, diaforética, colagoga, diurética

COMO USAR

ÓLEO ESSENCIAL Uso tópico; analgésico e ativador da circulação.

INFUSÃO A infusão padrão (p. 342) pode ter gosto ruim, portanto use uma mistura mais diluída. Tome 1 xícara para aliviar dores de cabeça e cansaço, ou tome depois das refeições para ajudar a digestão.

CONDICIONADOR Use uma infusão para finalizar a lavagem de cabelos com caspa.

INALAÇÃO Pingue 1 gota do óleo essencial em um lenço e inale para estimular a concentração.

TINTURA Tome 2,5 ml (50 gotas), três vezes ao dia, em casos de nervosismo ou esgotamento. Combine com a mesma quantidade de aveia, ou tintura de verbena, para tratar depressão.

ÓLEO DE MASSAGEM Adicione 5 gotas do óleo essencial em 15 ml (1 colher de chá) de óleo de amêndoa e massageie locais doloridos.

COMPRESSA Use 1 xícara de uma infusão quente em uma gaze para aliviar torções ou coloque a infusão em uma bolsa específica para a região dos olhos a cada 2-3 minutos.

COMO OBTER

CULTIVO Pode ser semeado, mas é mais prático plantar mudas, pois é muito fácil de encontrar. Prefere solo neutro a alcalino.

NA NATUREZA Nativo do Mediterrâneo.

COLHEITA Na primavera e no verão.

CUIDADO Não use na gravidez.

Rubus idaeus **Framboesa**

Nativa da Europa, da Ásia e da América do Norte, é cultivada desde o século 16. Suas folhas são usadas para fazer chás que antigamente eram tomados por mulheres grávidas para fortalecer o útero antes do parto. Os frutos podem ser adicionados a xaropes contra a tosse ou usados para aromatizar vinagres.

PARTES USADAS Folhas, frutos
PRINCIPAIS COMPONENTES Folhas: fragarina (tônico uterino), taninos, polipeptídios. Frutos: vitaminas A, B, C e E, açúcares, pectina e ácido frútico
AÇÃO Adstringente, fortalece o útero para o parto, estimulante, digestiva, aumenta a produção de urina, laxativa

COMO USAR

INFUSÃO Tome 1 xícara de uma infusão padrão (p. 342) feita com as folhas, todos os dias, por dois meses antes do parto, para ajudar a preparar o útero. Beba a infusão sempre que necessário durante o trabalho de parto. Tome 1 xícara, três vezes ao dia, para aliviar cólicas menstruais.
TINTURA Tome 3-5 ml (60 gotas) da tintura, três vezes ao dia, para tratar diarreia leve. Coloque a mesma quantidade em 100 ml de água morna e use para limpar ferimentos, varizes e inflamações na pele. Coloque 2-5 gotas em um pouco de água fervente e, depois de esfriar, use como colírio para tratar conjuntivite.
GARGAREJO Use 1 xícara da infusão padrão para tratar aftas e garganta inflamada.
SUCO Tome 10 ml (2 colheres de chá), quatro vezes ao dia. Em casos de febre, faça o suco com a polpa do fruto.

COMO OBTER

CULTIVO Gosta de solo úmido e levemente ácido. Propaga-se por divisão da raiz ou ramos. Corte o caule após retirar os frutos e escolha caules jovens para plantar no ano seguinte.
NA NATUREZA Nativa da Europa, da Ásia e da América do Norte.
COLHEITA Colete as folhas no início ou no meio do verão e os frutos, no verão ou no outono, quando estiverem maduros.

CUIDADO Doses terapêuticas de chá de framboesa (folha) podem ser tomadas apenas no final da gravidez, sendo vedadas em outros períodos da gestação.

CARACTERÍSTICAS
Arbusto decíduo com espinhos, lenhoso e que se espalha por 1-2 m.

Rumex crispus Labaça-crespa

Comum em beiras de estrada, campos e terrenos baldios da Europa e da África, é usada atualmente como desintoxicante e laxante leve. Pode ser misturada com outras ervas, como a raiz de bardana, para tratar doenças dermatológicas crônicas.

FLORES
Quase imperceptíveis, aparecem no verão e, logo depois, brotam os frutos vermelhos

FRUTOS
Já foram usados para tratar diarreia e problemas no estômago, mas atualmente não são mais

1,5 m

CARACTERÍSTICAS
Perene, ereta e com porta--enxerto robusto. Espalha--se por 45-90 cm.

PARTES USADAS Raiz
PRINCIPAIS COMPONENTES
Antraquinonas (incluindo emodina e crisofanol), taninos, oxalatos, óleo volátil
AÇÃO Limpa o sangue e o sistema linfático, tônica amarga, estimula a produção de bile, laxativa

COMO USAR

DECOCÇÃO Tome ½-1 xícara, três vezes ao dia, de uma decocção feita com 15 g da raiz e 550 ml de água, fervidos por 20 minutos, para tratar constipação, estimular a produção de bile, facilitar a digestão ou desintoxicar-se.
TINTURA Tome 1-2 ml (20-40 gotas) da tintura, três vezes ao dia, como parte de uma dieta de desintoxicação em casos de problemas na pele, eczema, furúnculo, acne, herpes-zóster, reumatismo e osteoartrite.
ENXAGUATÓRIO BUCAL Use ½ xícara de uma decocção diluída na mesma quantidade de água morna, três vezes ao dia, para tratar aftas.
EXTRATO HOMEOPÁTICO É usado para aliviar tosses, garganta inflamada e rouquidão. Tome 1-2 cápsulas, três vezes ao dia.

COMO OBTER

CULTIVO É uma erva daninha que se espalha facilmente. As sementes podem ser colhidas no outono e plantadas no local definitivo. Uma vez estável, a planta pode ser difícil de erradicar, devido à sua forte raiz. Tolera qualquer tipo de solo, sol ou sombra.
NA NATUREZA As raízes são longas e pode ser difícil tirá-las. Por isso, umedeça bem o solo para facilitar.
COLHEITA Colha no outono, pique e seque.

CUIDADO Não use na gravidez ou na amamentação. É indicada para tratar constipação, mas, em casos crônicos, procure um fitoterapeuta.

Salix alba Salgueiro-branco

Foi considerado um remédio hidratante e refrescante devido ao fato de crescer perto da água. Em 1828, Johann Buchner (1783-1852), um farmacêutico da região da Baviária, extraiu cristais amargos da casca do tronco, dando-lhes o nome de salicina. Essa substância foi sintetizada e usada pela Bayer, em 1899, para fabricar a aspirina.

PARTES USADAS Casca do tronco, folhas
PRINCIPAIS COMPONENTES Salicina, ácido salicílico, taninos, flavonoides
AÇÃO Antirreumática, anti-inflamatória, febrífuga, analgésica, antisséptica, adstringente, tônica amarga para o sistema digestório, reduz o suor

COMO USAR

EXTRATO FLUIDO Tome 1-2 ml (20-40 gotas) do extrato feito com a casca do tronco, com um pouco de água, três vezes ao dia, para tratar reumatismo, lombalgia, nevralgia ou dor ciática.
TINTURA Use 5-10 ml (1-2 colheres de chá) da tintura feita com a casca (p. 343), três vezes ao dia, para amenizar a febre. Geralmente mistura-se com outra erva, como eupatório *(Eupatorium perfoliatum)* ou sabugueiro. Adicione 20-40 gotas em remédios para a menopausa para ajudar a reduzir o suor noturno e as ondas de calor.
DECOCÇÃO Tome 1 xícara de uma decocção padrão feita com a casca do tronco, três vezes ao dia, para tratar resfriados com febre, dores de cabeça ou como parte do tratamento de artrite.
INFUSÃO Tome 1 xícara de uma infusão padrão (p. 342) feita com as folhas, depois das refeições, para evitar indigestão.

COMO OBTER

CULTIVO Prefere solo úmido, mas bem drenado. Propaga-se a partir de ramos semimaduros no verão ou no inverno.
NA NATUREZA Encontrado perto de rios, lagos, canais e terrenos úmidos da Europa. A casca não deve ser retirada de árvores selvagens.
COLHEITA Na primavera, a casca deve ser retirada de árvores de 2-5 anos de idade e que tenham sido podadas.

CUIDADO Se for alérgico, evite ingerir aspirina ou salicilatos. Não use na gravidez.

FOLHAS
Antigamente, as folhas estreitas e pontiagudas foram associadas à lua, por isso a planta era considerada refrescante

CARACTERÍSTICAS
Árvore de grande porte, com tronco marrom-acinzentado e fissurado. Espalha-se por 10 m.

Salvia officinalis **Sálvia**

Nativa do Mediterrâneo, é mais conhecida como erva culinária. Porém, é bastante usada para tratar problemas digestivos e da menopausa (particularmente, ondas de calor). É tradicionalmente associada à longevidade, e pesquisas recentes lhe atribuem a capacidade de diminuir o progresso do mal de Alzheimer.

FOLHAS
Tanto a variedade verde como a roxa servem como remédio

As folhas serviam para embrulhar queijos e, na culinária, são usadas em pratos como saltimbocca e em massas

CARACTERÍSTICAS
Perene, arbustiva e com flores azuis no início do verão; espalha-se por 1 m.

PARTES USADAS Folhas, óleo essencial
PRINCIPAIS COMPONENTES Óleo volátil (incluindo tujona, linalol e borneol), diterpeno amargo, taninos, flavonoides, substâncias estrogênicas
AÇÃO Carminativa, antiespasmódica, adstringente, antisséptica, diurética, estimula a produção de bile, reduz a salivação, o suor e a lactação

COMO USAR

INFUSÃO Tome 1 xícara de uma infusão padrão (p. 342) feita com as folhas, três vezes ao dia, para tratar diarreia, melhorar a função digestiva ou aliviar sintomas da menopausa, incluindo suor noturno.
GARGAREJO/BOCHECHO Use 1 xícara da infusão padrão para fazer gargarejo em casos de garganta inflamada, ou faça bochecho para tratar aftas e gengivite.
TINTURA Tome 1-2 ml (20-40 gotas), três vezes ao dia, para aliviar sintomas da menopausa ou como tônico digestivo.
CONDICIONADOR Use 500 ml de uma infusão padrão para finalizar a lavagem de cabelos com caspa ou restaurar a cor de cabelos grisalhos.
CREME/POMADA/LOÇÃO Usados para tratar pequenos cortes e arranhões.

COMO OBTER

CULTIVO Prefere solo neutro a alcalino e sol direto. Na primavera ou no verão, plante as sementes em vasos de 7,5 cm e transplante no ano seguinte, quando estiver robusta, ou propague a partir de ramos, no verão. Depois de florescer e no início da primavera, faça a poda.
NA NATUREZA Encontrada em regiões montanhosas com bastante sol.
COLHEITA Para fins culinários, colha as folhas durante todo o ano.

CUIDADO Devido à grande quantidade de tujona, não é indicada em doses terapêuticas para epilépticos e grávidas, pois pode causar convulsões.

Sambucus nigra **Sabugueiro**

É uma árvore comum na Europa, Norte da África e Sudeste Asiático. Foi considerada uma planta inteiramente medicinal: a raiz e a cortiça são um forte purgante; as folhas podem ser transformadas em pomadas para tratar machucados e torções. Atualmente, as flores são mais usadas para fazer chás e refrescos.

FLORES
Aparecem no início do verão e podem ser transformadas em um creme anti-inflamatório para as mãos

FOLHAS
Eram usadas tradicionalmente no preparo de pomadas para tratar machucados e torções

CARACTERÍSTICAS
Vigorosa, decídua e de médio porte. Chega a 6 m de largura.

PARTES USADAS Folhas, flores, frutos
PRINCIPAIS COMPONENTES Óleos voláteis, flavonoides, mucilagem, taninos, glicosídeos cianogênicos, ácido vibúrnico, ácido fenólico. Os frutos contêm vitaminas A e C
AÇÃO Flores: expectorante, anticatarral, estimula a circulação, diaforética, antiviral, anti-inflamatória tópica

COMO USAR

INFUSÃO Tome 1 xícara de uma infusão padrão (p. 342) feita com as flores, três vezes ao dia, para tratar gripes com febre, tosse e secreção. Misture com hortelã, mil-folhas e eupatório, em quantidades iguais, para tratar gripes sazonais.
GARGAREJO/BOCHECHO Use 1 xícara da infusão padrão em casos de garganta irritada ou inflamada e aftas.
CREME/POMADA Feito com as flores para aliviar mãos inflamadas ou rachadas pelo frio. A pomada feita com as folhas é usada em hematomas, hemorroidas, frieira e torções.
XAROPE Adicione 600 ml de uma decocção padrão feita com as frutas a 450 ml de mel e tome 10 ml (2 colheres de chá) para tratar gripes e resfriados.
TINTURA Tome 2-4 ml (40-80 gotas), três vezes ao dia, para tosses, resfriados e gripes. Combina bem com equinácea.

COMO OBTER

CULTIVO Tolera quase todos os tipos de solo, mas prefere os úmidos e bem drenados. Propaga-se por meio de ramos cortados no inverno ou sementes plantadas em uma sementeira coberta com vidro. Pode se tornar invasiva.
NA NATUREZA Comum na Europa.
COLHEITA Colha as flores no início do verão, e os frutos no início do outono. Retire os talos antes de usar. Colete de cercas vivas longe de rodovias devido à poluição.

CUIDADO O consumo excessivo dos frutos pode ter efeito laxante.

Saussurea costus Saussurea

Usada pela medicina aiurveda, é nativa do Himalaia, onde é conhecida como *kuth* e por tratar problemas digestivos e respiratórios há cerca de 2.500 anos. A planta foi logo levada para a China, onde se chama *mu xiang*, e também para o Oriente Médio, onde ainda é empregada na medicina tradicional.

CARACTERÍSTICAS
Perene, com raiz grossa e folhas irregulares. Espalha-se por 1 m.

PARTES USADAS Raiz, óleo essencial
PRINCIPAIS COMPONENTES Alcaloides, óleos voláteis (incluindo linalol, terpenos e sesquiterpenos), estigmasterol, inulina, taninos
AÇÃO Antiespasmódica, afrodisíaca, calmante, adstringente, broncodilatadora, carminativa, estimulante, tônica para o sistema digestório

COMO USAR

DECOCÇÃO Geralmente é usada na medicina chinesa com outras ervas, como cardamomo, para aliviar dor abdominal, falta de apetite, náusea e vômito. A dosagem típica é de 1-5 g da raiz adicionados nos últimos 5 minutos do aquecimento.
REMÉDIO PATENTEADO É usado em diversas pílulas patenteadas pelas indústrias farmacêuticas chinesas, como o *mu xiang shun qi wan* e o *mu xiang bing lang wan*, ambos para tratar problemas digestivos. A dosagem normal é de 8 pílulas pequenas, três vezes ao dia.
POMADA Usada na medicina aiurveda para tratar feridas na pele e outros problemas dermatológicos.
CONDICIONADOR Use 1 xícara da decocção feita com ½-1 colher de chá da raiz em 600 ml de água.

COMO OBTER

CULTIVO Prefere solo úmido, em lugar ensolarado ou sombra parcial. Plante as sementes em uma sementeira coberta com vidro e transplante quando estiver maior, ou plante divisões da raiz na primavera.
NA NATUREZA Dificilmente encontrada fora de seu *habitat*. Está ameaçada de extinção, portanto não deve ser colhida na natureza.
COLHEITA A raiz das plantas maduras é colhida na primavera ou no outono.

CUIDADO Não use na gravidez e procure orientação médica antes de tomar remédios patenteados. Por estar em extinção, é comum o uso de outras plantas.

Schisandra chinensis **Esquisandra**

Originária do nordeste da China e do Japão, é valorizada como afrodisíaco, embora também seja usada para tratar tosse, diarreia, insônia e alergias cutâneas. Os frutos são chamados, em mandarim, de *wu zei zi*, que significa "sementes de cinco sabores", já que fornecem os cinco sabores descritos na medicina tradicional chinesa.

PARTES USADAS Frutos
PRINCIPAIS COMPONENTES Fitoesteroides
AÇÃO Bactericida, adstringente, tônica, afrodisíaca, estimula a circulação, expectorante, hipotensiva, sedativa, estimula o útero

COMO USAR

LOÇÃO Dilua 30 ml da tintura em 300 ml de água e use para lavar a pele irritada.
FRUTOS Mastigue alguns frutos a cada cem dias, como um tônico.
DECOCÇÃO Tome 1 xícara de uma decocção padrão com uma pitada de gengibre em pó, três vezes ao dia, para tratar tosse e falta de ar. Para combater insônia, beba ½-1 xícara, sem o gengibre, antes de dormir.
TINTURA Tome 5 ml com um pouco de água, três vezes ao dia, em casos de mau funcionamento do fígado.
VINHO TÔNICO Coloque 115 g dos frutos em uma garrafa e cubra com 600 ml de saquê. Feche bem e deixe em lugar fresco e arejado por um mês, sacudindo a garrafa de vez em quando. Peneire e tome uma dose (taça de licor) para ativar a energia sexual.

COMO OBTER

CULTIVO Gosta de solo fértil, úmido e bem drenado. O pé deve ficar contra uma parede com sombra. No outono, plante as sementes em uma sementeira coberta por vidro, mas antes deixe-as de molho na água da noite para o dia; quando a planta estiver no tamanho ideal, plante em local definitivo. Use uma treliça ou cerca para dar apoio. Remova os brotos não desejados no início do inverno. É necessário ter a planta fêmea e a macho para que produzam frutos.
NA NATUREZA Dificilmente se encontra fora de seu *habitat*, embora seja cultivada como planta ornamental em alguns países.
COLHEITA Colete os frutos no inverno e deixe secar ao sol.

CUIDADO Não use na gravidez ou se estiver resfriado e com febre ou calafrios. Doses altas podem dar azia.

CARACTERÍSTICAS
Decídua, trepadeira, dioica e com flor solitária que aparece no final da primavera.

Scutellaria lateriflora **Escutelária**

Nativa da América do Norte, era conhecida como "erva do cachorro louco" nos Estados Unidos devido à falsa crença de que curava raiva. Atualmente é mais usada como sedativo. Sua correlata europeia, *Scutellaria galericulata*, possui ação similar, enquanto a raiz da espécie chinesa, *Scutellaria baicalensis*, conhecida como *huang qin*, é indicada para combater febre.

FLORES
Aparecem no verão e geralmente são azuis, mas podem ser cor-de-rosa ou brancas

FOLHAS
Têm as bordas em zigue-zague, são ovais e em forma de lança

CAULE
Como outros membros da família da hortelã, é quadrado

CARACTERÍSTICAS
Perene, herbácea, se espalha por 45 cm; frequentemente com flores azuis.

PARTES USADAS Partes aéreas
PRINCIPAIS COMPONENTES Flavonoides, taninos, iridoides amargos, minerais, óleo mineral
AÇÃO Relaxa e revigora os nervos, sedativa, antiespasmódica, amarga (leve)

COMO USAR

INFUSÃO Tome ½-1 xícara de uma infusão padrão (p. 342), três vezes ao dia, em casos de estresse, nervosismo, ansiedade ou esgotamento.
CHÁ Use 1 colher (chá) da erva seca por xícara de água, ou 3-4 talos em uma jarra pequena de chá. Tome no final de um dia de trabalho para aliviar a tensão, ou para atenuar os sintomas da TPM. Uma xícara antes de deitar também pode ajudar a dormir.
TINTURA Tome 1-2 ml (20-40 gotas) com um pouco de água, três vezes ao dia, para amenizar tensão, estresse, ansiedade e dor de cabeça associada às condições anteriores.
CÁPSULAS Disponíveis comercialmente e normalmente associadas com o maracujá para tratar estresse e ansiedade. Siga as instruções da embalagem.

COMO OBTER

CULTIVO Prefere solo úmido e bem drenado, em sombra parcial ou sol direto. Plante as sementes no outono ou na primavera em uma sementeira e depois transplante para um vaso de 7,5 cm. Espere que se estabilizem antes de colocar em local definitivo. Se preferir, divida os ramos na primavera. Pode se tornar invasiva.
NA NATUREZA Encontra-se em cercas vivas e terrenos no Canadá e nos Estados Unidos. A espécie comum *(Scutellaria galericulata)* pode ser usada de forma similar.
COLHEITA Corte quando começar a florescer e resseque imediatamente. As partes aéreas possuem flores e sementes.

Senna alexandrina **Sene**

Originário do Egito, Somália e Arábia, era usado no século 9º por médicos árabes como um laxante forte, e até hoje as folhas e o receptáculo são empregados na produção de laxantes. As folhas são conhecidas na China como *fan xie ye*, enquanto na Índia são chamadas de *rajavrisksha*, que significa "rei das árvores".

PARTES USADAS Folhas, receptáculos
PRINCIPAIS COMPONENTES Glicosídeos antraquinônicos (incluindo senosídeos) polissacarídeos, mucilagem, flavonoides (incluindo canferol), ácido salicílico
AÇÃO Laxante, bactericida, refrescante, vermífuga

COMO USAR

INFUSÃO Para tratar constipação, mergulhe 3-6 receptáculos em 1 xícara com água morna e tome antes de dormir. Para amenizar cólicas intestinais, adicione uma pitada de gengibre em pó ou 1 colher (chá) de sementes de erva-doce. Use metade da dose em crianças com mais de dez anos.
EXTRATO FLUIDO Tome ¼-½ ml (5-10 gotas) do extrato das folhas com um pouco de água, à noite, para tratar constipação.
TINTURA Tome ½-1½ ml (10-30 gotas) com um pouco de água para tratar constipação.
CÁPSULAS/PÓ Tome 1-2 colheres (chá), ou 2-4 cápsulas antes de dormir.

COMO OBTER

CULTIVO Gosta de solo fértil, bem drenado, arenoso mas úmido; aprecia sol direto e uma temperatura sempre superior a 5ºC. Na primavera, plante as sementes em uma sementeira e transplante para o lugar definitivo quando já estiverem estáveis.
NA NATUREZA Dificilmente encontrada fora de seu *habitat*.
COLHEITA Colha as folhas antes e durante o florescimento, juntando os receptáculos no outono, quando estiverem maduros.

CUIDADO Pode causar cólica abdominal. Não tome em casos de síndrome do cólon irritado, doença de Crohn ou colite ulcerosa. Não use na gravidez ou na amamentação. Evite no caso de obstrução intestinal. O uso excessivo pode causar diarreia e prejudicar o cólon. Não tome infusões e extratos por mais de sete dias e faça uma pausa de pelo menos duas semanas antes de voltar a tomar.

FOLHAS
As colhidas manualmente são conhecidas como sene Tinnevally, enquanto as colhidas por máquinas são chamadas sene Alexandria

As folhas aveludadas e separadas são usadas na aiurveda para constipação depois de febres. Têm ação poderosa contra inchaços

CAULE
É ramificado, ereto e verde-claro

90 cm

CARACTERÍSTICAS
Arbustiva, perene e com pequenas flores amarelas que aparecem na primavera. Espalha-se por 50-60 cm.

Silybum marianum **Cardo-mariano**

De acordo com algumas crenças, as nervuras brancas de suas folhas representam o leite da Virgem Maria, que teria caído sobre a planta enquanto ela amamentava o Menino Jesus. Nativo das áreas pedregosas do Mediterrâneo, é conhecido por aumentar o fluxo de leite, mas também por ajudar a tratar problemas hepáticos.

INFLORESCÊNCIA
Esta parte da planta pode ser fervida e servida em saladas. Já foi recomendada para tratar "melancolia" ou excesso de bílis negra na medicina tradicional galênica

FOLHAS
Suas nervuras e pontos brancos se assemelham a gotas de leite

CARACTERÍSTICAS
Bienal, com folhas verdes e espinhosas. Espalha-se por 60-90 cm.

PARTES USADAS Sementes, folhas, flores
PRINCIPAIS COMPONENTES Flavolignanas (incluindo silimarina), poliacetilenos
AÇÃO Colagoga, galactagoga, antiviral, antidepressiva, antioxidante, tônica amarga, protege o fígado

COMO USAR

TINTURA Tome 20-50 gotas da tintura feita com a semente, três vezes ao dia, para tratar problemas no fígado e na vesícula, ou para estimular a digestão. Tome 5 ml (1 colher de chá), diariamente, para prevenir pedra na vesícula ou problemas hepáticos.
CÁPSULAS O uso regular de cápsulas de cardo-mariano pode ajudar a tratar doenças hepáticas. Siga as instruções da embalagem.
INFUSÃO Tome 1-2 xícaras de uma infusão padrão (p. 342) feita com as folhas para ajudar a digestão ou estimular a produção de leite durante a amamentação.
DECOCÇÃO Tome diariamente ½ xícara de uma decocção padrão (p. 342) feita com as sementes amassadas, para tratar problemas no fígado, incluindo infecções.

COMO OBTER

CULTIVO Prefere sol direto e solo bem drenado, moderadamente fértil, do neutro ao alcalino. Na primavera, plante as sementes no local definitivo para colher no mesmo ano ou, no verão e no início do outono, se quiser para o ano seguinte.
NA NATUREZA Encontra-se em cercas vivas e terrenos da Europa, do norte e leste da África e da Ásia ocidental. A inflorescência pode ser cozida e servida em saladas, como a alcachofra. As folhas jovens são usadas como espinafre, e a raiz tem sabor parecido com o do rabanete.
COLHEITA Colete as sementes no fim do verão, mas as outras partes da planta, que servirão para fins culinários, podem ser colhidas durante todo o verão.

CUIDADO Não use na gravidez.

Stellaria media **Morugem**

Encontrada por toda a Europa e Ásia, tem sido indicada para tratar problemas na pele. Considerada por muitos uma erva daninha, é usada para alimentar galinhas e outros pássaros pequenos. Para tratamentos contra cicatrizes e reumatismo, pode ser utilizado em óleo, creme, infusão ou compressa.

PARTES USADAS Partes aéreas
PRINCIPAIS COMPONENTES Mucilagem, saponinas, cumarinas, minerais, vitaminas A, B e C
AÇÃO Adstringente, antirreumática, cicatrizante, demulcente, emoliente, laxativa (leve)

COMO USAR

INFUSÃO DE ÓLEO Encha uma jarra com morugem fresca e cubra com óleo de girassol. Deixe agir por duas semanas. Coe e use em eczemas e irritações na pele, ou adicione 25 ml na água da banheira para tratar eczema.
CREME/POMADA Use regularmente na pele irritada, com coceira e eczema. Também serve para aliviar queimaduras leves e para retirar cacos de vidro e farpas: coloque um pouco da pomada em cima do ferimento, cubra com esparadrapo e deixe da noite para o dia. Normalmente, no dia seguinte, o caco de vidro é encontrado no esparadrapo.
INFUSÃO Tome 1 xícara de uma infusão padrão (p. 342), três vezes ao dia, para tratar reumatismo muscular ou inflamações no trato urinário.
COMPRESSA Embeba uma gaze com a planta macerada e coloque sobre abscessos, furúnculos, gota ou machucados.

COMO OBTER

CULTIVO Gosta de solo úmido e sol direto, mas tolera outras condições. Plante as sementes diretamente no solo em qualquer época do ano. É considerada uma erva daninha e pode ser usada na alimentação de galinhas.
NA NATUREZA Encontrada em terrenos, campos, cercas vivas e jardins da Europa e da Ásia. Corte as partes aéreas durante toda a estação de crescimento. Pode ser preparada no vapor e servida com manteiga e sal.
COLHEITA Colha durante toda a estação de crescimento e use fresca ou seca.

CUIDADO Se usada em excesso, pode causar náusea e vômito.

BOTÕES DE FLOR
Abrem-se em flores brancas com formato de estrela, o que dá à planta seu nome botânico: Stellaria, *do latim, "estrela"*

FOLHAS
São uma importante fonte de vitamina C e podem ser consumidas cruas ou cozidas

CARACTERÍSTICAS
Anual, com flores pequenas e brancas. Espalha-se facilmente; cada pé: 5-40 cm.

Symphytum officinale Confrei

Tem sido empregado no tratamento de fraturas desde a Antiguidade. Em 1970, tornou-se popular no combate à artrite, o que levou à realização de pesquisas que apontaram que os alcaloides presentes na planta podiam causar câncer de fígado. Desde então, seu uso foi banido em diversos países.

CARACTERÍSTICAS
Rizomatosa, vigorosa e perene. Espalha-se por 2 m ou mais.

PARTES USADAS Partes aéreas, raiz
PRINCIPAIS COMPONENTES Mucilagem, saponinas esteroides (raiz), alantoína, vitamina B12, taninos, alcaloides de pirrolizidina, ácido rosmarínico
AÇÃO Adstringente, demulcente, anti-inflamatória, expectorante, cicatrizante, prolifera as células

COMO USAR

ÓLEO MACERADO Use à noite e pela manhã para massagear articulações doloridas devido à artrite ou passe em hematomas e outros ferimentos traumáticos.
POMADA Aplique em cortes e arranhões, ou pele irritada. Também é útil para tratar acne, psoríase e furúnculo.
COMPRESSA Faça um purê com as folhas e coloque sobre fraturas leves e pequenas, que não levam gesso (como no dedão do pé). Ou faça uma pasta com a raiz em pó e um pouco de água e use em varizes com úlcera, abscessos com sangramento e feridas persistentes. Outra possibilidade é uma compressa com a decocção padrão feita com a raiz para aplicar sobre torções e hematomas.

COMO OBTER

CULTIVO Gosta de solo úmido e lugar ensolarado ou com sombra parcial. Plante as sementes no outono e na primavera ou divida a raiz na primavera, ou plante ramos da raiz no inverno. Não tolera invernos secos. Uma vez estável, pode ser difícil de erradicar.
NA NATUREZA Encontra-se em cercas vivas e terrenos da Europa e da Ásia. Quando está sem flores, pode ser confundido com a dedaleira *(Digitalis purpurea)*.
COLHEITA Colha as folhas e flores no verão, e a raiz no outono.

CUIDADO Não use na gravidez e não faça uso interno, pois contém componentes que podem ser cancerígenos. Não aplique em feridas sujas, já que a cicatrização é rápida e pode aprisionar o pus ou a sujeira.

Tanacetum parthenium Tanaceto

Encontrado em zonas temperadas, atualmente é usado para tratar enxaquecas. Os primeiros fitoterapeutas, como Nicholas Culpeper, em 1653, acreditavam que era um "fortalecedor do útero". Já foi empregado para tratar artrite e reumatismo. É cultivado como planta ornamental.

PARTES USADAS Partes aéreas
PRINCIPAIS COMPONENTES Lactonas sesquiterpênicas (partenolida), óleo volátil, piretrina, taninos, cânfora
AÇÃO Anti-inflamatória, vasodilatadora, relaxante, estimula a digestão, emenagoga, vermífuga, amarga

COMO USAR

TINTURA Use 5-10 gotas, em intervalos de 30 minutos, logo no início de uma enxaqueca. É mais efetiva em casos de enxaquecas "frias", ou seja, causadas por vasoconstrição, que também são aliviadas com toalhas quentes. Para os estados agudos de artrite reumatoide, adicione 2 ml (40 gotas), três vezes ao dia, em remédios herbais, como semente de aipo, salgueiro-branco ou garra-do-diabo *(Harpagophytum procumbens)*.
COMPRESSA Frite um punhado de folhas em um pouco de óleo, deixe esfriar e coloque sobre o abdômen, para aliviar as cólicas.
INFUSÃO Tome 1 ou 2 xícaras de uma infusão leve feita com 15 g das partes aéreas e 600 ml de água. Use após o parto para tonificar e desintoxicar o útero. Tome 1 xícara, três vezes ao dia, para tratar problemas menstruais relacionados a congestão e fluxo lento.

COMO OBTER

CULTIVO Gosta de sol direto e solo bem drenado, mas tolera diversas condições. No fim do inverno ou no começo da primavera, plante as sementes em um vaso, com temperatura entre 10-18ºC. Espalha-se com facilidade e pode se tornar invasivo.
NA NATUREZA Encontra-se em terrenos e cercas vivas da Europa. Pode ser confundido com a margarida. Suas folhas, entretanto, têm um gosto característico e bem amargo.
COLHEITA Colete as folhas durante todo o ano e, no verão, colha a planta toda.

CUIDADO Podem aparecer aftas após a ingestão das folhas. Evite se estiver tomando drogas anticoagulantes, como a varfarina. Não use na gravidez.

FLORES
São parecidas com margaridas e crescem no verão. Podem ser confundidas com outras plantas, como camomila

FOLHAS
São amargas e eram, tradicionalmente, fritas e transformadas em compressas para tratar dores de cabeça

60 cm

CARACTERÍSTICAS
Perene, arbustiva e de vida curta. Tem folhas bem entrecortadas e se espalha por 60 cm.

Taraxacum officinale Dente-de-leão

Diferentes espécies são encontradas na Europa, na América do Sul e na Ásia. A planta é relativamente nova dentro do repertório dos fitoterapeutas. Foi mencionada pelos árabes, no século 11, como um remédio diurético. A raiz é um tônico hepático bastante efetivo.

FOLHAS
São ricas em potássio, o que ajuda a balancear a quantidade de sódio que o corpo libera por meio da urina

FLORES
Possuem um tom bem vivo de amarelo e aparecem da primavera ao outono

CARACTERÍSTICAS
Perene, com raiz ramificada. Espalha-se por 45 cm.

PARTES USADAS Folhas, raiz
PRINCIPAIS COMPONENTES Lactonas sesquiterpênicas, vitaminas A, B, C e D, colina, minerais (incluindo potássio)
AÇÃO Diurética, tônica digestiva e hepática, colagoga, estimula o pâncreas e a produção de bile, laxante leve (raiz)

COMO USAR

DECOCÇÃO Tome 1 xícara de uma decocção padrão feita com a raiz, três vezes ao dia, para quaisquer condições que possam ser ajudadas pelo estímulo das funções do fígado, como acne, psoríase, gota, eczema, reumatismos, artrose.
INFUSÃO Tome 1 xícara de uma infusão padrão (p. 342) feita com as folhas, três vezes ao dia, para estimular a produção de urina em casos de cistite, retenção de líquido ou pressão alta.
SUCO Bata as folhas em um processador e tome 20 ml (4 colheres de chá), três vezes ao dia, como uma alternativa mais forte que a infusão.
TINTURA Tome 2-5 ml (1 colher de chá) da tintura da raiz e das folhas, três vezes ao dia, para estimular a produção de bile. Também é um laxante leve e ajuda a dissolver pedras na vesícula.

COMO OBTER

CULTIVO Tolera vários tipos de solo e cresce com sol direto ou sombra parcial. Plante as sementes na primavera. Espalha-se com facilidade. A planta também é cultivada para saladas na Europa.
NA NATUREZA Encontra-se em diversas partes do mundo em terrenos, cercas vivas e até em canteiros de calçadas.
COLHEITA Colha as folhas jovens na primavera e use em saladas. As folhas mais velhas e grandes são colhidas no verão para fins medicinais. As raízes com dois anos de idade, no outono.

CUIDADO Se tiver pedras na vesícula ou rins, utilize apenas com orientação médica. Não use na gravidez.

Thymus vulgaris **Tomilho**

Originário das áreas secas do sul europeu, atualmente é cultivado em todo o mundo para uso culinário. Como fitoterápico, é usado como expectorante e antisséptico para os pulmões, tratando tosses e infecções. O óleo essencial é empregado na aromaterapia. Pesquisas da década de 1990 sugerem que a erva possa ser antioxidante.

FLORES
As partes aéreas são colhidas no verão, quando as flores e as folhas podem ser usadas juntas

FOLHAS
O óleo essencial é feito a partir da destilação. As folhas e o óleo de tomilho são antissépticos e usados para limpar o pulmão de infecções

25 cm

CARACTERÍSTICAS
Planta baixa, sempre verde e perene. Espalha--se por 40 cm.

PARTES USADAS Partes aéreas, óleo essencial
PRINCIPAIS COMPONENTES Óleo volátil (incluindo timol, cineol e borneol), flavonoides, taninos, saponinas
AÇÃO Antisséptica, expectorante, antiespasmódica, adstringente, antibactericida, cicatrizante, diurética, antitussígena, antibiótica, rubefaciente tópica

COMO USAR

INFUSÃO Tome 1 xícara de uma infusão padrão (p. 342), três vezes ao dia, para tratar gripes sazonais, asma moderada, infecções pulmonares, febre do feno e síndrome do cólon irritável.
XAROPE Adicione 450 ml de mel em 600 ml da infusão coada. Misture bem e tome 5 ml (1 colher de chá) sempre que necessário.
GARGAREJO Use 1 xícara de uma infusão padrão de manhã e de noite para tratar doenças na gengiva e garganta irritada.
ÓLEO DE MASSAGEM Use 10 gotas de óleo de tomilho em 25 ml (5 colheres de chá) de óleo de amêndoa. Passe no tórax e massageie em casos de bronquite e infecções. Use com a mesma quantidade de óleo de lavanda para amenizar dores reumáticas e músculos distendidos.
LOÇÃO Dilua 1 ml (20 gotas) de óleo de tomilho em 60 ml de água e aplique em picadas de inseto ou feridas infeccionadas.

COMO OBTER

CULTIVO Prefere solo seco, alcalino e sol direto. Plante em uma sementeira coberta com vidro. Transfira para vasos de 7,5 cm quando estiverem maiores e para lugar definitivo quando estáveis. Se preferir, corte um ramo de uma planta já estável no verão.
NA NATUREZA Encontra-se em lugares de clima seco e solo pedregoso.
COLHEITA Colha as partes aéreas do meio para o fim do verão e os talos, durante a estação de crescimento.

CUIDADO Não use na gravidez. Os óleos essenciais não devem ser usados sem a orientação médica.

Tilia cordata Tília (de folhas pequenas)

Esta espécie possui as folhas pequenas e é muito comum em ambientes urbanos. O melhor exemplo disso é a avenida Unter den Linden, onde está o Portão de Brandemburgo, em Berlim. Além de enfeitar, as flores são usadas como sedativo e podem ser adicionadas a loções para acalmar a pele irritada.

FLORES
São colhidas no verão, ressecadas e amassadas para ser usadas em chás relaxantes, que também podem ajudar a controlar a pressão arterial

FRUTOS
São pequenos e esféricos, aparecendo no outono

CARACTERÍSTICAS
Árvore de porte médio a grande e com folhas pequenas. Espalha-se por 10-30 m.

PARTES USADAS Flores
PRINCIPAIS COMPONENTES Flavonoides (incluindo quercetina e canferol), ácido cafeico, mucilagem, taninos, óleo volátil
AÇÃO Antiespasmódica, diaforética, diurética, sedativa, hipotensiva, anticoagulante

COMO USAR

INFUSÃO Tome 1 xícara de uma infusão padrão (p. 342), três vezes ao dia, para aliviar tensão e dores de cabeça causadas por estresse, ou para tratar gripes, resfriados e secreção nasal.
TINTURA Tome 5 ml (1 colher de chá) de tintura com um pouco de água para reduzir pressão alta associada a estresse, ansiedade e arteriosclerose. Normalmente misturada a outras ervas como valeriana e pilriteiro.
POMADA/LOÇÃO Use para tratar coceiras na pele devido a irritações ou picadas de insetos.
CHÁ INFANTIL Pode ser usado como chá relaxante no início da infância para amenizar gripes, resfriados ou catapora. Consulte um fitoterapeuta para saber a dose correta.

COMO OBTER

CULTIVO Prefere solo fértil, úmido, bem drenado, do neutro ao alcalino. As sementes precisam ser estratificadas no inverno e plantadas na primavera. A germinação pode ser demorada. É uma árvore grande, portanto plante somente se tiver espaço suficiente.
NA NATUREZA Encontra-se em diversos lugares da Europa e em outras zonas temperadas. As flores podem ser colhidas do início até a metade do verão, mas é melhor evitar a coleta em árvores em áreas com poluição atmosférica.
COLHEITA Colha as flores em meados do verão. Podem ser colhidas com as sépalas e amassadas quando estiverem secas.

Trifolium pratense Trevo-dos-prados

Originário das regiões temperadas da Europa e da Ásia, é também conhecido como trevo-vermelho. Conhecido pelo líquido doce presente em seu caule, é bastante consumido pelas crianças. Na década de 1930 ficou popular devido ao uso no tratamento de câncer de mama e atualmente é usado para tratar tosses, problemas de pele e sintomas da menopausa.

PARTES USADAS Inflorescências
PRINCIPAIS COMPONENTES Flavonoides, salicilatos, cumarinas, glicosídeos fenólicos, glicosídeos cianogênicos, óleo volátil (incluindo metil-salicilato e álcool benzil), sitosterol
AÇÃO Antiespasmódica, diurética, limpa o sistema linfático, possível efeito estrogênico, expectorante

COMO USAR

INFUSÃO Tome 1 xícara de uma infusão padrão (p. 342), três vezes ao dia, para tratar tosse, problemas relacionados à menopausa ou como parte de uma dieta desintoxicante para diminuir problemas na pele.
XAROPE Use 600 ml de uma infusão padrão com 450 ml de mel. Tome uma dose de 5 ml para amenizar tosses persistentes, especialmente a bronquite.
GARGAREJO Use 1 xícara de infusão para casos de aftas e garganta irritada.
TINTURA Tome 5-10 ml (1-2 colheres de chá), três vezes ao dia, para eczema, psoríase e feridas com cicatrização lenta. Combina bem com amor-perfeito para tratar eczemas em crianças.
CREME/POMADA Use frequentemente para diminuir inchaços nos nódulos linfáticos.
ERVA FRESCA Passe as flores amassadas em picadas de insetos (inclusive com ferrões).

COMO OBTER

CULTIVO Prefere temperaturas moderadas no verão e umidade adequada durante todo o período de crescimento. Plante as sementes no local definitivo no fim do inverno ou no começo da primavera, cobrindo com uma camada fina de composto. Colha as flores quando começarem a abrir.
NA NATUREZA Pode ser encontrado em diversas partes do mundo.
COLHEITA Colha durante todo o verão, escolhendo as flores recém-abertas.

CUIDADO Não use na gravidez.

INFLORESCÊNCIAS
São cor-de-rosa claras ou arroxeadas e aparecem no fim da primavera e no início do verão

FOLHAS
Como o nome sugere, o trevo-dos-prados possui três folhas na base de cada flor

45 cm

CARACTERÍSTICAS
Bienal ou perene. Espalha-se por 45 cm.

Tropaeolum majus **Capuchinha**

Tem origem na região dos Andes (da Bolívia à Colômbia), mas atualmente é cultivada em todo o mundo devido à facilidade com que se desenvolve. Adapta-se a diferentes climas e é considerada invasiva em alguns países. É valorizada por sua ação antisséptica e eficiência contra problemas pulmonares. As sementes e as flores têm uso culinário.

FOLHAS
São quase circulares e ajudam a reduzir a secreção nasal produzida em gripes e resfriados, aumentando a resistência a infecções bacterianas

FLORES
Aparecem no início do verão e podem ser vermelhas ou amarelas, sendo muito usadas em saladas, dando sabor e cor

FOLHAS
São ricas em vitamina C e também podem ser usadas em saladas, dando um sabor picante

CARACTERÍSTICAS
Trepadeira e anual. Cresce rapidamente, chegando a espalhar-se por 1,5-2 m.

PARTES USADAS Flores, folhas, sementes
PRINCIPAIS COMPONENTES Glucosinolatos, espilantol, mirosina, sais minerais (incluindo ferro, iodo e fosfatos), ácido oxálico, vitamina C
AÇÃO Antibiótica, diurética, antitussígena, expectorante

COMO USAR

INFUSÃO Tome 1 xícara de uma infusão padrão (p. 342) feita com as folhas, três vezes ao dia, para aumentar a resistência a infecções bacterianas; também é útil para diminuir secreções em gripes e resfriados.
TINTURA Tome 5-10 ml (1-2 colheres de chá) da tintura das folhas, três vezes ao dia, para tratar resfriados, gripes e tosse seca.
SUCO Coloque toda a planta em um processador e tome 20 ml (4 colheres de chá), três vezes ao dia, com um pouco de leite para tratar enfisema pulmonar. Esfregue o suco no couro cabeludo para estimular o crescimento dos fios.
LOÇÃO Use 1 xícara de uma infusão padrão feita com as folhas para limpar cortes e arranhões.
SALADAS Adicione as folhas e as flores em saladas – as folhas têm sabor picante e são ricas em vitamina C.

COMO OBTER

CULTIVO Cresce praticamente em qualquer lugar, mas prefere solo bem drenado e lugar ensolarado. O solo fértil favorece o crescimento das folhas, e não das flores. No início do verão, plante as sementes no local definitivo, ou plante em uma sementeira no meio da primavera, a 13-16°C, e transplante quando não houver mais perigo de geada.
NA NATUREZA É considerada uma planta invasiva em diversos lugares do mundo. Em áreas urbanas, pode ser encontrada em canteiros e jardins.
COLHEITA Colha flores e folhas o ano todo. A planta toda deve ser colhida no final do verão para ser seca ou usada em tinturas.

Tussilago farfara Tussilagem

Antigamente era indicada para tratar tosse, como o nome botânico sugere (*tussis*, palavra do latim para "tosse"), e atualmente tem seu uso controlado em diversos países devido à presença de alcaloides de pirrolizidina, que foram relacionados ao câncer de fígado. É encontrada por toda a Europa, oeste da Ásia e norte da África e pode se tornar invasiva.

FOLHAS
Só aparecem depois que as flores tenham morrido por completo

CARACTERÍSTICAS
Perene e rasteira, com folhas grandes e em forma de coração. Espalha-se indefinidamente.

PARTES USADAS Folhas, flores
PRINCIPAIS COMPONENTES Mucilagem, taninos, alcaloides de pirrolizidina, inulina, zinco, princípio amargo, esterois, flavonoides (incluindo rutina), potássio, cálcio
AÇÃO Expectorante, relaxante, anticatarral, demulcente

COMO USAR

Aviso: não faça uso sem orientação médica.
COMPRESSA Triture as folhas frescas em um liquidificador, espalhe em uma gaze e use como uma compressa em arranhões e feridas com má cicatrização.
XAROPE Adicione 450 ml de mel ou açúcar em 600 ml de uma infusão padrão com as folhas (p. 342), deixe ferver e reduzir por 5-10 minutos até formar um xarope. Tome 5 ml (1 colher de chá) para tratar tosses secas e asma.
TINTURA Use 2-5 ml (1 colher de chá) da tintura feita com as folhas, três vezes ao dia, para tratar coqueluche ou bronquite.
DECOCÇÃO Ferva 15 g das flores secas em 600 ml de água por 15 minutos ou tome ½-1 xícara, três vezes ao dia, para tratar asma, bronquite e tosse persistente.

COMO OBTER

CULTIVO Prefere solo neutro a alcalino, com sol direto ou sombra parcial. Na primavera, plante as sementes em uma sementeira. Outra opção é dividir os ramos antes de as flores desaparecerem ou depois que as folhas caírem, no outono.
NA NATUREZA É bastante invasiva. Encontrada em jardins e terrenos da Europa.
COLHEITA Colha as flores assim que abrirem e use-as secas ou frescas. Colha as folhas no verão, quando estiverem bem grandes.

CUIDADO Contém alcaloides de pirrolizidina. Portanto, não faça uso interno sem consultar um médico. Não use na gravidez e na amamentação.

Ulmus rubra Olmo-vermelho

É uma das plantas medicinais mais usadas. Cresce no leste da América do Norte, do Quebec ao México. É conhecida por sua ação cicatrizante tanto da pele quanto de mucosas. Também é bastante nutritiva e pode ser usada como suplemento alimentar em períodos de convalescença.

PARTES USADAS Cortiça interna
PRINCIPAIS COMPONENTES Mucilagem, amido, taninos
AÇÃO Demulcente, relaxante, emoliente, laxante, expectorante, antitussígena, nutritiva

COMO USAR

SUPLEMENTO ALIMENTAR Use em períodos de convalescença ou ofereça a crianças. Faça uma pasta com ¼-1 colher rasa (chá) da planta em pó e um pouco de água (ou mingau e cereais matinais) e adicione leite ou água quente, mexendo bem.
POMADA Use para drenar pus, farpas e cacos de vidro. Frequentemente combinada com alteia em pó.
COMPRESSA Misture 1 colher (chá) do pó com um pouco de água, ou infusão de calêndula, até formar uma pasta. Coloque em uma gaze e aplique sobre abscessos, furúnculos, varizes ou feridas supuradas.
CÁPSULAS Tome 200 g, três vezes ao dia, para tratar infecções no estômago e no esôfago ou para amenizar úlceras e indigestão crônica. Tome 1 cápsula, 1 hora antes de viajar, para evitar enjoos durante a viagem.

COMO OBTER

CULTIVO Gosta de solo úmido e profundo, com sol direto. No outono, plante as sementes ou divida um ramo no verão. Há um besouro que come as folhas e a árvore pode ser atingida por algumas pragas. Portanto, tome cuidado.
NA NATUREZA É cultivada nos Estados Unidos e raramente é encontrada em outros lugares fora de seu *habitat*.
COLHEITA Na primavera, tire a cortiça interna do tronco e os galhos de plantas maduras.

CUIDADO A disponibilidade da cortiça interna é de uso restrito em alguns países.

FOLHAS
Possuem penugem e muitas nervuras. Chegam a 20 cm de comprimento

FOLHAS
Já foram muito usadas em compressas ou decocções para cicatrizar machucados

CARACTERÍSTICAS
Árvore com copa grande e folhas em formato de lágrimas. Chega a 18 m de largura.

Urtica dioica **Urtiga**

Encontrada por toda a região temperada da Europa e da Ásia, é uma erva daninha que se espalha com facilidade em solo fértil. Nos pelos das folhas há ácido fórmico e histamina, o que provoca coceira e ardor na pele. É conhecida por absorver nutrientes do solo e concentrá-los em suas folhas que, portanto, são bastante nutritivas.

FOLHAS
Colha as folhas jovens na primavera para usar em sopas ou cozinhe e sirva em saladas

As folhas em forma de lança são uma ótima fonte de minerais, auxiliando no tratamento de carência nutricional, por exemplo, na falta de ferro (anemia)

CARACTERÍSTICAS
Rasteira e perene; espalha-se de maneira indefinida.

PARTES USADAS Partes aéreas, raiz
PRINCIPAIS COMPONENTES Aminas (histaminas, acetilcolina, colina, serotonina), flavonoides, ácido fórmico, glucoquininas, minerais (incluindo sílica e ferro), vitaminas A, B e C, taninos
AÇÃO Adstringente, diurética, tônica, nutritiva, hemostática, estimulante circulatória, galactagoga, hipotensiva, antiescorbútica, antialérgica

COMO USAR

SUCO Bata toda a planta em um liquidificador. Tome 10 ml (2 colheres de chá), três vezes ao dia, como um tônico para doenças que debilitam o organismo e para anemia.
INFUSÃO Tome 1 xícara de uma infusão padrão (p. 342) feita com as folhas, três vezes ao dia, como parte de uma dieta desintoxicante e para tratar artrite, reumatismos, gota e eczema. Ou use para lavar cabelos com caspa.
CREME/POMADA Use em arranhões, irritações na pele, incluindo eczema, e para tratar hemorroidas.
FOLHAS E CAULES FRESCOS Passe nas articulações com artrite, fazendo uma urticação. É um remédio desconfortável, pois machuca a pele, mas é tradicional e efetivo, segundo pesquisas recentes.
COMPRESSA Use uma gaze embebida em tintura diluída, ou em uma infusão forte, e coloque sobre áreas acometidas por artrite, nevralgia, gota, tendinite, torções e dor ciática.
TINTURA Tome 2-4 ml (40-80 gotas) da tintura feita com a raiz, três vezes ao dia, para tratar hipertrofia benigna da próstata.

COMO OBTER

NA NATUREZA Cresce livremente em quase todos os lugares.
COLHEITA Colha as partes aéreas quando começarem a florescer. No outono, colha a raiz e, na primavera, as folhas jovens.

CUIDADO Use luvas de borracha quando for colher e manusear a planta.

Vaccinium myrtillus **Mirtilo**

Nativo da Europa e da Ásia, está intimamente relacionado à América do Norte, tornando--se conhecido como um superalimento, devido à grande quantidade de nutrientes e por ser antioxidante. Hoje é cultivado em diversas partes do mundo para uso culinário, principalmente em geleias, bolos e tortas.

PARTES USADAS Frutos, folhas
PRINCIPAIS COMPONENTES Taninos, açúcares, ácido frútico, antocianosídeos, glucoquinina, glicosídeos, vitamina A
AÇÃO Adstringente, hipoglicêmica, tônica, antisséptica, antiemética, anti-inflamatória, diurética, tônica venosa

COMO USAR

BOCHECHO Use 1 xícara de uma infusão padrão (p. 342) feita com as folhas em casos de aftas e inflamações na garganta. Se preferir, use 10 ml (2 colheres de chá) do suco do fruto com 120 ml de água.
LOÇÃO Misture 30 ml do suco feito com os frutos, sem açúcar, com a mesma quantidade de hamamélis destilada (disponível em farmácias) e use como uma loção refrescante para aliviar queimaduras de sol e outras inflamações na pele.
DECOCÇÃO Use, todos os dias, 1 xícara de uma decocção padrão feita com os frutos em casos de diarreia crônica.
FRUTOS FRESCOS Coma uma cumbuca grande para tratar constipação.
INFUSÃO Tome 1 xícara de uma infusão padrão (p. 342) feita com as folhas, três vezes ao dia, para ajudar no controle da diabetes (casos tardios e sem uso de insulina).

COMO OBTER

CULTIVO Gosta de solo úmido e bem ácido, com sol direto ou sombra parcial. Deve ser regada sempre, pois possui raízes superficiais. No verão, pode ser feita a propagação dos ramos semimaduros. Na primavera, faça a poda.
NA NATUREZA Pode nascer em áreas de solo úmido e ácido, como mangues e pântanos.
COLHEITA Colha as folhas na primavera e os frutos no verão, quando estiverem maduros.

CUIDADO Os diabéticos dependentes de insulina não devem tomar a infusão de mirtilo (folha) sem orientação médica. Não use as folhas por mais de quatro semanas.

CARACTERÍSTICAS
Planta decídua e arbustiva, com rizoma rasteiro; espalha--se por 60 cm.

Valeriana officinalis **Valeriana**

Originária de regiões temperadas da Europa e do Japão, é descrita como um tranquilizante natural e muito pesquisada nos últimos anos. O extrato obtido do fruto seco contém substâncias chamadas valepotriatos, que possuem um efeito depressor do sistema nervoso. Porém, o fruto fresco é mais sedativo.

FLORES
Em tom amarelo bem claro e com pintinhas cor-de-rosa, aparecem no verão e não devem ser confundidas com as da valeriana-vermelha

CARACTERÍSTICAS
Perene, rizomatosa e com formato de um pequeno monte.

PARTES USADAS Raiz e rizoma
PRINCIPAIS COMPONENTES Óleo volátil (incluindo ácido isovaleriânico, borneol)
AÇÃO Tranquilizante, antiespasmódica, expectorante, diurética, hipotensiva, carminativa, analgésica moderada

COMO USAR

MACERAÇÃO É melhor macerar a raiz do que fazer uma decocção. Deixe de molho 25 g de raiz fresca e picada por 8-10 horas, em 600 ml de água fria. Tome 1 xícara, três vezes ao dia, para diminuir ansiedade, tensão nervosa ou pressão alta devido a estresse. Tome 1 xícara antes de dormir contra insônia.
CÁPSULAS A raiz moída é ingrediente de alguns tranquilizantes fitoterápicos.
TINTURA Tome 1-5 ml (1 colher de chá), três vezes ao dia, para tratar problemas nervosos. A dosagem pode variar bastante de pessoa para pessoa. Doses altas podem causar dor de cabeça, portanto comece com doses baixas.
COMPRESSA Embeba uma gaze com a maceração ou tintura diluída e aplique em regiões afetadas por câimbras ou sobre o abdômen para diminuir cólicas menstruais.

COMO OBTER

CULTIVO Gosta de solo úmido, sol direto ou sombra parcial. Plante as sementes em uma sementeira coberta com vidro e transplante para vasos quando estiverem maiores; depois transfira para o lugar definitivo. Na primavera ou no outono, plante uma divisão da raiz.
NA NATUREZA Normalmente encontrada em áreas pantanosas ou campos úmidos. Facilmente confundida com alfinetes *(Centranthus ruber)*.
COLHEITA No outono, desenterre a raiz e o rizoma de plantas que tenham pelo menos 2 anos de idade.

CUIDADO Evite se estiver tomando medicação para dormir, pois a valeriana aumenta a ação desses remédios.

Verbascum thapsus **Verbasco**

Encontrado da Europa até o oeste da China, era usado em funerais para afastar os maus espíritos e curar doenças como a tuberculose, que muitos acreditavam ser causada por males espirituais. Para se proteger, bastava carregar a planta ou usá-la em algum amuleto. Atualmente, é empregado para tratar tosses e problemas respiratórios.

PARTES USADAS Flores, folhas, partes aéreas
PRINCIPAIS COMPONENTES Mucilagem, saponinas, óleos voláteis, flavonoides (incluindo rutina), glicosídeos (incluindo aucubina)
AÇÃO Expectorante, demulcente, diurética moderada, cicatrizante, adstringente, anti-inflamatória, sedativa

COMO USAR

XAROPE Misture 600 ml de uma infusão padrão feita com as flores frescas e 450 ml de mel. Mexa bem e leve para ferver em fogo baixo por 10-15 minutos. Tome 5 ml sempre que necessário.
ÓLEO POR INFUSÃO Macere as flores frescas em óleo de girassol e reserve por duas semanas; coe e use para aliviar dor de ouvido. Pingue 2 gotas em um chumaço de algodão pequeno e coloque no ouvido, sem pressionar. Também pode ser usado para tratar hemorroidas, eczemas, feridas na pele, blefarite e para massagear o tórax em casos de problemas respiratórios.
INFUSÃO Use uma infusão feita com 30 g da erva e 600 ml de água fervente em casos de tosse crônica, inflamações na garganta, resfriados com calafrios e tosse.
TINTURA Tome 5-10 ml (1-2 colheres de chá), três vezes ao dia, para tratar problemas respiratórios crônicos.

COMO OBTER

CULTIVO Gosta de solo bem drenado a seco e sol direto. Na primavera ou no outono, plante as sementes em uma sementeira coberta com vidro e transplante para vasos de 7,5 cm quando estiverem maiores. Plante no local final quando estiverem bem estáveis. Espalha-se com facilidade.
NA NATUREZA Encontrado em cercas vivas e beira de estradas da Europa e no oeste da China. No verão, pode ser facilmente identificado devido à espiga de flores amarelas. Colha e seque as partes da planta separadamente para melhores resultados.
COLHEITA Colete as flores individualmente quando estiverem totalmente abertas. Corte as partes aéreas quando começar a florescer e colha as folhas separadamente.

FOLHAS
Aveludadas e em formato oval, podem chegar a 45 cm e já foram usadas para embalar alimentos e preservá-los

FLORES
Amarelas, aparecem no verão e podem ser maceradas junto com óleo de amêndoa e usadas em compressas para tratar ferimentos, micose, eczema, infecções no ouvido e nas pálpebras

Na produção comercial, as flores raramente são separadas das folhas

CAULE
Antigamente os caules eram queimados em funerais devido à crença de que a planta afastava os maus espíritos

CARACTERÍSTICAS
Bienal, alta e com folhas verde-acinzentadas; espalha-se por 1 m.

Verbena officinalis **Verbena**

Encontrada em boa parte da Ásia, na Europa e no norte da África. Já foi considerada uma planta que cura tudo e sagrada pelos gregos, romanos e druidas. Também já foi vinculada a previsões do futuro e atualmente é bastante apreciada em chás para ajudar a digestão. É empregada para aliviar dor de cabeça, depressão e tensão nervosa.

FLORES
Em tom lilás-claro, aparecem no verão e são pequenas

FOLHAS
Junto com os caules secos, são usadas em chás servidos após as refeições, bastante apreciados na França

CARACTERÍSTICAS
Perene, cresce desordenadamente, com folhas ovais e caules longos; espalha-se por 60 cm.

PARTES USADAS Partes aéreas
PRINCIPAIS COMPONENTES Óleo volátil (incluindo citral), iridoides (incluindo verbenina e verbenalina), alcaloides, taninos
AÇÃO Relaxante, galactagoga, diaforética, sedativa, calmante, antiespasmódica, restaura o fígado, laxante, estimula o útero, colagoga

COMO USAR

TINTURA Tome 2-4 ml (40-80 gotas), três vezes ao dia, para diminuir o esgotamento nervoso.
INFUSÃO Tome 1 xícara de uma infusão padrão (p. 342) feita com as partes aéreas, três vezes ao dia, como um estimulante digestivo ou em casos de febre. Tome 1 xícara à noite em casos de insônia.
CREME/POMADA Use em eczemas, feridas, arranhões e nevralgia.
FLORAL Dilua 2 gotas em 10 ml (2 colheres de chá) de água e tome para diminuir o estresse físico e mental relacionado à insônia e à incapacidade de relaxar.

COMO OBTER

CULTIVO Prefere lugar ensolarado e solo bem drenado, mas tolera outras condições. Na primavera ou no outono, plante as sementes em uma sementeira e transplante quando estiverem estáveis. No final da primavera, divida a planta. Espalha-se com facilidade se as condições forem adequadas.
NA NATUREZA É uma planta bem pequena, que pode passar despercebida. Cresce naturalmente em campos de sua região nativa e outros lugares.
COLHEITA Costuma ser colhida quando floresce. No verão, colete as partes aéreas enquanto estiverem florescendo.

CUIDADO Não use na gravidez. Pode causar vômito se for ingerida em excesso.

Viburnum opulus Viburno

Também chamada rosa-de-gueldres, é bastante conhecida por ajudar a tratar espasmos e dores musculares. É possível usá-la para tratar cólicas e câimbras. Nativa da Europa, do norte da Ásia e da América do Norte, também é uma planta ornamental graças a seus lindos frutos.

PARTES USADAS Cortiça
PRINCIPAIS COMPONENTES Princípio amargo (viburnina), ácido valeriânico, taninos, cumarinas, saponinas
AÇÃO Sedativa, antiespasmódica, adstringente, relaxante muscular, sedativa, tônica cardíaca, anti--inflamatória

COMO USAR

TINTURA Tome 5 ml (1 colher de chá), três vezes ao dia, para diminuir tensão nervosa ou muscular e cólicas que afetam o trato urinário ou digestivo. Adicione 1 ml (20 gotas) em remédios para síndrome do cólon irritável ou combine com raiz de ruibarbo para tratar constipação.
DECOCÇÃO Tome ½-1 xícara de uma decocção padrão, a cada 4 horas, para aliviar dores e cólicas menstruais. Combine com outros remédios para regular o sangramento menstrual excessivo associado à menopausa.
CREME/LOÇÃO Use regularmente para aliviar câimbras na perna e tensão muscular nos ombros.
ÓLEO DE MASSAGEM Use o óleo macerado para massagear regiões do corpo com dor muscular associada a espasmos. Adicione 10 gotas dos óleos de tomilho, alecrim e lavanda em 5 ml do óleo macerado.

COMO OBTER

CULTIVO Prefere solo úmido e bem drenado, com sol direto ou sombra parcial. Boa para uma cerca viva ou jardins. Propaga-se por ramos cortados no verão; ou plante as sementes em uma sementeira coberta com vidro.
NA NATUREZA Encontra-se em bosques da Europa e da América do Norte.
COLHEITA Na coleta de cortiça, cuidado para não machucar a planta. Tire um pouco de cada arbusto. A dos galhos pode ser coletada na primavera e no verão.

CUIDADO Não use na gravidez, exceto sob orientação médica.

FRUTOS
Aparecem no outono, são redondos, vermelhos e brilhantes, sendo os preferidos de algumas espécies de pássaros

CORTIÇA
É retirada dos galhos na primavera e no verão. Pode ser usada em preparos para amenizar dores musculares

CARACTERÍSTICAS
Arbustiva, vigorosa, com flores brancas na primavera; espalha-se por 4 m.

Viola tricolor Amor-perfeito

O nome desta planta relaciona-se à crença de que era usada, na Idade Média, em poções do amor, mas também devido aos benefícios ao coração. É nativa da Europa, do norte da África e de algumas regiões temperadas da Ásia. Atualmente é usada para tratar problemas na pele e tosse, além de decorar pratos.

PARTES AÉREAS
Herbácea que tonifica os vasos sanguíneos graças à presença de flavonoides

FLORES
Aparecem no verão e são amarelo-claras, roxas ou brancas

FOLHAS
São variáveis: as inferiores são maiores e ovais, e as superiores são menores, em forma de lança e entrecortadas

CARACTERÍSTICAS
Bienal, anual ou perene de vida curta. Espalha-se por 38 cm.

PARTES USADAS Partes aéreas
PRINCIPAIS COMPONENTES Saponina, salicilatos, flavonoides (incluindo rutina), óleo volátil, mucilagem
AÇÃO Expectorante, anti-inflamatória, diurética, antirreumática, laxante, depurativa

COMO USAR

CREME/POMADA Use regularmente para tratar pele irritada, eczema e dermatite seborreica em crianças.
INFUSÃO Tome 1 xícara de uma infusão padrão (p. 342), três vezes ao dia, como desintoxicante ou como estimulante para a circulação e o sistema imunológico, em doenças reumáticas, problemas de pele crônicos, infecções urinárias e infecções crônicas.
LOÇÃO Use 1 xícara de uma infusão padrão bem coada para limpar irritações na pele do bebê causadas por fraldas ou para passar em úlceras varicosas, picadas de inseto, dermatite seborreica em crianças e feridas com secreção.
XAROPE Adicione 450 ml de mel em 600 ml de uma infusão coada. Ferva em fogo baixo por 5-10 minutos. Tome doses de 5 ml (1 colher de chá) para tratar asma e bronquite.
TINTURA Tome 5 ml com um pouco de água, três vezes ao dia, para tratar queda de cabelo e problemas urinários ou dermatológicos.

COMO OBTER

CULTIVO Gosta de solo úmido, bem drenado e com sol direto ou sombra parcial. No verão ou na primavera, plante as sementes em uma sementeira e transplante para o local definitivo quando a planta estiver maior. Se preferir, plante os ramos da base na primavera ou os ramos estáveis no outono.
NA NATUREZA Encontra-se em campos e terrenos de regiões temperadas.
COLHEITA Colha as flores no verão e use-as em saladas ou decorações de pratos. Colha todas as partes aéreas no verão.

CUIDADO Doses muito altas podem causar náuseas devido à presença de saponina.

Viscum album **Visco-branco**

Tradicionalmente associado a rituais de fertilidade e considerado pela lenda nórdica como a única planta capaz de matar o deus Baldur, tem sido usado no tratamento de câncer desde a época dos druidas. Pesquisas recentes confirmam essa propriedade, embora seja mais empregado no tratamento de pressão alta. É nativo da Europa e do norte da Ásia.

FOLHAS
A constituição das folhas depende da espécie que a planta usa como parasita. Tradicionalmente, o visco do carvalho era considerado o melhor

As folhas grossas e em forma de pena aparecem em pares e chegam a 7,5 cm

CAULE
É amarelado, bastante ramificado e liso

CARACTERÍSTICAS
É um parasita arbustivo que cresce em várias árvores. Os frutos aparecem no inverno.

PARTES USADAS Folhas, galhos, frutos
PRINCIPAIS COMPONENTES Glicoproteínas, alcaloides, viscotoxina, flavonoides, acetilcolina, polissacarídeos (frutos)
AÇÃO Hipotensiva, sedativa, anti-inflamatória, diurética, tônica para o sistema imunológico

COMO USAR

Aviso: use apenas sob orientação médica.
INFUSÃO Tome ½-1 xícara de uma infusão padrão (p. 342) feita com as folhas, três vezes ao dia, para tratar pressão alta, convulsões do tipo pequeno mal, ou para ajudar na abstinência de benzodiazepina. Misture com escutelária, valeriana ou betônica *(Stachys officinalis)* para tratar problemas nervosos. Tome ½ xícara de uma infusão moderadamente forte, três vezes ao dia, para amenizar ataques de pânico ou dores de cabeça.
TINTURA Use, se possível, a planta fresca. Tome 10 gotas, três vezes ao dia, para ajudar a baixar a pressão.
EXTRATO FLUIDO Pode ser usado para fortalecer o sistema imunológico durante tratamentos de câncer, incluindo o pós-cirúrgico e a radioterapia. Consulte um fitoterapeuta para saber a dosagem certa.
EXTRATO DOS FRUTOS Usado na medicina antroposófica para tratar câncer.

COMO OBTER

CULTIVO Estimule o crescimento fazendo uma incisão no tronco e inserindo nela alguns frutos maduros recém-colhidos. Os frutos amadurecem no fim do inverno ou no começo da primavera. O visco-branco é específico e cresce sempre em uma determinada árvore, espalhando-se pelas mesmas espécies desta. Uma vez estável, a planta é espalhada para outras partes da árvore por pássaros.
NA NATUREZA Encontra-se na parte superior de árvores decíduas, sendo visto facilmente no inverno.
COLHEITA Colha as folhas e os galhos no final do outono e os frutos, no final do inverno.

CUIDADO Não use na gravidez. Pode ser tóxico, especialmente os frutos. Não ingira sem consultar um médico.

Vitex agnus-castus **Agnocasto**

Nativo da região do Mediterrâneo, era conhecido como a planta da pureza, enquanto seus frutos eram chamados de "pimenta do monge" – uma referência ao uso medieval como anafrodisíaco, ou seja, para diminuir a libido dos padres. No entanto, tem efeito oposto em mulheres, estimulando a produção de hormônios femininos. É usado para tratar diversos problemas ginecológicos.

BOTÕES DE FLOR
Quando abrem por completo, no início do outono, as flores, lilases ou azul-escuras, crescem em grandes espigas

FOLHAS
São mais escuras que as da Vitex negundo, *a correlata chinesa*

CARACTERÍSTICAS
Arbustiva ou árvore pequena, com flores lilases, que crescem no início do outono.

PARTES USADAS Frutos
PRINCIPAIS COMPONENTES Iridoides glicosilados (incluindo aucubina e agnosídeo), óleo volátil (incluindo cineol), flavonoides, alcaloides (incluindo viticineno), ácidos graxos, princípios amargos
AÇÃO Reguladora de hormônios, galactagoga, progestogênica

COMO USAR

TINTURA Tome 2 ml (40 gotas) pela manhã, em jejum, durante a primeira metade do ciclo menstrual, para estimular a produção de hormônios em casos de ciclo irregular ou na TPM. Pode causar overdose, portanto comece com uma dosagem baixa e vá aumentando gradualmente se não sentir efeitos colaterais (ver "Cuidado", abaixo). Também ajuda a diminuir enxaquecas e acnes relacionadas ao ciclo menstrual.
CÁPSULAS Disponíveis comercialmente para ajudar a aliviar a TPM (siga as instruções da embalagem).

COMO OBTER

CULTIVO Gosta de solo bem drenado, sol direto e lugar aquecido. No outono ou na primavera, plante as sementes em uma sementeira coberta por vidro e transplante para vasos de 10 cm quando estiverem maiores. Se preferir, use ramos semimaduros no verão. Deixe estabilizar antes de plantar no lugar definitivo. Proteja do frio, correntes de ar e invernos severos. Faça a poda na primavera, quando estiver dormente.
NA NATUREZA Encontrado no sul da Europa e em outras regiões de clima subtropical. Pode ser confundido com *Vitex negundo*, que possui folhas e flores mais claras e é nativo da Índia, de Taiwan e da China. Em climas frios, pode não produzir sementes.
COLHEITA Colha os frutos no outono.

CUIDADO O consumo em excesso pode causar formigação. Não use se estiver tomando remédios com progesterona. Não use na gravidez, exceto sob a orientação de um médico.

Withania somnifera Ginseng-indiano

Também conhecido como Ashwagandha, é encontrado nas regiões secas da Índia e no Oriente Médio. O nome significa "que tem cheiro de cavalo" e normalmente é associado à energia e potência sexual. Tradicionalmente usado como tônico, mas pesquisas recentes têm mostrado que possui ação anticancerígena.

PARTES USADAS Raiz, folhas
PRINCIPAIS COMPONENTES Alcaloides (incluindo anaferina e isopeletierina), lactonas esteroidais (incluindo vitanolídeos e vitaferinas), saponinas, ferro
AÇÃO Tônica, sedativa, adaptogênica, anti-inflamatória, anticancerígena, relaxante

COMO USAR

CÁPSULAS Tome 250 mg-1g da raiz em pó, três vezes ao dia, para aliviar cansaço, diminuir insônia e amenizar debilidades causadas por doenças crônicas. O uso regular pode ajudar a reduzir os sintomas de doenças degenerativas, como artrite.
EXTRATO FLUIDO Tome 2-4 ml (40-80 gotas) em um pouco de água, três vezes ao dia, para aumentar a disposição, combater a insônia, repor o ferro em casos de anemia e amenizar o estresse.
DECOCÇÃO Tome ½-1 xícara de uma decocção feita com 1 colher (chá) da raiz seca e 120 ml de leite, ou água, fervido por 15 minutos. Use em casos de estresse e cansaço.

COMO OBTER

CULTIVO Prefere solo seco e pedregoso, com sol direto. Na primavera, plante as sementes em sementeiras e transplante para vasos de 7,5 cm quando estiverem maiores.
NA NATUREZA Dificilmente encontrada fora de seu *habitat*.
COLHEITA As folhas são colhidas na primavera e a raiz é desenterrada no outono.

CUIDADO Não use na gravidez.

FOLHAS
Uma infusão com as folhas é um remédio popular para cansaço, febre e insônia

As pesquisas sugerem que as folhas ovais são anticancerígenas

FRUTOS
Tanto os frutos como as folhas são usados em compressas para tratar furúnculos, abscessos e feridas na pele

CARACTERÍSTICAS
Arbusto vertical, com flores amarelas e discretas; espalha-se por 1 m.

Zea mays Milho

O cultivo do milho é feito há 4 mil anos. Os primeiros a cultivá-lo foram os astecas e os maias, na América do Sul. Hoje é uma das plantas mais cultivadas do mundo, servindo de alimento para pessoas e animais. Com os fios que envolvem a espiga (o cabelo do milho) são feitos preparados para tratar problemas urinários.

FLORES
A inflorescência masculina é chamada de pendão e é formada por várias flores pequenas. A feminina forma a espiga, e somente os estigmas podem ser vistos

FOLHAS
Formam nódulos no caule e podem atingir 1 m de comprimento por 10 cm de largura. Os grãos de milho são produzidos dentro das folhas e próximos ao caule

CARACTERÍSTICAS
Cereal anual, espalha-se por 45-60 cm.

PARTES USADAS Estigmas (cabelo), frutos (grãos)
PRINCIPAIS COMPONENTES Alantoína, saponinas, flavonoides, mucilagem, óleo volátil, vitaminas C e K, potássio
AÇÃO Diurética, demulcente urinária, estimulante moderada

COMO USAR

INFUSÃO Geralmente considerada mais eficaz que a tintura. Tome 1 xícara de uma infusão padrão (p. 342), seis vezes ao dia, para tratar cistite, uretrite, aumento benigno da próstata, retenção urinária ou pedras no trato urinário.
CHÁ Em 1 xícara de água fervente, misture 1 colher (chá) de cabelo de milho seco com a mesma medida de agrimônia. Deixe descansar por 15 minutos, coe e dê a crianças com incontinência urinária noturna. Consulte um fitoterapeuta para saber a dosagem correta.
TINTURA Tome 5-10 ml (1-2 colheres de chá), três vezes ao dia, para tratar inflamação aguda ou crônica no trato urinário.
COMPRESSA Misture 2 colheres (chá) de maisena com um pouquinho de água, formando uma pasta. Passe em furúnculos e feridas na pele.

COMO OBTER

CULTIVO Gosta de solo úmido e bem drenado, com sol direto. Na primavera, plante as sementes no lugar definitivo, quando o solo não estiver muito úmido. O fruto é um alimento bastante nutritivo. O milho é um dos grãos mais cultivados do mundo. O cabelo pode ser retirado com uma tesoura logo depois da colheita.
NA NATUREZA Não é comum encontrá-lo crescendo de modo selvagem.
COLHEITA Colete o cabelo de milho no verão e depois seque.

Use as ervas

Aprenda a usar as ervas para tratar dez problemas comuns de saúde e descubra 150 receitas inspiradoras, que podem ser feitas em casa, com as plantas do seu jardim, e que ajudam a curar de dentro para fora.

Cabelos e pele saudáveis

A pele forma uma barreira protetora contra os agentes externos, mas também é um reflexo de como está o corpo internamente. Lavar os cabelos e limpar a pele de forma adequada pode ajudar a mantê-los com bom aspecto, mas a saúde deles também depende de remédios que ajudam no tratamento de sintomas como coceiras, irritações e manchas. A tabela abaixo aponta as principais ervas para manter a saúde da pele e dos cabelos.

Erva	Ação
Aveia *Avena sativa (p. 33)*	Desintoxicante, relaxante e substituta do sabão em casos de pele muito sensível. Moa a aveia e coloque um pouco do pó na água da banheira ou misture com um pouco de água, formando uma pasta, e use como máscara facial.
Bardana *Arctium lappa (p. 28)*	Desintoxicante. O uso interno é indicado para tratar problemas crônicos na pele, como eczema, psoríase, furúnculos persistentes, feridas etc. Misture com dente-de-leão e faça uma decocção da raiz, ou tome a tintura.
Calêndula *Calendula officinalis (p. 36)*	Relaxante e cicatrizante. Tome uma infusão da erva ou dilua a tintura e passe em arranhões e feridas ou use como enxaguatório bucal. Macere a erva e use em cremes ou óleos para aliviar eczema, pele irritada e vermelhidão.
Camomila *Matricaria recutita (p. 80)*	Calmante e anti-inflamatória. Use o chá frio para passar na pele irritada (por picadas, inclusive) ou queimadura de sol. Beba o chá, que é calmante e antialérgico, em casos de eczemas e vermelhidão.
Dente-de-leão *Taraxacum officinale (p. 114)*	Desintoxicante. Misture com bardana e trevo-dos-prados, ou tome uma infusão, três vezes ao dia, por algumas semanas para ajudar a tratar acne, eczema, psoríase e outros problemas de pele.
Lavanda *Lavandula angustifolia (p. 74)*	Calmante, antisséptica e anti-inflamatória. Use o óleo essencial, ou uma infusão fria, em eczemas, queimaduras de sol, vermelhidão e pele irritada.
Morugem *Stellaria media (p. 111)*	Refrescante e calmante para a pele. Alivia todo tipo de irritação, como eczema, psoríase, picadas de insetos ou feridas. Amasse um pouco da erva fresca, coloque um pouco de água quente, embrulhe em uma gaze e coloque sobre a região afetada.
Tomilho *Thymus vulgaris (p. 116)*	Antisséptica e fungicida. Dilua o óleo essencial em um óleo básico para tratar infecções por fungos, como pé-de-atleta, frieira e micose. Faça uma infusão forte e use como loção em machucados e feridas (inclusive na gengiva).
Trevo-dos-prados *Trifolium pratense (p. 119)*	Desintoxicante. Tome a infusão, ou a tintura, misturada com dente-de-leão e bardana para tratar eczemas, psoríase, furúnculos e doenças crônicas na pele.
Urtiga *Urtica dioica (p. 124)*	Antialérgica e anti-inflamatória. Tome a infusão misturada com camomila para tratar urticária ou outras coceiras. Deixe a infusão esfriar e use para lavar cabelos com caspa ou psoríase.

Receitas

Trevo-dos-prados *Trifolium pratense*

CURE POR DENTRO

- Vitamina de goji e pinholes *(p. 164)*
- Vitamina de amêndoas e rosas *(p. 165)*
- Suco de gengibre e erva-doce *(p. 171)*
- Chá de dente-de-leão e bardana *(p. 180)*
- Tintura de trevo-dos-prados e aparine *(p. 205)*
- Sopa de goji e hortelã *(p. 216)*
- Sopa de urtiga e batata-doce *(p. 218)*
- Espaguete de abobrinha e pesto com coentro e pinholes *(p. 228)*

CURE POR FORA

- Creme de hortelã para os pés *(p. 254)*
- Óleo corporal estimulante *(p. 266)*
- Óleo relaxante de lavanda e bergamota *(p. 265)*
- Óleo corporal desintoxicante *(p. 267)*
- Óleo corporal de gerânio e laranja *(p. 266)*
- Sabonete de alecrim *(p. 283)*
- Sabonete de calêndula e camomila *(p. 284)*
- Sabonete antisséptico *(p. 285)*
- Sabonete relaxante *(p. 286)*
- Sabonete exótico *(p. 287)*
- Loção calmante de lavanda *(p. 289)*
- Desodorante de hamamélis *(p. 271)*
- Desodorante de bergamota e hortelã *(p. 272)*
- Talco para os pés *(p. 280)*
- Esfoliante de babosa e sabugueiro *(p. 259)*
- Esfoliante de mel e abacate *(p. 260)*
- Esfoliante de lavanda *(p. 260)*
- Esfoliante de calêndula e aveia *(p. 261)*

Condicionador de lavanda e alecrim
Restaura a vitalidade dos cabelos *(p. 324)*.

Tomilho *Thymus vulgaris*

- Esfoliante de mel e laranja *(p. 261)*
- Esfoliante de camomila para as mãos *(p. 262)*
- Esfoliante de tangerina e mirra para os pés *(p. 263)*
- Esfoliante facial de mel e rosas *(p. 290)*
- Peeling facial de babosa e sabugueiro *(p. 291)*
- Condicionador de alecrim *(p. 321)*
- Condicionador de coco *(p. 323)*
- Condicionador de lavanda e alecrim *(p. 324)*
- Óleo capilar estimulante *(p. 326)*
- Creme de tratamento de calêndula e banana *(p. 327)*
- Xampu de urtiga *(p. 320)*
- Loção de tomilho *(p. 322)*
- Condicionador nutritivo *(p. 321)*
- Xampu de cavalinha *(p. 320)*

Digestão

Maus hábitos alimentares, uso de remédios, álcool, problemas emocionais e estresse são gatilhos para várias doenças, inclusive no sistema digestório. Para mantê-lo em bom funcionamento e saudável, são necessários alguns cuidados. Porém, se os sintomas persistirem, procure um médico. Esta tabela não abrange todas as ervas, mas contém as principais para tratar problemas digestivos.

Erva	Ação
Alcaçuz *Glycyrrhiza glabra* *(p. 62)*	Laxativa e calmante. Faça uma infusão com camomila e alteia e tome em caso de indigestão, acidez, gastrite, ou misture com sene para tratar constipação.
Alteia *Althaea officinalis* *(p. 23)*	Anti-inflamatória do trato digestivo. Faça uma infusão misturada com camomila para diminuir acidez, desconforto e irritação na boca, estômago ou duodeno.
Camomila *Matricaria recutita* *(p. 80)*	Calmante. Ajuda a minimizar problemas como indigestão, espasmos gastrointestinais e dor de estômago por nervosismo. Tome a infusão ou a tintura. É ótima para bebês e crianças.
Erva-doce *Foeniculum vulgare* *(p. 57)*	Digestiva e estimulante. Mastigue algumas sementes ou faça uma infusão para tratar gases, cólicas e dores de estômago.
Filipêndula *Filipendula ulmaria* *(p. 56)*	Antiácida. Alivia os sintomas de diversos problemas gastrointestinais, como flatulência e acidez. Tome a infusão para amenizar gases, úlceras pépticas, refluxo, diarreia moderada e gastrite.
Gengibre *Zingiber officinale*	Antiespasmódica, antiemética, anti-inflamatória e antisséptica. Use para aliviar flatulência, cólica, náusea, soluço, síndrome do cólon irritável, vômitos e para tratar infecções gastrointestinais.
Hortelã-pimenta *Mentha x piperita* *(p. 84)*	Tônica. Pode ser usada para diversos problemas digestivos. Beba a infusão para sintomas como indigestão, flatulência, enjoo em viagens, náusea, cólica e vômitos. Use as cápsulas com óleo essencial para tratar a síndrome do cólon irritável.
Melissa *Melissa officinalis* *(p. 83)*	Sedativa e digestiva. Pode ser usada por adultos e crianças. Beba a infusão para aliviar dor estomacal e intestinal, flatulência e problemas digestivos de fundo nervoso.
Olmo-vermelho *Ulmus rubra (p. 123)*	Fortalecedora da camada protetora do aparelho digestório. Beba com um pouco de água para aliviar sintomas de refluxo, acidez, gastrenterite, diarreia e gastrite.
Sene *Senna alexandrina* *(p. 109)*	Laxativa, aliviando a constipação ocasional. Faça uma infusão e beba antes de dormir para estimular os movimentos peristálticos. Misture com alcaçuz ou gengibre para combater cólicas.

Receitas

Camomila *Matricaria recutita*

CURE POR DENTRO

- Vitamina de ameixas e erva--doce *(p. 167)*
- Suco verde *(p. 170)*
- Suco de pimenta e brotos *(p. 170)*
- Suco de gengibre e erva-doce *(p. 171)*
- Suco de brotos de brócolis e erva-doce *(p. 171)*
- Suco de tomate *(p. 172)*
- Suco de folha de alcachofra e erva-doce *(p. 173)*
- Suco de brotos de girassol e trigo *(p. 173)*
- Chá de camomila e erva-doce *(p. 178)*
- Chá de dente-de-leão e bardana *(p. 180)*
- Chá de folhas de frutas vermelhas *(p. 181)*
- Chá de urtiga e aparine *(p. 184)*
- Tintura de hortelã e tomilho *(p. 199)*
- Tintura de dente-de-leão e bardana *(p. 208)*
- Sopa de abóbora e gengibre *(p. 213)*
- Sopa de vagem e coentro *(p. 214)*
- Sopa de raiz de bardana e cenoura *(p. 215)*
- Sopa de urtiga e batata-doce *(p. 218)*
- Sopa de ginseng e astragalo *(p. 219)*
- Sopa de brotos de lentilha e cúrcuma *(p. 223)*
- Salada de capuchinha e brotos de alfafa *(p. 227)*
- Espaguete de abobrinha e pesto com coentro e pinholes *(p. 228)*
- Salada de dente-de-leão e erva-dos-burros *(p. 230)*

Erva-doce *Foeniculum vulgare*

- Salada de brócolis e alecrim *(p. 232)*
- Salada de chucrute com abacate *(p. 234)*
- Rolinhos de nori *(p. 235)*
- Salada de pepino e hortelã com creme de castanha de caju *(p. 236)*
- Salada de amêndoas e repolho *(p. 237)*
- Barrinhas de linhaça e pimenta *(p. 241)*

Salada de brócolis e alecrim Um prato cheio de nutrientes e que melhora a digestão *(p. 232)*.

Circulação

As doenças cardiovasculares são causadas por vários fatores, como falta de exercício, obesidade, dietas ricas em gordura saturada, fumo e estresse. Melhorar a alimentação, fazer exercícios regularmente e tomar medicamentos fitoterápicos que reduzam o colesterol e aliviam o estresse contribuem para a redução de tais doenças. Quem já toma alguma medicação deve consultar um médico. Esta tabela contém as principais ervas para a circulação.

Erva	Ação
Alecrim *Rosmarinus officinalis (p. 98)*	Tônica. Normalmente usada para fortalecer o coração, diminuir varizes e ajudar na prevenção de arteriosclerose. Tome uma infusão junto com tília para aliviar dores de cabeça associadas à pressão alta.
Alho *Allium sativum (p. 19)*	Anticolesterol e anticoagulante, sendo benéfica em casos de trombose e arteriosclerose. Ingira alho cru, cápsulas ou sucos.
Gengibre *Zingiber officinale*	Estimuladora, vasodilatadora, anticolesterol. Ingira o gengibre em pó misturado com água quente, ou tome cápsulas e tinturas, para esquentar mãos e pés. Também ajuda no tratamento de arteriosclerose.
Ginkgo biloba *Ginkgo biloba (p. 61)*	Estimuladora e vasodilatadora. Misture com pilriteiro para tratar doenças nas artérias coronárias. Combine com mil-folhas para diminuir varizes e com gengibre para esquentar pés e mãos e para tratar claudicação intermitente e frieira.
Goji *Lycium barbarum (p. 79)*	Estimuladora (frutos) e hipotensiva (raiz). É tradicional na medicina chinesa e acredita-se que aumente a expectativa de vida. Os frutos são considerados um superalimento no Ocidente e podem aliviar tonturas e zumbidos.
Hamamélis *Hamamelis virginiana (p. 63)*	Anti-inflamatória. Molhe uma gaze ou algodão com hamamélis destilada e coloque sobre varizes, inflamações, coceiras, hemorroidas, flebite e frieira, para aliviar inchaço e dor.
Mil-folhas *Achillea millefolium (p. 12)*	Misturada com tília e pilriteiro, em chás ou tinturas, tem ação hipotensiva e auxilia no tratamento de arteriosclerose. Para estancar sangramento no nariz, coloque um pouco de tintura diluída, ou chá frio, em um algodão e insira-o na narina.
Pilriteiro *Crataegus laevigata (p. 44)*	Tradicionalmente usada para fortalecer o coração e ativar a circulação, esta erva ajuda a regular os batimentos cardíacos e a pressão alta. Tome em forma de infusão, tintura ou cápsulas.
Tília (de folhas pequenas) *Tilia cordata (p. 118)*	Sedativa, alivia estresse, tensão e dores de cabeça relacionadas à pressão alta. Também fortalece as artérias e é comumente combinada com pilriteiro em infusões ou tinturas.
Urtiga *Urtica dioica (p. 124)*	Antianêmica e hipotensiva quando combinada com pilriteiro ou tília. Junto com trevo-amarelo e agripalma, é um remédio tradicional para tratar varizes.

Receitas

CURE POR DENTRO

- Vitamina de groselha *(p. 164)*
- Vitamina de pistache e abacate *(p. 166)*
- Vitamina de frutas vermelhas *(p. 167)*
- Suco de pimenta e brotos *(p. 170)*
- Suco de brotos de trigo e ervilha *(p. 172)*
- Chá de pilriteiro e lavanda *(p. 184)*
- Barrinhas de frutas *(p. 239)*
- Tintura de tília e pilriteiro *(p. 201)*
- Chá de mil-folhas e calêndula *(p. 180)*

Barrinhas de frutas Possuem muitos nutrientes e poucas gorduras saturadas *(p. 239)*.

Mil-folhas *Achillea millefolium*

Escalda-pés de gengibre e zimbro *(p. 314)*.

CURE POR FORA

- Óleo corporal desintoxicante *(p. 267)*
- Infusão para banho desintoxicante *(p. 313)*
- Escalda-pés de gengibre e zimbro *(p. 314)*

Saúde da mulher

As ervas podem ajudar as mulheres em uma variedade de problemas associados ao ciclo menstrual, como dores, fluxo intenso, ciclo irregular, tensão pré-menstrual, menopausa e também infecções vaginais. Se os problemas persistirem, consulte um fitoterapeuta. Esta tabela contém as principais ervas indicadas para tratar problemas femininos. Não use na gravidez e na amamentação sem a orientação de um médico.

Erva	Ação
Agnocasto *Vitex agnus-castus (p. 134)*	Reguladora hormonal. Ingira a tintura para regular os ciclos menstruais, aliviar os sintomas da TPM e da menopausa. Também é frequentemente usada para tratar a síndrome do ovário policístico.
Angélica *Angelica sinensis (Dong Quai)*	Tônica, sedativa e hepatoprotetora. Muito usada por mulheres na medicina tradicional chinesa, pois aumenta a vitalidade e a libido, trata a infertilidade e regula a menstruação. Tome a tintura ou adicione em sopas.
Camomila *Matricaria recutita (p. 80)*	Calmante e antiespasmódica. As infusões e tinturas aliviam as cólicas e o estresse. Use a infusão fria, ou o óleo diluído, para passar em coceiras ou irritações na vagina.
Erva-de-são-cristóvão *Actaea racemosa (p. 14)*	Reguladora do ciclo menstrual. Tradicionalmente usada para tratar problemas ginecológicos. Ajuda a atenuar dores relacionadas à menstruação ou gases e diminui os sintomas da TPM. Combine com sálvia para aliviar os sintomas da menopausa.
Erva-de-são-joão *Hypericum perforatum (p. 68)*	Antidepressiva. Também diminui a ansiedade, o estresse, alivia os sintomas da TPM e da menopausa.
Esquisandra *Schisandra chinensis (p. 107)*	Restauradora e tônica. Alivia os sintomas da menopausa, sobretudo o suor noturno. Também atenua estresse e fadiga. Melhor tomar a tintura.
Framboesa (folha) *Rubus idaeus (p. 99)*	Tônica e adstringente. Tome a infusão para aliviar cólicas menstruais ou diminuir o fluxo intenso.
Pé-de-leão *Alchemilla xanthochlora (p. 18)*	Adstringente e reguladora menstrual. Alivia o fluxo intenso e dolorido. Tome, três vezes ao dia, infusões de pé-de-leão com folhas de framboesa ou use uma infusão fria para lavar a vagina com candidíase ou prurido.
Rosa-de-damasco *Rosa x damascena (p. 96)*	Revigorante e equilibrante. Tome a infusão com agripalma para diminuir estresse e dores de cabeça associadas à menopausa ou TPM. Use a infusão fria, ou óleo essencial, para aliviar as irritações ou o ressecamento vaginal.
Verbena *Verbena officinalis (p. 128)*	Antiespasmódica. Tome a infusão, ou tintura, para aliviar dores de cabeça associadas ao ciclo menstrual, menopausa ou TPM, cansaço nervoso e menstruação escassa.

Receitas

Rosa-de-damasco *Rosa x damascena*

Erva-de-são-joão *Hypericum perforatum*

Framboesa *Rubus idaeus*

CURE POR DENTRO

- Vitamina de goji e pinholes *(p. 164)*
- Chá de jasmim e capim-limão *(p. 176)*
- Chá de goji e damiana *(p. 176)*
- Chá de mil-folhas e calêndula *(p. 180)*
- Infusão de hortelã e calêndula *(p. 183)*
- Chá de cavalinha e cabelo de milho *(p. 185)*
- Xarope de rosas *(p. 194)*
- Tintura de agnocasto e angélica *(p. 203)*
- Tintura de erva-de--são-cristóvão e sálvia *(p. 210)*
- Tintura de bétula e urtiga *(p. 211)*
- Sopa de abobrinha e algas *(p. 222)*
- Salada de trevo-dos-prados e melissa *(p. 229)*

Infusão de hortelã e calêndula Ajuda a aliviar a TPM e dores menstruais *(p. 183)*.

Saúde do homem

No Ocidente, usa-se uma erva específica para tratar um problema específico. Na medicina chinesa, as ervas tratam do corpo como um todo. A variedade de ervas pode trazer benefícios para a saúde masculina em casos de infertilidade, disfunção erétil, estresse e doenças ligadas à próstata. Se os sintomas persistirem, consulte um médico. Esta tabela contém as principais ervas indicadas para tratar problemas masculinos.

Erva	Ação
Centelha asiática *Centella asiatica* *(p. 40)*	Revitalizante. Usada na aiurveda. Combine com ginkgo biloba para melhorar a memória e a concentração e para ajudar no tratamento da disfunção erétil, ou com outras ervas afrodisíacas para aumentar a libido. Tome a infusão ou a tintura.
Damiana *Turnera diffusa*	Antidepressiva e tônica energética, auxilia a combater o esgotamento crônico e a ansiedade. Também é usada para tratar ejaculação precoce, impotência e falta de libido. Tome com outras ervas, na forma de infusão ou tintura.
Esquisandra *Schisandra chinensis* *(p. 107)*	Tônica, hepatoprotetora e afrodisíaca. Combine com ginkgo biloba para melhorar a concentração ou com damiana para diminuir estresse, disfunção erétil e falta de libido. Tome a tintura.
Ginkgo biloba *Ginkgo biloba (p. 61)*	Vasodilatadora, estimula a circulação e aumenta o fluxo de sangue nas artérias e veias penianas. Por isso, é usado no tratamento de disfunção erétil e impotência. Tome regularmente, por alguns meses, a infusão com canela ou a tintura.
Ginseng-indiano *Withania somnifera* *(p. 135)*	Tônica energética e afrodisíaca, auxilia a combater estresse, anemia, impotência e infertilidade. Tome a tintura ou as cápsulas.
Ginseng-japonês *Panax japonicus* *(p. 88)*	Afrodisíaca, antidepressiva e estimulante do sistema imunológico. É a planta que trata a maior variedade de problemas, sendo conhecida por "chi" na medicina tradicional chinesa. Tome em cápsulas, tinturas ou sopas.
Goji *Lycium barbarum* *(p. 79)*	Nutritiva, afrodisíaca e promotora da longevidade, essa fruta chinesa é usada na medicina tradicional da China como estimulante da circulação. Coma os frutos ou faça uma mistura com damiana.
Sementes de abóbora *Cucurbita* spp.	Anti-inflamatória e fonte de zinco, auxilia no tratamento de doenças da próstata e do sistema urinário. Coma algumas sementes todos os dias ou tome o óleo, que também é uma ótima fonte de ácidos graxos essenciais.
Serenoa *Serenoa repens*	Antiestrogênica, alivia os sintomas de inchaço da próstata. Antisséptica e diurética no tratamento de cistite ou uretrite. Afrodisíaca para os homens, sendo usada para tratar infertilidade. Tome as cápsulas ou a tintura.
Urtiga *Urtica dioica (p. 124)*	Diversos estudos têm mostrado que a raiz desta erva ajuda no tratamento de tumor benigno na próstata. Combine com serenoa e tome na forma de tintura ou decocção.

Receitas

CURE POR DENTRO

- Vitamina de morango e macadâmia *(p. 163)*
- Vitamina de goji e pinholes *(p. 164)*
- Chá de jasmim e capim-limão *(p. 176)*
- Chá de goji e damiana *(p. 176)*
- Chá de cavalinha e cabelo de milho *(p. 185)*
- Tintura de bétula e urtiga *(p. 211)*
- Sopa de abobrinha e algas *(p. 222)*

Centelha asiática *Centella asiatica*

Vitamina de morango e macadâmia É refrescante e um tônico para o aparelho reprodutor masculino *(p. 163)*.

Goji *Lycium barbarum*

Tosse, gripe e resfriado

Prevenir-se ou tratar-se logo no início de infecções é essencial para evitar que elas se agravem. Esta tabela contém algumas ervas que podem ser usadas para tratar gripes e resfriados, reduzir a febre e secreções, além de estimular o sistema imunológico. Para melhores resultados, descanse para reduzir o estresse, que é um dos causadores dessas infecções. Se os sintomas persistirem, procure um médico.

Erva	Ação
Alcaçuz *Glycyrrhiza glabra (p. 62)*	Anti-inflamatória e expectorante. Muito usada na China e na Europa. Adicione em tinturas e combinações com outras ervas indicadas para tosse, infecções respiratórias, bronquite e secreção nos pulmões.
Alho *Allium sativum (p. 19)*	Antisséptica e anticatarral. Tome em casos de gripes, resfriados, infecções no ouvido, bronquite e excesso de secreção. Coloque na comida, tome em cápsulas ou prepare um xarope.
Ênula *Inula helenium (p. 71)*	Anticatarral, tônica pulmonar e bactericida. Na medicina tradicional, é utilizada para tratar problemas no pulmão. Use em casos de bronquite, asma e tosse crônica. Tome a decocção ou a tintura.
Equinácea *Echinacea purpurea (p. 50)*	Fortificante, diminui a duração de gripes e resfriados. Tome a tintura pura ou combinada com o fruto do sabugueiro para tratar tosses, gripes, resfriados, dor de garganta e ouvido.
Eucalipto *Eucalyptus globulus (p. 53)*	Bactericida e descongestionante. Nativa da Austrália. Coloque as folhas ou o óleo essencial em uma bacia com água fervente e faça inalação em casos de bronquite, asma, gripe, resfriado, excesso de secreção, tosse, sinusite e infecções na garganta.
Mil-folhas *Achillea millefolium (p. 12)*	Diaforética, reduz a febre. Também estimula o sistema imunológico, sendo usada em um tradicional chá antigripal com flor de sabugueiro e hortelã. Tome três vezes ao dia. Não use na gravidez.
Sabugueiro *Sambucus nigra (p. 104)*	Preventiva de gripes e resfriados tanto para adultos quanto para crianças. Também é antiviral e estimula o sistema imunológico, diminuindo a duração de doenças respiratórias. Tome a decocção, o xarope ou a tintura.
Sálvia *Salvia officinalis (p. 102)*	Tônica e adstringente, alivia infecções na garganta. Tome a infusão ou a tintura para tratar inflamação na garganta, faringite e outras dores na garganta ou infecções nas gengivas e na boca. Se preferir, faça gargarejo ou bochecho. Não use na gravidez.
Tomilho *Thymus vulgaris (p. 116)*	Antisséptica. Usada em infecções com tosse, inflamações na garganta e pulmões, bronquite, pleurisia e coqueluche. Tome a infusão ou combine com outras ervas apropriadas.
Verbasco *Verbascum thapsus (p. 127)*	Expectorante e relaxante. Tome uma infusão com tussilagem para eliminar o excesso de catarro e diminuir tosses. Em casos de dor de ouvido, pingue o óleo em um algodão e ponha dentro do ouvido dolorido.

Receitas

CURE POR DENTRO

- Vitamina de outono *(p. 168)*
- Chá de crisântemo e sabugueiro *(p. 177)*
- Chá de alteia e verbasco *(p. 185)*
- Xarope de amora e limão *(p. 187)*
- Xarope de sabugueiro *(p. 188)*
- Xarope de violeta e gengibre *(p. 189)*
- Xarope de verbasco e anis *(p. 193)*
- Xarope de equinácea e tomilho *(p. 197)*
- Tintura de sabugueiro e alcaçuz *(p. 200)*
- Tintura de equinácea e sabugueiro *(p. 206)*
- Sopa de cenoura e amêndoas *(p. 221)*

Sopa de cenoura e amêndoas É restauradora e fortalece os pulmões contra gripes e resfriados *(p. 221)*.

Sabugueiro *Sambucus nigra*

Verbasco *Verbascum thapus*

Ênula *Inula helenium*

Primeiros socorros

Toda casa deve ter alguns remédios fitoterápicos em uma caixa de primeiros socorros, pois muitas situações que exigem alguns cuidados – como cortes, arranhões, hematomas, picadas de inseto e queimaduras leves – também se beneficiam das propriedades curativas de algumas plantas. Em caso de dúvidas, procure a orientação de um médico. Esta tabela contém as principais ervas indicadas para primeiros socorros.

Erva	Ação
Alho *Allium sativum (p. 19)*	Antisséptico. Coma um dente de alho cru duas vezes ao dia para aliviar a congestão e ajudar a prevenir infecções. Esfregá-lo em uma área infeccionada ou abscesso também pode ser eficaz.
Babosa *Aloe vera (p. 20)*	Calmante e cicatrizante. Colha a folha fresca, raspe o gel interno e aplique diretamente em queimaduras leves (incluindo as de sol), irritações e arranhões. Se preferir, compre o suco de babosa.
Calêndula *Calendula officinalis (p. 36)*	Antisséptica e cicatrizante. Combine com a tintura de erva-de-são-joão e passe em ferimentos. Dilua 1 colher (chá) em ½ xícara de água fervente, espere esfriar e use em machucados. Se preferir, use em pomada.
Camomila *Matricaria recutita (p. 80)*	Calmante e relaxante. Tome o chá para aliviar febre, insônia e náusea. Adoce com mel e tome como calmante. A infusão resfriada pode ser usada como loção para pele irritada ou com vermelhidão.
Confrei *Symphytum officinale (p. 112)*	Cicatrizante. Bata as folhas frescas no liquidificador e use como compressa em machucados, arranhões e hematomas. Se preferir, use em cremes ou óleos.
Equinácea *Echinacea purpurea (p. 50)*	Antibiótica. Dilua a tintura e use como loção de limpeza em feridas, mordidas de animais e picadas de insetos. Tome a tintura para fortalecer o sistema imunológico.
Hamamélis *Hamamelis virginiana (p. 63)*	Refrescante e calmante. Embeba um chumaço de algodão em hamamélis destilada e aplique em picadas de insetos, hematomas, queimaduras leves (como as de sol) e hemorroidas.
Lavanda *Lavandula angustifolia (p. 74)*	Cicatrizante, calmante e anti-inflamatória. O óleo essencial pode ser aplicado na pele para aliviar picadas de inseto e queimaduras leves (como as de sol). Inale um pouco do óleo como calmante ou massageie as têmporas em casos de dores de cabeça, insônia e tensão.
Olmo-vermelho *Ulmus rubra (p. 123)*	Protetora do estômago. Misture com água e tome para aliviar indigestão, gastrite e problemas estomacais. Misture com um pouco de água, formando uma pasta, e passe na pele para ajudar a expulsar furúnculos, farpas e cacos de vidro.
Tanchagem *Plantago lanceolata (p. 90)*	Calmante, relaxante e anti-histamínica. Macere as folhas frescas e aplique na pele irritada, com vermelhidão, ou em picadas de insetos. Combine a tintura com calêndula para fazer um bochecho em casos de cortes e aftas.

Receitas

Calêndula *Calendula officinalis*

CURE POR DENTRO

- Tintura de viburno e valeriana *(p. 209)*

CURE POR FORA

- Bálsamo calmante *(p. 251)*
- Spray de citronela *(p. 274)*
- Bálsamo para picada de insetos *(p. 274)*
- Óleo de calêndula e erva-de--são-joão *(p. 267)*
- Bálsamo de árvore-do-chá e tomilho *(p. 305)*
- Escalda-pés de gengibre e zimbro *(p. 314)*

Babosa *Aloe vera*

Equinácea *Echinacea purpurea*

Músculos e articulações

A receita para ter músculos e articulações saudáveis é combinar alongamento com musculação. Porém, com o passar dos anos, isso pode se tornar um desafio. Alguns fitoterápicos podem ajudar a reduzir dores musculares e inflamações articulares. Esta tabela contém as principais ervas que podem ser usadas para esse fim.

Erva	Ação
Aipo *Apium graveolens (p. 26)*	Desintoxicante e anti-inflamatória. As sementes são um importante remédio para o tratamento de gota, reumatismos e artrite. Tome a decocção, ou tintura, combinada com salgueiro-branco, três vezes ao dia, por várias semanas.
Alecrim *Rosmarinus officinalis (p. 98)*	Antirreumática e também estimula a circulação. Dilua o óleo essencial em um óleo base e massageie as áreas doloridas. É excelente para aliviar dores causadas pela prática de esportes, inclusive distensões. Massageie antes e depois de fazer esforço.
Arnica *Arnica montana*	Analgésica e anti-inflamatória, diminui hematomas e alivia dores nas costas, artrite e reumatismos. Aplique o creme, ou o óleo, na região afetada.
Confrei *Symphytum officinale (p. 112)*	Cicatrizante. Bata as folhas frescas no liquidificador e use como compressa em machucados, hematomas e articulações com artrite. Se preferir, use o creme ou o óleo.
Erva-de-são-joão *Hypericum perforatum (p. 68)*	Analgésica e anti-inflamatória, diminui as dores causadas por inflamação do nervo ciático. Também auxilia o tratamento de nevralgia e reduz dores nas costas. Passe o óleo nas regiões doloridas.
Filipêndula *Filipendula ulmaria (p. 56)*	Anti-inflamatória e antirreumática. Alivia a dor e as inflamações de reumatismo e artrite. Tome a infusão, ou tintura, três vezes ao dia.
Garra-do-diabo *Harpagophytum procumbens*	Anti-inflamatória. Eficaz no tratamento de articulações inchadas e artrite. Tome cápsulas ou a tintura. Combina bem com salgueiro-branco e viburno.
Salgueiro-branco *Salix alba (p. 101)*	Analgésica e anti-inflamatória, alivia as dores de forma similar à aspirina. Ajuda no tratamento de articulações e músculos doloridos, nevralgia, artrite e dor ciática. Tome a decocção ou a tintura, combinando com outras ervas.
Viburno *Viburnum opulus (p. 129)*	Antiespasmódica e sedativa. Tome a tintura para aliviar espasmos musculares e dores nas costas (combine com salgueiro-branco). Combine com garra-do-diabo para tratar artrite e articulações inchadas.
Zimbro *Juniperus communis (p. 73)*	Diurética, desintoxicante e antirreumática. Use também para aliviar dor de gota. Combine com óleo essencial de gengibre e um óleo base e passe em músculos doloridos.

Receitas

Sopa de trigo e castanhas portuguesas Tome toda semana para tratar dores nas costas *(p. 224)*.

CURE POR DENTRO

- Suco de brotos de brócolis e erva-doce *(p. 171)*
- Xarope de rosa-mosqueta *(p. 192)*
- Xarope de cereja *(p. 196)*
- Sopa de brotos de lentilha e cúrcuma *(p. 223)*
- Sopa de trigo e castanhas portuguesas *(p. 224)*

Filipêndula *Filipendula ulmaria*

CURE POR FORA

- Sal de banho cítrico *(p. 307)*
- Sal de banho exótico *(p. 308)*
- Sal de banho revigorante *(p. 309)*
- Infusão para banho de rosas e calêndula *(p. 310)*
- Infusão para banho de lavanda e babosa *(p. 312)*
- Infusão para banho de capim--limão e alecrim *(p. 312)*
- Infusão para banho de algas e arnica *(p. 313)*
- Infusão para banho desintoxicante *(p. 313)*
- Infusão para banho com ervas relaxantes *(p. 316)*

Sal de banho cítrico Estas bolas de sal contêm óleos de grapefruit, limão, lima e alecrim fresco.

Mente e emoções

A vida moderna pode ser bastante estressante. Por isso, os fitoterápicos podem ajudar a aliviar os sintomas de depressão, esgotamento e tensão. Porém, para resolver essas situações, é necessário mudar o estilo de vida. Esta tabela contém as ervas que podem ser usadas para esse fim. Se os problemas persistirem, procure um médico.

Erva	Ação
Aveia *Avena sativa (p. 33)*	Tônica para o sistema nervoso. Ajuda a aliviar nervosismo, cansaço, ansiedade e diminui o estresse. Tome em vitaminas e mingaus todas as manhãs e use a tintura em combinação com outras ervas.
Borragem *Borago officinalis (p. 34)*	Estimulante das adrenais. Daí vem a frase "borragem para a coragem". Use em casos de estresse, depressão e esgotamento, mas apenas por curtos períodos de tempo e com a orientação de um fitoterapeuta.
Damiana *Turnera diffusa*	Antidepressiva, auxilia na recuperação do entusiasmo e da vitalidade. Use para aliviar os sintomas de ansiedade e depressão. Tome as infusões ou tinturas combinadas com outras ervas apropriadas, como a melissa.
Erva-de-são-joão *Hypericum perforatum (p. 68)*	Antidepressiva. Indicada para casos de ansiedade, cansaço excessivo, depressão leve e moderada. Tome a infusão, a tintura ou as cápsulas. Não deve ser usada com outras medicações sem orientação médica.
Escutelária *Scutellaria lateriflora (p. 108)*	Tônica para o sistema nervoso, antiespasmódica e sedativa moderada. Use para tratar estresse, ansiedade, enxaquecas e choque emocional. Combina bem com melissa e camomila. Use a infusão ou a tintura.
Ginseng-indiano *Withania somnifera (p. 135)*	Adaptogênica, ajuda o corpo a lidar com o estresse por longos períodos. Também colabora para restaurar a energia e a vitalidade daqueles que sofrem de esgotamento. Consuma a tintura ou o pó.
Lavanda *Lavandula angustifolia (p. 74)*	Sedativa. Indicada para o tratamento de estresse e choque emocional. Tome a infusão combinada com melissa para aliviar tensão e dores de cabeça. Use o óleo essencial para combater insônia.
Maracujá (flor) *Passiflora incarnata (p. 89)*	Levemente sedativa. Excelente para o tratamento de insônia e ansiedade. Combina bem com camomila para combater a falta de sono.
Melissa *Melissa officinalis (p. 83)*	Antidepressiva, calmante e revigorante. Alivia ansiedade, ataques de pânico, nervosismo, insônia e dores de cabeça relacionadas a esses males. É uma erva segura e com sabor agradável. Tome a infusão ou a tintura.
Verbena *Verbena officinalis (p. 128)*	Calmante. Fortalece o sistema nervoso e pode ser usada para aliviar tensão, dores de cabeça, depressão, esgotamento e estresse. Combina bem com melissa e escutelária. Tome a infusão ou a tintura.

Receitas

Borragem *Borago officinalis*

CURE POR DENTRO

- Vitamina de amêndoas e rosas *(p. 165)*
- Vitamina de maca peruana e manga *(p. 166)*
- Vitamina de pistache e abacate *(p. 166)*
- Vitamina de frutas vermelhas *(p. 167)*
- Suco de tomate *(p. 172)*
- Suco de folha de alcachofra e erva-doce *(p. 173)*
- Chá de melissa e rosas *(p. 175)*
- Chá de jasmim e capim-limão *(p. 176)*
- Chá de mil-folhas e calêndula *(p. 180)*
- Chá de escutelária e flor de laranjeira *(p. 181)*
- Infusão de hortelã e calêndula *(p. 183)*
- Chá de pilriteiro e lavanda *(p. 184)*
- Xarope de amora e limão *(p. 187)*
- Xarope de melissa e mel *(p. 190)*
- Xarope de rosas *(p. 194)*
- Xarope de cereja *(p. 196)*
- Tintura de tília e pilriteiro *(p. 201)*
- Tintura de maracujá e camomila *(p. 202)*
- Tintura de goji e ginseng *(p. 204)*
- Sopa de ginseng e astragalo *(p. 219)*
- Sopa de trigo e castanhas portuguesas *(p. 224)*
- Salada de flores *(p. 231)*
- Barrinhas de mirtilo e damasco *(p. 240)*
- Barrinhas de groselha e nozes *(p. 242)*

CURE POR FORA

- Creme de hortelã para os pés *(p. 254)*
- Óleo relaxante de lavanda e bergamota *(p. 265)*
- Óleo corporal estimulante *(p. 266)*
- Óleo corporal de gerânio e laranja *(p. 266)*
- Óleo de massagem para bebês *(p. 269)*
- Óleo de banho para bebês *(p. 269)*
- Borrifador de gerânio e laranja *(p. 273)*
- Borrifador de rosas *(p. 275)*
- Loção refrescante de olíbano *(p. 275)*
- Sabonete de alecrim *(p. 283)*
- Sabonete relaxante *(p. 286)*
- Sabonete exótico *(p. 287)*
- Loção refrescante facial *(p. 295)*
- Sal de banho cítrico *(p. 307)*
- Sal de banho exótico *(p. 308)*
- Sal de banho revigorante *(p. 309)*
- Infusão para banho de rosas e calêndula *(p. 311)*
- Infusão para banho de lavanda e babosa *(p. 312)*
- Infusão para banho de capim--limão e alecrim *(p. 312)*
- Infusão para banho de algas e arnica *(p. 313)*
- Infusão para banho com ervas relaxantes *(p. 316)*

Barrinhas de groselha e nozes É um lanche nutritivo para repor a energia *(p. 242)*.

Gravidez e parto

Nenhum medicamento feito com ervas deve ser tomado durante a gravidez e a amamentação, principalmente nos primeiros meses de gestação, sem a orientação de um médico. Entretanto, algumas ervas culinárias e loções de uso externo podem ajudar na recuperação pós-parto, a aliviar enjoos e a diminuir as varizes. Esta tabela contém as ervas que podem ser usadas para esse fim.

Erva	Ação
Calêndula *Calendula officinalis (p. 36)*	Analgésica e cicatrizante. Combine a tintura com erva-de-são-joão e dilua para limpar feridas pós-parto. Massageie a pele com o óleo para evitar estrias.
Camomila *Matricaria recutita (p. 80)*	Relaxante e calmante. Tome 1 xícara da infusão para aliviar enjoo matinal, estresse e tensão. Beba antes de dormir para ter uma boa noite de sono ou após as refeições para melhorar a digestão.
Endro *Anethum graveolens*	Galactagoga. A infusão das sementes é indicada durante a amamentação, pois ajuda a produzir leite, além de aliviar cólicas e gases no bebê. Pode ser combinada com sementes de erva-doce.
Erva-de-são-joão *Hypericum perforatum (p. 68)*	Antisséptica e analgésica. Misture com a tintura de calêndula, dilua e use em mamilos rachados e nas feridas pós-parto. Limpe os mamilos com água antes de amamentar.
Framboesa (folha) *Rubus idaeus (p. 99)*	Tônica para o útero, prepara o corpo para o parto. Tome a infusão diariamente durante o último trimestre de gravidez (não tome antes) e continue por 2-3 semanas após o parto para recuperar os músculos e aumentar a produção de leite.
Gengibre *Zingiber officinale*	Antiemética, alivia as náuseas e enjoos matinais. Coloque algumas fatias de gengibre fresco em 1 copo de água quente e tome aos poucos conforme necessário.
Hamamélis *Hamamelis virginiana (p. 63)*	Refrescante e adstringente. Mergulhe um chumaço de algodão em hamamélis destilada e faça compressa em varizes e hemorroidas.
Jasmim *Jasminum officinale (p. 72)*	Relaxante e calmante, oferece autoconfiança e tranquilidade na hora do parto. Dilua em um óleo base e peça ao seu parceiro para lhe fazer massagens na região lombar.
Lavanda *Lavandula angustifolia (p. 74)*	Calmante e anti-inflamatória, auxilia na recuperação pós-parto. Adicione 4-5 gotas do óleo na água do banho para relaxar. Para aliviar mastite, coloque 3-4 gotas do óleo em água quente, mergulhe uma toalha e faça compressa no seio afetado.
Linhaça *Linum perenne (p. 78)*	Laxante leve e lubrificante intestinal. Também é rica em ácidos graxos essenciais, particularmente o óleo. Coloque 1 colher (sopa) de linhaça em frutas ou vitaminas e tome no café da manhã para evitar constipação.

NÃO USE ESTAS ERVAS NA GRAVIDEZ

Seguem abaixo as ervas que não devem ser ingeridas durante a gravidez, a não ser por indicação de um bom médico fitoterapeuta. Nesta lista não constam todas as ervas proibidas. As ervas culinárias marcadas com um asterisco são aceitáveis, mas não use em grandes quantidades.

- *Achillea millefolium* **Mil-folhas**
- *Actaea racemosa* **Erva-de-são-cristóvão**
- *Agastache rugosa* **Agastache***
- *Aloe vera* **Babosa**
- *Angelica archangelica* **Angélica (raiz)**
- *Apium graveolens* **Aipo (semente)**
- *Aralia racemosa* **Arália**
- *Arctostaphylos uva-ursi* **Uva-ursi ou uva-ursina**
- *Artemisia absinthium* **Absinto**
- *Borago officinalis* **Borragem**
- *Calendula officinalis* **Calêndula**
- *Curcuma longa* **Cúrcuma***
- *Cymbopogon citratus* **Capim-limão***
- *Eupatorium cannabinum* **Trevo-cervino**
- *Filipendula ulmaria* **Filipêndula**
- *Glycyrrhiza glabra* **Alcaçuz***
- *Hydrastis canadensis* **Hidraste**
- *Hypericum perforatum* **Erva-de--são-joão**
- *Hyssopus officinalis* **Hissopo**
- *Inula helenium* **Ênula**
- *Juniperus communis* **Zimbro**
- *Leonurus cardiaca* **Agripalma**
- *Levisticum officinale* **Levístico**
- *Lycium barbarum* **Goji***
- *Nepeta cataria* **Erva-de-gato**
- *Panax japonicus* **Ginseng-japonês**
- *Rosa x damascena* **Rosa-de-damasco**
- *Rosmarinus officinalis* **Alecrim***
- *Rumex crispus* **Labaça-crespa**
- *Salix alba* **Salgueiro-branco**
- *Salvia officinalis* **Sálvia**
- *Saussurea costus* **Saussurea**
- *Schisandra chinensis* **Esquisandra**
- *Senna alexandrina* **Sene**
- *Symphytum officinale* **Confrei**
- *Tanacetum parthenium* **Tanaceto**
- *Thymus vulgaris* **Tomilho***
- *Trifolium pratense* **Trevo-dos--prados**
- *Tussilago farfara* **Tussilagem**
- *Verbena officinalis* **Verbena**
- *Viburnum opulus* **Viburno**
- *Viscum album* **Visco-branco**
- *Vitex agnus-castus* **Agnocasto**
- *Withania somnifera* **Ginseng-indiano**

Jasmim *Jasminum officinale* Algumas gotas de óleo de jasmim diluído em um óleo base podem ajudar no parto.

RECEITAS

CURE POR FORA

- **Óleo de massagem para bebês** *(p. 269)*
- **Óleo de banho para bebês** *(p. 269)*
- **Talco para bebês** *(p. 281)*
- **Bálsamo para gestantes** *(p. 304)*
- **Infusão pós-parto** *(p. 317)*

Lavanda *Lavandula angustifolia*

Framboesa *Rubus idaeus*

Cure por dentro

Bebidas, tinturas, sopas e saladas

SUCOS E VITAMINAS

Estas receitas auxiliam a desintoxicar e revitalizar o corpo, pois trazem combinações com frutas, sementes, grãos e nozes que ajudam a fornecer vitaminas, minerais, nutrientes, ácidos graxos essenciais e proteínas.

Vitamina de morango e macadâmia

UM TÔNICO PARA OS HOMENS

INGREDIENTES

½ fava de baunilha
50 g de macadâmias cruas batidas com 1 coco de tamanho médio
250 g de morangos frescos
um pouco da água do coco (opcional)

Rende 4 porções

Esta vitamina de morango com macadâmia e coco é muito especial. O óleo contido na macadâmia é rico em ácidos graxos monoinsaturados, que ajudam a reduzir os níveis de colesterol. Já o coco hidrata, mata a sede e é um tônico revigorante para os homens.

1 *Corte a fava de baunilha* *ao meio em sentido longitudinal e raspe as sementes. Use uma faca afiada.*

2 *Coloque as macadâmias* *e o coco em um liquidificador.*

3 *Adicione os morangos* *e a baunilha, batendo até obter uma mistura cremosa. Se a vitamina estiver muito grossa, coloque água de coco. Sirva fria.*

Vitamina de goji e pinholes

PURIFICA A PELE **AJUDA O TRATO URINÁRIO** **AJUDA O TRATO URINÁRIO**

Rende 2 porções

Os frutos de goji são considerados um superalimento, pois são fonte de diversos aminoácidos, minerais, carotenoides e vitaminas do complexo B, C e E. Entre os minerais, o germânio demonstra possuir atividade anticancerígena e o carotenoide zeaxantina protege a visão.

INGREDIENTES

50 g de amêndoas
50 g de frutos de goji (frescos ou secos)
20 g de pinholes
1 colher (chá) de óleo de linhaça
2-3 folhas de hortelã
350-400 ml de água mineral (adicione mais água se desejar)

MODO DE PREPARO

1 Para que as amêndoas brotem, deixe de molho por meia hora e depois lave com água corrente em um escorredor. Coloque em uma tigela, cubra com água e deixe da noite para o dia. No dia seguinte, esprema as amêndoas para que saia a pele. Ponha em uma tigela com água mineral e deixe na geladeira por 24 horas.
2 Lave os frutos de goji e, se estiverem secos, coloque de molho por algumas horas em água mineral. Deixe espaço para os frutos se expandirem e água suficiente para que continuem imersos. Escorra.
3 Coloque todos os ingredientes em um liquidificador e bata com um pouco de água mineral para que a vitamina não fique muito grossa.

Vitamina de groselha

ALIVIA INFLAMAÇÕES **PROTEGE O CÉREBRO**

Rende 2 porções

Os frutos de groselha são ricos em vitamina C, rutina e outros flavonoides. A presença de ácidos graxos essenciais ajuda a tratar inflamações e a diminuir a dor, bem como a regular o sistema circulatório e a fortalecer o imunológico. Adicione leite de arroz quente, trigo em grãos e algumas nozes para transformar essa vitamina em um delicioso café da manhã de inverno.

INGREDIENTES

50 g de frutos de groselha frescos ou secos
50 g de trigo em grãos
4 colheres (chá) de xarope de agave
4 colheres (chá) de óleo de coco
250 ml de leite de arroz sem açúcar
um pouco de água mineral

MODO DE PREPARO

Bata todos os ingredientes no liquidificador (menos a água mineral). Se desejar, coloque a água aos poucos até obter a consistência desejada.

Vitamina de cereja e cacau

REGULA O SONO

Rende 2 porções

Esta vitamina é ideal para ser tomada antes ou depois de exercitar-se, principalmente para corredores de longa distância, pois a cereja possui propriedades anti-inflamatórias. Também é fonte natural de melatonina, um potente antioxidante que estimula o sistema imunológico. Se consumida com regularidade, pode ajudar a regular o sono.

INGREDIENTES

50 g de cerejas secas ou frescas sem caroço
300 ml de leite de arroz ou de amêndoas
4 colheres (chá) de cacau em pó
4 colheres (chá) de sementes de linhaça
4 colheres (chá) de óleo de linhaça

MODO DE PREPARO

1 Se estiver usando cerejas secas, deixe de molho algumas horas em 150 ml de água mineral.
2 Bata metade do leite com todos os outros ingredientes no liquidificador até obter uma mistura homogênea. Vá adicionando o resto do leite aos poucos até chegar à consistência desejada.

Vitamina de amêndoas e rosas

HARMONIZA AS EMOÇÕES

HIDRATA A PELE

Rende 2 porções

As amêndoas fortalecem o coração e os vasos sanguíneos, pois contêm nutrientes como magnésio, potássio, selênio, manganês e vitamina E, que é conhecida por suas propriedades antioxidantes. Também podem ajudar a baixar o colesterol, enquanto as rosas aumentam a sensação de bem-estar.

INGREDIENTES

50 g de amêndoas
300-400 ml de água mineral
2½ colheres (sopa) de xarope de rosas
4 colheres (chá) de óleo de amêndoa
8 pétalas de rosa-de-damasco (opcional)

MODO DE PREPARO

1 Para que as amêndoas brotem, deixe de molho por meia hora e depois lave com água corrente em um escorredor. Coloque em uma tigela, cubra com água e deixe da noite para o dia. No dia seguinte, esprema as amêndoas para que saia a pele. Ponha em uma tigela com água mineral e deixe na geladeira por 24 horas. Escorra.
2 Misture metade da água mineral com todos os outros ingredientes e bata no liquidificador até obter uma mistura homogênea. Vá adicionando água aos poucos até chegar à consistência desejada.

Vitamina de pistache e abacate

FORNECE GORDURA ÔMEGA **ENERGIZANTE**

Rende 2 porções

O pistache é considerado pela medicina aiurveda e outras tradições do Oriente Médio como um tônico para todo o organismo. Segundo a medicina chinesa, ele tem uma influência positiva nos rins e no fígado. O abacate e os óleos desta receita são uma boa fonte de gorduras do tipo ômega.

INGREDIENTES

50 g de pistache sem casca
1 abacate pequeno picado
2 colheres (chá) de óleo de linhaça
suco de ½ limão
suco de 6 talos de aipo
pimenta-do-reino a gosto
uma pitada de sal
3-4 folhas de manjericão
um pouco de água mineral

MODO DE PREPARO

1 Bata todos os ingredientes no liquidificador (menos a água mineral) até obter uma mistura homogênea. Vá adicionando água aos poucos até chegar à consistência desejada.
2 Coloque em copos, decore com pistache picado e sirva.

Vitamina de maca peruana e manga

ENERGIZANTE

Rende 2 porções

A raiz de maca peruana *(Lepidium meyenii)* não é muito saborosa, mas tem a reputação de ser um poderoso estimulante sexual. Os peruanos a consideram um superalimento. Os óleos desta receita fornecem boas quantidades de ácidos graxos essenciais, enquanto a manga dá sabor e consistência.

INGREDIENTES

2 mangas picadas
2 colheres (chá) de raiz de maca peruana em pó
2 colheres (chá) de sementes de linhaça
2 colheres (chá) de óleo de coco
suco de 1 limão
4 folhas de hortelã
um pouco de água mineral

MODO DE PREPARO

Bata todos os ingredientes no liquidificador até obter uma mistura homogênea. Vá adicionando água aos poucos até chegar à consistência desejada.

Vitamina de ameixa e erva-doce

DESINTOXICANTE

Rende 2 porções

Todos os ingredientes desta vitamina possuem propriedades laxantes. É uma receita indicada não só para casos de constipação, mas também para dietas de desintoxicação. Se você prefere uma bebida mais homogênea, use 1 colher (sopa) de óleo de linhaça no lugar das sementes.

INGREDIENTES

9-10 ameixas secas
½ colher (chá) de sementes de erva-doce
3 colheres (sopa) de sementes de linhaça de molho em água
um pouco de água mineral

MODO DE PREPARO

1 Coloque as ameixas e as sementes de erva-doce em uma panela com 250 ml de água e deixe ferver. Abaixe o fogo e cozinhe por 10-12 minutos. Deixe esfriar.

2 Passe tudo para o liquidificador, coloque as sementes e bata até obter a consistência desejada.

Vitamina de frutas vermelhas

NUTRE O SANGUE

REJUVENESCE E REVIGORA

Rende 2 porções

Esta vitamina doce e levemente ácida é uma poderosa fonte de fitonutrientes com propriedades antioxidantes, antimicróbicas e anticancerígenas. Os óleos das sementes contidas nos frutos contêm altas doses de vitaminas A e E e de gorduras ômega-3 e ômega-6, que ajudam a proteger o coração e a nutrir o fígado.

INGREDIENTES

2 colheres (sopa) de framboesas
2 colheres (sopa) de morangos
2 colheres (sopa) de amoras
2 colheres (sopa) de mirtilos
2 colheres (sopa) de polpa de açaí
800 ml de infusão de capim-limão fria (p. 342)
um pouco de água mineral
um pouco de mel ou adoçante de estévia (opcional)

MODO DE PREPARO

1 Coloque as frutas e a infusão de capim-limão no liquidificador e bata até triturar as sementes das frutas.

2 Se necessário, coloque um pouco de água mineral para obter a consistência desejada. Adicione um pouco de mel ou adoçante de estévia, se desejar.

Vitamina de outono

AUMENTA A RESISTÊNCIA A GRIPES E RESFRIADOS

Rende 2 porções

Esta vitamina possui altas doses de antioxidantes que fortalecem o sistema imunológico e ajudam a combater os radicais livres. As amoras são ricas em componentes fenólicos, que aumentam a resistência e são antibacterianos. Os frutos do sabugueiro completam esse coquetel anti-infecções, já que são ricos em vitaminas C e E.

INGREDIENTES

3½ maçãs picadas
⅓ de pera picada
12 frutos de sabugueiro
20 amoras
um pouco de água mineral

MODO DE PREPARO

1 Bata todos os ingredientes no liquidificador até obter uma mistura homogênea.
2 Divida a bebida em 2 copos e coloque um pouco de xarope de sabugueiro (p. 188) por cima.

OBSERVAÇÃO: Os frutos de sabugueiro devem ser consumidos bem maduros, pois se estiverem verdes podem ser prejudiciais. Tire os talos e lave bem.

Amora *(Rubus fruticosus)*
É adstringente, tônica, levemente diurética. Amoreiras podem ser encontradas em jardins e calçadas.

Suco verde

DESINTOXICANTE

Rende 2 porções

Se você possui uma horta em casa, uma boa maneira de aproveitar o excesso de folhas é fazer sucos verdes que, além de refrescantes, ajudam a desintoxicar. Pepino, abobrinha, aipo, repolho, couve, espinafre, agrião, rúcula e ervas podem ser combinados nestes sucos. Nesta receita, a manjerona ajuda a diminuir os gases e as dores abdominais.

INGREDIENTES

um punhado de folhas de couve
2 folhas de chicória
um punhado de folhas de espinafre
½ pepino
1 abobrinha pequena
3 talos de aipo
2 folhas de dente-de-leão
2 talos de manjerona
suco de ½ limão (opcional)

MODO DE PREPARO

Lave todos os vegetais e bata-os no liquidificador até obter uma mistura homogênea. Se quiser, coloque mais suco de limão, ou adicione um pouco de água mineral.

Suco de pimenta e brotos

ESTIMULA A DIGESTÃO   ESTIMULA A CIRCULAÇÃO

Rende 2 porções

Este suco aromático e picante é uma boa forma de começar o dia. A pimenta estimula a circulação, fortalece o sistema digestório e dá a sensação de bem-estar e calor, sendo uma ótima pedida para os dias frios. Também estimula a transpiração e, portanto, refresca, podendo ser indicada em dias quentes.

INGREDIENTES

1 pimentão vermelho picado
20 g de brotos de alfafa
20 g de brotos de trevo-dos-prados
10 g de brotos de brócolis
½ pepino
2-3 folhas de hortelã
½ pimenta vermelha picada
um pouco de água mineral

MODO DE PREPARO

Bata tudo no liquidificador até obter uma mistura homogênea.

Suco de gengibre e erva-doce

ALIVIA A PELE INFLAMADA **ESTIMULA A DIGESTÃO**

Rende 2 porções

O bulbo de erva-doce, o aipo, o pepino e a abobrinha têm efeito refrescante e anti-inflamatório. Este suco ajuda a evitar inflamações no estômago, no pulmão, na garganta, na pele e na vagina, além de ser diurético, ajudando a purificar a pele e a umedecer o pulmão. O gengibre e o manjericão dão aroma, sabor e melhoram a digestão.

INGREDIENTES

1 bulbo de erva-doce
um pedaço de 1 cm de gengibre
2 talos de aipo
½ pepino pequeno
½ abobrinha pequena
1 talo de manjericão fresco
um pouco de água mineral

MODO DE PREPARO

Bata todos os ingredientes no liquidificador até obter uma mistura homogênea e beba imediatamente.

Suco de brotos de brócolis e erva-doce

EQUILIBRA O PH **ESTIMULA A DIGESTÃO**

Rende 2 porções

Este suco estimula a eliminação de toxinas, aumentando a produção de urina e limpando o intestino. Os brotos de brócolis são sementes germinadas e podem ser plantados em casa, sendo usados para tratar inflamações oculares. A cenoura, a erva-doce e o broto de alfafa são alcalinos e ajudam a diminuir a acidez estomacal.

INGREDIENTES

1 bulbo de erva-doce
45 g de brotos de brócolis
45 g de brotos de alfafa
1 cenoura grande ralada
2 talos de aipo
2-3 folhas de hortelã
suco de ½ limão
um pouco de água mineral

MODO DE PREPARO

Bata todos os ingredientes no liquidificador e beba imediatamente.

Suco de brotos de trigo e ervilha

FORTELECE OS VASOS SANGUÍNEOS

Rende 2 porções

Os brotos de ervilha e de trigo são fontes de enzimas, vitaminas e clorofila. O broto de trigo ainda contém rutina (4-6%), que fortalece os vasos sanguíneos e ajuda no tratamento de varizes e hemorroidas. A rutina é do grupo dos flavonoides, poderosos antioxidantes que ajudam a combater os radicais livres.

INGREDIENTES

2 colheres (sopa) de brotos de trigo picado
4 colheres (sopa) de brotos de ervilha
2 abobrinhas
1 pepino
2 colheres (sopa) de folhas de manjerona
suco de ½ limão
200 ml de água mineral

MODO DE PREPARO

Bata todos os ingredientes no liquidificador, junte a água mineral e o suco de limão e misture bem.

Suco de tomate

MELHORA A DIGESTÃO **MELHORA A AUTOESTIMA**

Rende 2 porções

Esta é uma ótima receita para quem sente necessidade de comer algo salgado e consistente, mas não tem muito tempo para cozinhar. O manjericão é conhecido por restaurar a vitalidade, revigorar o cérebro e aumentar a coragem. Também ajuda a digestão, limpa os pulmões e é antidepressivo.

INGREDIENTES

5 tomates maduros
½ pepino
1 dente de alho pequeno
½ pimenta vermelha sem sementes
1 talo de manjericão
2 talos de aipo
1 colher (chá) de azeite
sal a gosto
1 pimentão vermelho (opcional) sem sementes
um pouco de água mineral

MODO DE PREPARO

Bata todos os ingredientes no liquidificador, acrescente o azeite e o sal. Se quiser um suco mais vermelho, adicione 1 pimentão vermelho quando bater os vegetais.

Suco de folha de alcachofra e erva-doce

DESINTOXICANTE **AFASTA AS EMOÇÕES NEGATIVAS**

Rende 2 porções

Esta receita ajuda a eliminar as toxinas do corpo. As folhas de alcachofra têm um sabor forte e amargo e contêm ciarina, uma substância que estimula o fígado a eliminar as toxinas. A erva-doce, o aipo, o dente-de-leão e a abobrinha também ajudam a desintoxicar.

INGREDIENTES

1 colher (chá) de folhas de alcachofra bem picadas
1 bulbo de erva-doce
4 folhas de dente-de-leão
4 talos de aipo
½ abobrinha
um pouco de água mineral

MODO DE PREPARO

Bata todos os ingredientes no liquidificador até obter uma mistura homogênea e beba. Se preferir, coloque um pouco de água para diluir, já que o suco é bem amargo.

Suco de brotos de girassol e trigo

DESINTOXICANTE **REJUVENESCE E REVIGORA**

Rende 2 porções

Os brotos são sementes germinadas e possuem muitos nutrientes, podendo ser usados no tratamento de doenças degenerativas, ajudando a diminuir o envelhecimento celular e inflamações. Os altos níveis de clorofila ajudam a desintoxicar, limpar e energizar o corpo.

INGREDIENTES

100 g de brotos de girassol
100 g de brotos de trigo
300 ml de água mineral

MODO DE PREPARO

Bata todos os ingredientes no liquidificador até obter uma mistura homogênea. Se preferir, coloque um pouco de água para diluir.

CHÁS

As receitas de chás deste livro possibilitam o uso de várias ervas, unindo sabor e poder de cura em uma única xícara. Todas as plantas mencionadas podem ser consumidas secas ou frescas, além de servir de inspiração para que você as cultive em seu jardim.

Chá de melissa e rosas

MELHORA O HUMOR

Rende 2-3 porções

Este chá contém ervas que revigoram e relaxam ao mesmo tempo. Experimente frio ou quente e tome levemente amargo. Use pétalas de rosa-de-damasco *(Rosa x damascena)* ou rosa vermelha *(Rosa gallica)*, que têm o poder de melhorar o humor.

INGREDIENTES

16 folhas de melissa fresca ou 1 colher (sopa) de folhas secas
pétalas de 2 rosas ou 2 colheres (sopa) de pétalas secas

MODO DE PREPARO

1 Coloque as folhas de melissa e as pétalas de rosa em um bule.
2 Ferva 500 ml de água, deixe esfriar por alguns minutos e coloque no bule com as ervas. Deixe descansar por 5 minutos e sirva.

Chá de jasmim e capim-limão

ALIVIA A ANSIEDADE · REACENDE A PAIXÃO · REACENDE A PAIXÃO

Rende 2 porções

Este chá, conhecido como poção do amor, é ótimo para ser servido com comida oriental. Tanto o jasmim como o capim-limão relaxam a mente, aliviam a ansiedade, melhoram a comunicação e acendem a paixão. Se puder, use capim-limão fresco.

INGREDIENTES

1 talo de capim-limão picado
1 colher (sopa) de flores de jasmim
umas gotas de suco de limão

MODO DE PREPARO

1 Coloque o capim-limão picado e as flores de jasmim em um bule.
2 Misture 200 ml de água fervente com 100 ml de água fria, de modo a obter uma temperatura em torno de 70°C.
3 Despeje a água no bule com as ervas. Deixe descansar por 5 minutos e sirva. Também pode ser servido gelado.

Chá de goji e damiana

MELHORA O DESEMPENHO SEXUAL · MELHORA O DESEMPENHO SEXUAL

Rende 2 porções

A damiana possui um sabor característico e alivia a depressão e a ansiedade, além de diminuir a fadiga e melhorar o desempenho sexual. Os frutos de goji melhoram a fertilidade, fortalecem o coração, aumentam a resistência e amenizam os sintomas da menopausa. O alcaçuz é um tônico para o coração, reduzindo a fadiga e estimulando as adrenais.

INGREDIENTES

1 colher (sopa) de frutos de goji secos ou frescos
1 colher (chá) de damiana *(Turnera diffusa)*
½ colher (chá) de alcaçuz

MODO DE PREPARO

Coloque as ervas em um bule, cubra com 300 ml de água fervente e deixe descansar por 10-15 minutos. O chá também pode ser servido frio.

ATENÇÃO: Não tome este chá durante a gravidez.

Chá de rosa-mosqueta e mirtilo

REJUVENESCE

Rende 2 porções

A rosa-mosqueta ajuda a manter a quantidade de colágeno da pele; o mirtilo estimula a circulação, dando rubor à pele, além de ter ação anti-inflamatória. Os frutos de goji são antioxidantes, enquanto a casca de laranja ajuda na digestão, aumentando a absorção de nutrientes. Pode ser servido quente ou frio.

INGREDIENTES

1 colher (sopa) de rosa-mosqueta
1 colher (sopa) de mirtilos
1 colher (chá) de raspas de laranja
1 colher (chá) de frutos de goji

MODO DE PREPARO

Coloque os ingredientes secos ou frescos em um bule, cubra com 300 ml de água fervente, deixe descansar por 10-15 minutos, coe e sirva. O chá também pode ser servido frio.

Chá de crisântemo e sabugueiro

PROTEGE CONTRA FEBRE DO FENO, GRIPES E RESFRIADOS

Rende 2 porções

Tome esta infusão se quiser aliviar os sintomas da febre do feno ou manter-se longe de gripes e resfriados. Todos os ingredientes reduzem o suor, protegem o corpo de agentes patogênicos e têm ação antialérgica, especialmente contra pólen e poeira. O crisântemo refresca o corpo, neutraliza as toxinas, protege o fígado e mantém os olhos limpos e brilhantes.

INGREDIENTES

½ colher (sopa) de flores de crisântemo
½ colher (sopa) de flores de sabugueiro
½ colher (sopa) de hortelã
½ colher (sopa) de urtiga

MODO DE PREPARO

Coloque os ingredientes em um bule, cubra com 300 ml de água fervente, deixe descansar por 10-15 minutos, coe e sirva. Tome de 3-4 xícaras por dia durante as crises de febre do feno ou como prevenção.

Crisântemo *(Chrysanthemum coronarium)* *Estas flores são consideradas um remédio valioso contra infecções e possuem propriedades antibióticas.*

Chá de camomila e erva-doce

MELHORA A DIGESTÃO

Rende 2 porções

Tome este chá em casos de má digestão, gases e acidez estomacal. Ele tem ação anti--inflamatória, calmante e estimula a absorção dos nutrientes, ajudando a regular o intestino.

INGREDIENTES

1 colher (chá) de camomila
1 colher (chá) de sementes de erva-doce
1 colher (chá) de mil-folhas
1 colher (chá) de raiz de alteia picada
1 colher (chá) de filipêndula

MODO DE PREPARO

1 Coloque os ingredientes em um bule.
2 Cubra com 500 ml de água fervente, deixe descansar por 5 minutos, coe e sirva. Tome 1 xícara, duas ou três vezes por dia.

ATENÇÃO: Não tome este chá durante a gravidez.

Erva-doce *(Foeniculum vulgare)* *(p. 57) é uma erva aromática cultivada desde a Antiguidade. Possui sabor similar ao do anis.*

Chá de dente-de-leão e bardana

ALIVIA A PELE IRRITADA

ESTIMULA O FÍGADO E OS RINS

Rende 3-4 porções

Esta mistura clássica de ervas tem ação anti-inflamatória e ajuda a tratar problemas dermatológicos, como eczema e acne, pois estimula os rins e o fígado a liberarem toxinas. É própria para quem quer se desintoxicar.

INGREDIENTES

1 colher (chá) de dente-de-leão
1 colher (chá) de folhas de bardana
1 colher (chá) de aparine
1 colher (chá) de flores de trevo-dos-prados

MODO DE PREPARO

Coloque os ingredientes em um bule, cubra com 500 ml de água fervente, deixe descansar por 10-15 minutos, coe e sirva. Também pode ser tomado frio.

ATENÇÃO: Não tome este chá durante a gravidez.

Chá de mil-folhas e calêndula

ALIVIA A TPM

HARMONIZA AS EMOÇÕES

MELHORA A CIRCULAÇÃO

Rende 3-4 porções

Esta infusão possui ervas que beneficiam o corpo feminino. A mil-folhas e a calêndula melhoram a circulação, amenizam a estagnação de energia no abdômen e melhoram a circulação de sangue no útero. A verbena fortalece o fígado, libera a tensão e relaxa a mente. O pé-de-leão é adstringente e alivia congestões urinárias, e as folhas de framboesa ajudam a atenuar cólicas menstruais.

INGREDIENTES

1 colher (chá) de mil-folhas
1 colher (chá) de flores de calêndula
1 colher (chá) de pé-de-leão
1 colher (chá) de verbena
1 colher (chá) de folhas de framboesa

MODO DE PREPARO

Coloque os ingredientes em um bule, cubra com 500 ml de água fervente, deixe descansar por 10-15 minutos, coe e sirva. Também pode ser servido frio. Tome logo que começar a sentir dor, mas, se os sintomas persistirem, procure um médico.

ATENÇÃO: Não tome este chá durante a gravidez.

Calêndula *(Calendula officinalis)*
(p. 36) Tem propriedades adstringentes e anti-inflamatórias e as flores são ricas em antioxidantes.

Chá de escutelária e flor de laranjeira

ALIVIA A DEPRESSÃO

Rende 3-4 porções

Este chá pode ajudar a relaxar e a tranquilizar a mente, especialmente em casos de depressão. Todas as ervas dessa infusão são conhecidas por ajudar a aliviar a tensão, relaxar o corpo e a mente e melhorar o humor e a disposição.

INGREDIENTES

1 colher (chá) de escutelária
1 colher (chá) de flor de laranjeira
1 colher (chá) de erva-de-são-joão
1 colher (chá) de betônica
1 colher (chá) de melissa

MODO DE PREPARO

Coloque os ingredientes em um bule, cubra com 500 ml de água fervente, deixe descansar por 10-15 minutos, coe e sirva. O chá também pode ser tomado frio.

ATENÇÃO: Não tome este chá durante a gravidez.

Chá de folhas de frutas vermelhas

DESINTOXICANTE

Rende 3-4 porções

As folhas das frutas vermelhas são reconhecidas por sua capacidade de cura, revigoramento e rejuvenescimento. Use as folhas frescas para fazer esse chá na primavera e use-as secas em outras épocas do ano.

INGREDIENTES

2 colheres (chá) de folhas de amora
1 colher (chá) de folhas de morango
1 colher (chá) de folhas de framboesa
1 colher (chá) de folhas de groselha

MODO DE PREPARO

Coloque os ingredientes em um bule, cubra com 500 ml de água fervente, deixe descansar por 10-15 minutos, coe e sirva. Também pode ser tomado frio.

ATENÇÃO: Não tome este chá durante a gravidez.

Laranja *(Citrus aurantium)*
Os talos, folhas, flores e frutos maduros da laranjeira podem ser usados como fitoterápicos.

Infusão de hortelã e calêndula

REGULA A MENSTRUAÇÃO **RELAXANTE**

Rende 4 porções

Este chá traz alívio para os sintomas da tensão pré-menstrual (TPM) e para as cólicas menstruais. A hortelã libera as tensões e acalma a mente. A verbena e a agripalma são usadas para relaxar e regular a menstruação, além de aliviar dores e tensões. A calêndula faz bem para o útero e as rosas têm poder curativo.

INGREDIENTES

1 colher (chá) de hortelã
1 colher (chá) de flores de calêndula
1 colher (chá) de agripalma
1 colher (chá) de verbena
xarope de rosas (p. 194) para adoçar

MODO DE PREPARO

1 Coloque os ingredientes em um bule.
2 Cubra com 600 ml de água fervente, deixe descansar por 20 minutos, coe e sirva. O chá também pode ser servido à temperatura ambiente. Tome 1 xícara, duas ou três vezes por dia.

ATENÇÃO: Não tome esta infusão durante a gravidez.

"Esta infusão pode ser feita tanto com ervas frescas como secas; o ideal é tomá-la levemente amarga"

Chá de pilriteiro e lavanda

FORTALECE O CORAÇÃO E RELAXA OS VASOS **DÁ FORÇA APÓS ROMPIMENTOS**

Rende 3-4 porções

Algumas ervas podem ajudar a acalmar as dores de fim de relacionamentos, solidão e baixa autoestima. O pilriteiro ilumina o coração, a lavanda relaxa a mente, a rosa cura corações partidos e o jasmim e a flor de laranjeira renovam as esperanças e a vontade de recomeçar.

INGREDIENTES

1 colher (chá) de flor de pilriteiro
1 colher (chá) de lavanda
1 colher (chá) de pétalas de rosa
1 colher (chá) de flor de laranjeira
1 colher (chá) de jasmim

MODO DE PREPARO

Coloque os ingredientes em um bule, cubra com 500 ml de água fervente, deixe descansar por 10-15 minutos, coe e sirva. Também pode ser tomado frio.

Chá de urtiga e aparine

DESINTOXICANTE

Rende 2 porções

Este chá é desintoxicante e pode ser tomado em qualquer época do ano. A urtiga e a aparine podem ser batidas no liquidificador e tomadas como suco. A aparine ajuda a eliminar líquidos e a desinchar os olhos, enquanto a urtiga nutre o sangue e limpa o organismo, aumentando a produção de urina.

INGREDIENTES

2 colheres (chá) de folhas de urtiga
2 colheres (chá) de aparine

MODO DE PREPARO

Coloque os ingredientes em um bule, cubra com 300 ml de água fervente, deixe descansar por 10-15 minutos, coe e sirva. Também pode ser tomado frio.

Chá de alteia e verbasco

ALIVIA A TOSSE SECA

Rende 2 porções

As flores e as folhas de verbasco e todas as partes da alteia fornecem substâncias anti--inflamatórias que agem sobretudo nos sistemas respiratório e urinário. Esta infusão também pode ser usada contra tosse seca, ou nervosa, e bronquite.

INGREDIENTES

1 colher (chá) de folhas de verbasco
1 colher (chá) de folhas de alteia
1 colher (chá) de tanchagem

MODO DE PREPARO

Coloque os ingredientes em um bule, cubra com 300 ml de água fervente, deixe descansar por 10-15 minutos, coe e sirva. O chá também pode ser servido frio.

Chá de cavalinha e cabelo de milho

DIURÉTICO　　DIURÉTICO

Rende 5-6 porções

Este chá refrescante e desintoxicante é especialmente indicado para tratar inflamações ocasionais no trato urinário causadas por micro-organismos não identificados, como alguns casos de cistite. As ervas estimulam a urina e diminuem a inflamação.

INGREDIENTES

2 colheres (chá) de cavalinha
2 colheres (chá) de cabelo de milho
2 colheres (chá) de folhas de dente-de-leão
2 colheres (chá) de tanchagem
2 colheres (chá) de aparine

MODO DE PREPARO

Coloque os ingredientes em um bule de chá, cubra com 600 ml de água fervente, deixe descansar por 10-15 minutos, coe e sirva. Também pode ser tomado frio.

Dente-de-leão *(Taraxacum officinale)* *(p. 114) As folhas são muito ricas em vitaminas e minerais, principalmente cálcio.*

XAROPES

Os xaropes de frutas ajudam a aumentar a energia e a nutrir o organismo. Nestas receitas, as frutas recebem algumas doses de açúcar ou mel, que ajudam a aliviar tosses secas, garganta inflamada e outras irritações no aparelho respiratório.

Xarope de amora e limão

ALIVIA DORES DE GARGANTA **REJUVENESCE**

INGREDIENTES

1 kg de amoras
suco de 4 limões
350 g de açúcar

Rende 500 ml

As amoras são repletas de antioxidantes e são usadas em muitos remédios para resfriados e dores de garganta. Este xarope ainda leva limão, que dá acidez e ajuda a desintoxicar.

1 ***Em fogo baixo,*** *ferva as amoras e o suco de limão em 600 ml de água por 15 minutos.*

2 ***Deixe esfriar*** *por 10 minutos, passe a mistura em uma peneira e jogue fora o que ficar retido. Adicione o açúcar. Mexa bem e coloque em fogo baixo. Após o açúcar dissolver, deixe mais 5 minutos ou até a mistura ganhar consistência de xarope.*

3 ***Coloque em uma garrafa esterilizada*** *(p. 194), tampe, refrigere e use em poucos dias. Para se refrescar, dilua o xarope em água mineral, com ou sem gás, e adicione folhas de hortelã, gelo e fatias de limão.*

Xarope de sabugueiro

TÔNICO PARA O INVERNO

Rende 500 ml

Este xarope funciona como um tônico para o inverno. Os frutos e as flores do sabugueiro, bem como o gengibre, ajudam a fortalecer o organismo contra gripes e resfriados. O anis limpa os pulmões, enquanto o gengibre e a canela ajudam a aquecer. É um remédio indicado para combater tosses secas.

INGREDIENTES

50 g de flores de sabugueiro frescas ou secas
100 g de frutos de sabugueiro (se forem secos, reidrate antes)
1 pau de canela
1 colher (chá) de sementes de anis
1 colher (sopa) de gengibre picado
400 g de açúcar
suco de ½ limão

MODO DE PREPARO

1 Coloque todos os ingredientes, exceto o açúcar e o suco do limão, em uma panela, adicione 1 litro de água, cubra e deixe reduzir em fogo baixo por 25-30 minutos.
2 Coe a mistura para uma jarra medidora. Ponha 600 ml em uma panela e junte o açúcar (o líquido restante pode ser servido como chá).
3 Mexa suavemente, em fogo baixo, para dissolver o açúcar. Quando estiver dissolvido por completo, coloque o suco de limão e ferva por mais 10-15 minutos, sem tampa. Aumente o fogo e ferva por mais 2-3 minutos. Tire do fogo.
4 Guarde em uma garrafa esterilizada (p. 194) de 600 ml, feche bem e coloque uma etiqueta com os ingredientes e a data de preparo. Mantenha na geladeira e consuma em 3-4 semanas.
5 Consuma 1 colher (sopa) do xarope em 1 xícara de água quente ou fria, ou passe em cima de panquecas.

Sabugueiro *(Sambucus nigra)*
(p. 104) É uma árvore decídua, da mesma família da madressilva, com longo histórico de uso terapêutico.

Xarope de violeta e gengibre

ALIVIA INFLAMAÇÃO

Rende 400-500 g

Este xarope contém violeta, gengibre, tanchagem e dokudami. Deve ser feito na primavera, quando todos os ingredientes estão frescos. Boa parte das ervas desta receita tem ação expectorante e anti-inflamatória. O gengibre fresco é diaforético. A dokudami tem sabor cítrico, que combina bem com o gengibre.

INGREDIENTES

20 g de flores e folhas de violeta
30 g de gengibre
20 g de folhas de tanchagem
30 g de folhas de dokudami
500 ml de mel

MODO DE PREPARO

1 Colha as flores e as folhas com cuidado, lave e seque.
2 Pique todas as flores e folhas, coloque em uma jarra e cubra com mel. Mexa bem, cobrindo todas as ervas.
3 Tampe e deixe em um lugar fresco e arejado por cinco dias. Peneire a mistura e transfira para uma garrafa esterilizada (p. 194). Jogue fora as ervas retidas na peneira.
4 Feche a garrafa, colocando uma etiqueta com o nome dos ingredientes e a data de preparo. Tome diluído em água quente ou fria e consuma em 2-3 semanas.

Gengibre *(Zingiber officinale)*
O gengibre é conhecido por suas propriedades anti-inflamatórias, ajudando a aliviar dores musculares e articulares.

Xarope de melissa e mel

RELAXANTE

Rende 125 g

O ideal é preparar este xarope no fim da primavera, quando a planta ainda não está tão fibrosa e com as folhas menos suculentas. Pode ser usado para adoçar outros chás e bebidas frias de verão, ou sirva-o misturado em água quente ou fria.

INGREDIENTES

20 g de melissa
100 ml de mel
suco de ½ limão

MODO DE PREPARO

1 Coloque as folhas, o limão e o mel em um processador e bata até obter um purê verde e homogêneo.

2 Mantenha o purê na geladeira por 1-2 semanas. Dilua em água quente ou fria.

Melissa *(Melissa officinalis)*
(p. 83) Possui efeito sedativo e revigorante. Também abaixa a febre e melhora a digestão.

Xarope de rosa-mosqueta

FORTALECE AS ARTICULAÇÕES **NUTRE A PELE**

Rende 700 ml

A rosa-mosqueta contém vitaminas A, B1, B2 e uma alta concentração de vitamina C. É conhecida por sua ação anti-inflamatória, ajudando a aliviar dores musculares e articulares, incluindo artrite. Também possui ação anti-hemorrágica, diurética e ajuda na regeneração da pele, mantendo os níveis de colágeno.

INGREDIENTES

500 g de rosa-mosqueta
400 g de açúcar

MODO DE PREPARO

1 Colha as rosas-mosquetas no outono, quando estão na melhor forma.

2 Corte os frutos ao meio, retirando as sementes e os pelos com uma colher pequena (esses pelos podem irritar a pele, portanto use luvas no manuseio). Lave cada metade em água corrente.

3 Coloque os frutos em uma panela com 600 ml de água e deixe ferver, sem tampa e em fogo baixo, por 20-30 minutos, ou até o fruto ficar macio e a água reduzida.

4 Escorra e reserve a água, jogando fora os frutos. Adicione o açúcar e leve ao fogo baixo para que dissolva por completo. Quando o açúcar derreter, aumente o fogo e ferva por 2-3 minutos. Guarde o xarope em uma garrafa esterilizada de 250 ml (p. 194), colocando uma etiqueta com o nome dos ingredientes e a data de preparo. Mantenha na geladeira e consuma em até seis semanas.

Rosa-mosqueta *(Rosa canina)*
(p. 95) O fruto da rosa-mosqueta é rico em vitamina C e flavonoides antioxidantes.

Xarope de verbasco e anis

EXPECTORANTE

Rende 200 ml

Este xarope ajuda a tratar tosses, pois possui tinturas de verbasco, tomilho, anis e alteia, combinadas com a ação anti-inflamatória do alcaçuz e da tanchagem. O mel, além de tornar as tinturas mais palatáveis, lubrifica e diminui a irritação das vias respiratórias.

INGREDIENTES

4 colheres (chá) de tintura de verbasco
4 colheres (chá) de tintura de raiz de alteia
1 colher (sopa) de tintura de anis
1 colher (sopa) de tintura de tomilho
4 colheres (chá) de tintura de tanchagem
2 colheres (chá) de tintura de alcaçuz
100 ml de mel

MODO DE PREPARO

Misture todas as tinturas com o mel e guarde em uma garrafa esterilizada de 250 ml (p. 194). Tampe e ponha uma etiqueta com o nome dos ingredientes e a data de preparo. Mantenha na geladeira e consuma em até quatro meses.

ATENÇÃO: Não tome este xarope durante a gravidez.

Xarope de rosas

RELAXA   ALIVIA CÓLICAS MENSTRUAIS

Rende aproximadamente 500 ml

Use este xarope para adoçar infusões à base de ervas, em panquecas e sorvetes, ou misture com água mineral com ou sem gás. A rosa-de-damasco *(Rosa x damascena)* é ideal para esta receita, devido à cor escura e ao perfume das pétalas, porém a rosa vermelha *(Rosa gallica)* também pode servir. Mantenha o fogo sempre baixo para ter um bom xarope.

INGREDIENTES

225 g de açúcar cristal
suco coado de 1 limão
suco coado de 1 laranja
100 g de pétalas de rosas secas ou 10 rosas frescas

MODO DE PREPARO

1 Dissolva o açúcar em 300 ml de água em uma panela pequena, em fogo baixo. Não deixe ferver. Coloque os sucos, mantenha o fogo baixo e deixe reduzir por mais 5 minutos.

2 Nos 15 minutos seguintes, adicione as pétalas de rosas, 1 colher (sopa) por vez, e mexa bem. Retire do fogo, deixe esfriar e coe. Guarde em uma garrafa esterilizada e tampe. Cole uma etiqueta com o nome dos ingredientes e a data de preparo. Mantenha na geladeira e consuma em um mês e meio.

OBSERVAÇÃO: Para esterilizar uma garrafa de vidro, lave-a bem com sabão e água quente. Deixe secar; então, leve ao forno (140ºC) por 15 minutos.

Xarope de cereja

ACELERA A RECUPERAÇÃO MUSCULAR

REGULA O SONO

Rende aproximadamente 600 ml

Os corredores de longa distância tomam suco de cereja concentrado antes e depois de se exercitarem, pois esses frutos têm ação anti-inflamatória e ajudam na recuperação muscular. As cerejas também ajudam a rejuvenescer, fazem bem ao fígado e regulam o sono. Para 400 ml de suco, são necessárias mais ou menos 200 cerejas, ou 660 g.

INGREDIENTES

400 ml de suco de cereja
250 g de açúcar

MODO DE PREPARO

1 Coloque o suco em uma panela, adicione o açúcar e mantenha em fogo baixo até o açúcar dissolver. Mexa sempre e deixe reduzir por mais 20 minutos, sempre em fogo baixo.
2 Coe a mistura e coloque em uma garrafa esterilizada (p. 194). Tampe e consuma em poucas semanas.
3 Tome diluído em água fria ou quente.

Cereja *(Prunus cerasus)* *É revigorante, pois contém antocianinas, betacaroteno, vitaminas e potássio.*

Xarope de equinácea e tomilho

FORTALECE A IMUNIDADE

Rende 500 ml

Tome regularmente para ajudar o organismo a se fortalecer, promovendo a cura mais rápida em casos de gripes e resfriados. Prepare o xarope no fim da primavera, quando o tomilho e a tanchagem estão crescendo vigorosamente e a equinácea já pode ser colhida.

INGREDIENTES

20 g de tomilho
20 g de tanchagem
20 g de raiz e folhas jovens de equinácea
10 g de gengibre ralado
10 g de alho amassado
1 pimenta vermelha picada
400 ml de vodca de boa qualidade
100 ml de mel

MODO DE PREPARO

1 Lave as ervas frescas, seque e pique bem.
2 Coloque todos os ingredientes (menos o mel e a vodca) em um pote de vidro com tampa. Adicione a vodca, feche bem, agite e cole uma etiqueta com o nome dos ingredientes e a data de preparo. Mantenha em lugar escuro e agite pelo menos uma vez por dia, por três semanas.
3 Coe a mistura e adicione o mel. Mexa com cuidado até que esteja tudo bem homogêneo. Devolva ao pote de vidro etiquetado. Tome 1 colher (chá), duas ou três vezes ao dia, ou até 6 colheres no início da gripe. Consuma o xarope em até nove meses.

ATENÇÃO: Não tome este xarope durante a gravidez.

TINTURAS

As tinturas são extratos concentrados feitos com álcool, que duram bastante tempo. Estas receitas ajudam no preparo de extratos simples e possibilitam explorar os benefícios das ervas.

Tintura de hortelã e tomilho

ALIVIA OS INCÔMODOS INTESTINAIS

INGREDIENTES

25 g de hortelã
15 g de tomilho
25 g de camomila
20 g de mil-folhas
15 g de raiz de alcaçuz
500 ml de vodca de boa qualidade

Rende aproximadamente 500 ml

Esta tintura tem um sabor delicioso e pode ser servida como aperitivo antes das refeições, já que auxilia a digestão e os movimentos intestinais, liberando os gases. Use em até seis meses.

ATENÇÃO: Não tome esta tintura durante a gravidez.

1 ***Coloque todos os ingredientes,*** *exceto a vodca, em um pote esterilizado.*

2 ***Cubra com a vodca,*** *mexa bem e verifique se todos os ingredientes estão imersos. Tampe e deixe em lugar escuro. Agite o pote todos os dias, por três semanas.*

3 ***Coe a mistura*** *com um pedaço de musselina (forre uma peneira comum com o tecido) e guarde em uma garrafa de vidro escuro. Cole uma etiqueta com o nome dos ingredientes e a data de preparo. Dilua 1 colher (chá) em 1 copo de água fria ou morna e tome antes ou após as refeições.*

Tintura de sabugueiro e alcaçuz

TÔNICO PARA O INVERNO

Rende 300-350 ml

Em dias frios precisamos de algum complemento para fortalecer as defesas do organismo e aumentar a resistência contra os agentes patogênicos. Esta tintura reúne plantas que ajudam a prevenir gripes e resfriados, mas também pode ser tomada para encurtar a duração dessas infecções.

INGREDIENTES

25 g de frutos de sabugueiro
25 g de raiz de equinácea
10 g de raiz de alcaçuz
10 g de gengibre ralado
10 g de canela em pau
20 g de hortelã-pimenta
400 ml de vodca de boa qualidade

MODO DE PREPARO

1 Pique bem todos os ingredientes, mas sem pulverizá-los.
2 Coloque em um pote esterilizado, cobrindo com a vodca. Tampe, agite algumas vezes e verifique se todos os ingredientes estão imersos.
3 Deixe o pote em lugar escuro e agite-o todos os dias, por três semanas.
4 Coe a mistura com um pedaço de musselina (forre uma peneira comum com o tecido) e coloque em uma garrafa esterilizada de vidro escuro de 350-400 ml (p. 194).
5 Cole uma etiqueta com o nome dos ingredientes e a data de preparo. Tome algumas gotas por dia ou 1 colher (chá), duas ou três vezes ao dia. O prazo de validade é de seis meses.

ATENÇÃO: Não tome esta tintura durante a gravidez.

Hortelã-pimenta *(Mentha x piperita)*
(p. 84) Possui um sabor refrescante e ajuda a limpar os pulmões.

Tintura de tília e pilriteiro

ALIVIA OS SINTOMAS DO ESTRESSE

TÔNICO CARDÍACO

Rende 300-350 ml

Esta tintura diminui as palpitações e os desconfortos causados pelo estresse e pela ansiedade. Os frutos do pilriteiro e a melissa fortalecem o coração. A tília, assim como a melissa, ajuda a relaxar e a regular o sono. A mil-folhas e o viburno afrouxam os vasos sanguíneos, diminuindo a pressão.

INGREDIENTES

20 g de flor de tília
20 g de frutos de pilriteiro
20 g de mil-folhas
20 g de melissa
20 g de viburno
400 ml de vodca de boa qualidade

MODO DE PREPARO

1 Pique bem todos os ingredientes, mas sem pulverizá-los.
2 Coloque em um pote esterilizado, cobrindo com a vodca. Tampe, agite algumas vezes e verifique se todos os ingredientes estão imersos.
3 Deixe em lugar escuro e agite o pote pelo menos uma vez ao dia, por três semanas.
4 Coe a mistura com um pedaço de musselina (forre uma peneira comum com o tecido) e guarde em uma garrafa esterilizada de vidro escuro de 350-400 ml (p. 194).
5 Cole uma etiqueta com o nome dos ingredientes e a data de preparo. Tome algumas gotas por dia ou 1 colher (chá), duas ou três vezes ao dia. O prazo de validade é de seis meses.

ATENÇÃO: Não use esta tintura durante a gravidez ou se estiver tomando medicação controlada.

Tília *(Tilia cordata)* *(p. 118)*
Há várias espécies de tília; esta tem as folhas pequenas.

Tintura de maracujá e camomila

ALIVIA A INSÔNIA

Rende 300-350 ml

Os ingredientes desta tintura se complementam e são conhecidos por ajudar a melhorar o sono. A valeriana é sedativa e a cereja regula o sono; ambos contribuem para diminuir o tempo necessário para adormecer.

INGREDIENTES

20 g de flor de maracujá
20 g de camomila
20 g de raiz de valeriana
30 g de cerejas secas ou frescas
400 ml de vodca de boa qualidade

MODO DE PREPARO

1 Pique bem todos os ingredientes, mas sem pulverizá-los.
2 Coloque em um pote esterilizado, cobrindo com a vodca. Tampe, agite algumas vezes e verifique se todos os ingredientes estão imersos.
3 Deixe em lugar escuro. Agite o pote pelo menos uma vez ao dia, por três semanas.
4 Coe a mistura com um pedaço de musselina (forre uma peneira comum com o tecido). Guarde a mistura em uma garrafa esterilizada de vidro escuro de 350-400 ml (p. 194).
5 Cole uma etiqueta com o nome dos ingredientes e a data de preparo. Tome algumas gotas por dia ou 1 colher (chá), duas vezes ao dia, no fim da tarde e antes de dormir. O prazo de validade é de seis meses.

OBSERVAÇÃO: A melhor maneira de usar esta tintura é acertar a dose mínima, pois grandes quantidades não fazem efeito.

Camomila *(Matricaria recutita)*
(p. 80) É um sonífero leve, pois possui propriedades relaxantes.

Tintura de agnocasto e angélica

ALIVIA AS CÓLICAS MENSTRUAIS

HARMONIZA AS EMOÇÕES

Rende 300-350 ml

Esta mistura de ervas alivia os sintomas da tensão pré-menstrual (TPM). A angélica aumenta o fluxo de sangue e, combinada com o agnocasto, equilibra os hormônios. A junção das tinturas também descongestiona a região pélvica, eliminando a dor e ajudando a equilibrar emoções como ansiedade e depressão leve, associada a variações hormonais.

INGREDIENTES

20 g de agnocasto
20 g de angélica
20 g de agripalma
20 g de viburno
20 g de camomila
400 ml de vodca de boa qualidade

MODO DE PREPARO

1 Pique bem todos os ingredientes, mas sem pulverizá-los.
2 Coloque em um pote esterilizado, cobrindo com a vodca. Tampe, agite algumas vezes e verifique se todos os ingredientes estão imersos.
3 Deixe em lugar escuro. Agite o pote pelo menos uma vez ao dia, por três semanas.
4 Coe a mistura com um pedaço de musselina (forre uma peneira comum com o tecido) e guarde em uma garrafa esterilizada de vidro escuro de 350-400 ml (p. 194).
5 Cole uma etiqueta com o nome dos ingredientes e a data de preparo. Tome algumas gotas por dia ou 1 colher (chá), duas ou três vezes ao dia. O prazo de validade é de seis meses.

ATENÇÃO: Não tome esta tintura durante a gravidez.

Tintura de goji e ginseng

ENERGIZANTE

Rende 300-350 ml

Esta tintura também leva aveia. Se conseguir, use as partes aéreas para melhores resultados, mas os grãos secos, encontrados com facilidade, também são eficazes. Esta receita aumenta os mecanismos de defesa do corpo e fornece uma sensação de bem-estar, equilibrando as energias do fígado.

INGREDIENTES

25 g de goji
25 g de ginseng
25 g de aveia
20 g de esquisandra
5 g de raiz de alcaçuz
400 ml de vodca de boa qualidade

MODO DE PREPARO

1 Pique bem todos os ingredientes, mas sem pulverizá-los.
2 Coloque em um pote esterilizado, cobrindo com a vodca. Tampe, agite algumas vezes e verifique se todos os ingredientes estão imersos.
3 Deixe em lugar escuro. Agite o pote pelo menos uma vez ao dia, por três semanas.
4 Coe a mistura com um pedaço de musselina (forre uma peneira comum com o tecido) e guarde em uma garrafa esterilizada de vidro escuro de 350-400 ml (p. 194).
5 Cole uma etiqueta com o nome dos ingredientes e a data de preparo. Tome algumas gotas por dia ou 1 colher (chá), duas ou três vezes ao dia. O prazo de validade é de seis meses.

ATENÇÃO: Não tome esta tintura durante a gravidez.

Tintura de trevo-dos-prados e aparine

ALIVIA A PELE IRRITADA

Rende 300-350 ml

Estas ervas são usadas no tratamento de doenças dermatológicas agudas ou crônicas, como acne, eczema e psoríase, pois ajudam a desintoxicar o organismo por meio da urina. Também têm efeito laxante e estimulam a vesícula e o fígado.

INGREDIENTES

15 g de trevo-dos-prados
15 g de aparine
20 g de amor-perfeito
20 g de violeta *(Viola odorata)*
20 g de raiz de mahonia *(Mahonia aquifolium)*
20 g de centelha asiática
400 ml de vodca de boa qualidade

MODO DE PREPARO

1 Pique bem todos os ingredientes, mas sem pulverizá-los.
2 Coloque em um pote esterilizado, cobrindo com a vodca. Tampe, agite algumas vezes e verifique se todos os ingredientes estão imersos.
3 Deixe em lugar escuro. Agite o pote pelo menos uma vez ao dia, por três semanas.
Coe a mistura com um pedaço de musselina (forre uma peneira comum com o tecido) e guarde em uma garrafa esterilizada de vidro escuro de 350-400 ml (p. 194).
4 Cole uma etiqueta com o nome dos ingredientes e a data de preparo. Tome algumas gotas por dia ou 1 colher (chá), duas ou três vezes ao dia. O prazo de validade é de seis meses.

ATENÇÃO: Não tome esta tintura durante a gravidez.

Tintura de equinácea e sabugueiro

AUMENTA A RESISTÊNCIA A GRIPES E RESFRIADOS

Rende para um mês

Esta combinação de ervas é ótima para prevenir gripes e resfriados, além de aquecer o corpo contra o frio, graças ao gengibre, que também é antibactericida. O tomilho, o alho e a pimenta também possuem ação antibactericida e são diaforéticos.

INGREDIENTES

20 g de gengibre
80 g de raiz de equinácea seca ou fresca
20 g de folhas de tomilho
2 dentes de alho (opcional)
1 pimenta vermelha com sementes (opcional)
80 g de frutos de sabugueiro secos ou frescos
500 ml de vodca de boa qualidade

MODO DE PREPARO

1 Fatie o gengibre e a raiz de equinácea. Pique bem todos os outros ingredientes.
2 Esprema os frutos do sabugueiro e coloque tudo em um pote esterilizado, cobrindo com a vodca. Tampe, agite algumas vezes e verifique se todos os ingredientes estão imersos.
3 Deixe em lugar escuro. Agite o pote pelo menos uma vez ao dia, por três semanas. Coe a mistura com um pedaço de musselina (forre uma peneira comum com o tecido) e guarde em uma garrafa esterilizada de vidro escuro (p. 194).
4 Cole uma etiqueta com o nome dos ingredientes e a data de preparo. Tome 5 ml (1 colher de chá), duas ou três vezes ao dia, com água quente ou fria. Pode ser tomada durante todo o inverno e outono e no início da primavera.

Tintura de dente-de-leão e bardana

DESINTOXICANTE

Rende 300-350 ml

O ambiente poluído em que a maioria das pessoas vive sobrecarrega o fígado, por isso é tão importante manter esse órgão saudável. Esta tintura de ervas amargas estimula o fígado a eliminar toxinas, melhora a circulação sanguínea e ajuda a manter a tranquilidade.

INGREDIENTES

20 g de raiz de dente-de-leão
20 g de raiz de bardana
20 g de frutos de esquisandra
10 g de folhas de alcachofra
20 g de cardo-mariano
10 g de raiz de genciana *(Gentiana lutea)*
400 ml de vodca de boa qualidade

MODO DE PREPARO

1 Pique bem todos os ingredientes, mas sem pulverizá-los.
2 Coloque em um pote esterilizado, cobrindo com a vodca. Tampe, agite algumas vezes e verifique se todos os ingredientes estão imersos.
3 Deixe em lugar escuro. Agite o pote pelo menos uma vez ao dia, por três semanas.
4 Coe a mistura com um pedaço de musselina (forre uma peneira comum com o tecido) e guarde em uma garrafa esterilizada de vidro escuro de 350-400 ml (p. 194).
5 Cole uma etiqueta com o nome dos ingredientes e a data de preparo. Tome algumas gotas por dia ou 1 colher (chá), duas ou três vezes ao dia. O prazo de validade é de seis meses.

ATENÇÃO: Não tome esta tintura durante a gravidez.

Tintura de viburno e valeriana

ANALGÉSICO (LEVE) **ALIVIA AS CÓLICAS MENSTRUAIS**

Rende 300-350 ml

Dores espasmódicas causadas por estresse, desconfortos associados à irritabilidade, sono agitado e problemas gástricos de fundo nervoso são alguns dos sintomas que esta tintura ajuda a aliviar. O maracujá, a valeriana e a camomila têm efeito calmante, enquanto o viburno combate as dores.

INGREDIENTES

25 g de viburno
25 g de raiz de valeriana
20 g de flor de maracujá
20 g de camomila
400 ml de vodca de boa qualidade

MODO DE PREPARO

1 Pique bem todos os ingredientes, mas sem pulverizá-los.
2 Coloque em um pote esterilizado, cobrindo com a vodca. Tampe, agite algumas vezes e verifique se todos os ingredientes estão imersos.
3 Deixe em lugar escuro. Agite o pote pelo menos uma vez ao dia, por três semanas.
4 Coe a mistura com um pedaço de musselina (forre uma peneira comum com o tecido) e guarde em uma garrafa esterilizada de vidro escuro de 350-400 ml (p. 194).
5 Cole uma etiqueta com o nome dos ingredientes e a data de preparo. Tome algumas gotas por dia ou 1 colher (chá), duas ou três vezes ao dia. O prazo de validade é de seis meses.

ATENÇÃO: Não tome esta tintura durante a gravidez.

Tintura de erva-de-são-cristóvão e sálvia

ALIVIA OS SINTOMAS DA MENOPAUSA

Rende 300-350 ml

As ervas podem ser grandes aliadas das mulheres que sofrem com a tensão pré-menstrual e a menopausa. O agnocasto ajuda a regular os hormônios, enquanto a erva-de-são-cristóvão é conhecida como um tônico uterino, além de relaxante. A sálvia e a esquisandra diminuem a transpiração excessiva produzida na menopausa. As ondas de calor e as palpitações são amenizadas pela escutelária e pela agripalma.

INGREDIENTES

20 g de erva-de-são-cristóvão
15 g de agnocasto
10 g de sálvia
20 g de esquisandra
15 g de agripalma
20 g de escutelária
400 ml de vodca de boa qualidade

MODO DE PREPARO

1 Pique bem todos os ingredientes, mas sem pulverizá-los.
2 Coloque em um pote esterilizado, cobrindo com a vodca. Tampe, agite algumas vezes e verifique se todos os ingredientes estão imersos.
3 Deixe em lugar escuro. Agite o pote pelo menos uma vez ao dia, por três semanas.
4 Coe a mistura com um pedaço de musselina (forre uma peneira comum com o tecido) e guarde em uma garrafa esterilizada de vidro escuro de 350-400 ml (p. 194).
5 Cole uma etiqueta com o nome dos ingredientes e a data de preparo. Tome algumas gotas por dia ou 1 colher (chá), duas ou três vezes ao dia. O prazo de validade é de seis meses.

ATENÇÃO: Não tome esta tintura durante a gravidez.

Sálvia *(Salvia officinalis)* *(p. 102)*
Aumenta a vitalidade, fortalece o sistema nervoso e pode ajudar a melhorar a memória.

Tintura de bétula e urtiga

ALIVIA AS INFECÇÕES NO TRATO URINÁRIO (♂)

ALIVIA AS INFECÇÕES NO TRATO URINÁRIO (♀)

Rende 300-350 ml

Esta tintura ajuda a tratar disfunções urinárias, inchaços, retenção de líquidos e de ácido úrico, pois estimula a eliminação dos resíduos metabólicos, aumenta o fluxo de urina e revigora o trato urinário. Não use sem a orientação de um fitoterapeuta caso tenha sintomas de pedras nos rins.

INGREDIENTES

25 g de raiz de urtiga
15 g de folhas de bétula
25 g de parietária *(Parietaria officinalis)*
15 g de folhas de groselha
20 g de álamo *(Populus tremuloides)*
400 ml de vodca de boa qualidade

MODO DE PREPARO

1 Pique bem todos os ingredientes, mas sem pulverizá-los.
2 Coloque em um pote esterilizado, cobrindo com a vodca. Tampe, agite algumas vezes e verifique se todos os ingredientes estão imersos.
3 Deixe em lugar escuro. Agite o pote pelo menos uma vez ao dia, por três semanas.
4 Coe a mistura com um pedaço de musselina (forre uma peneira comum com o tecido) e guarde em uma garrafa esterilizada de vidro escuro de 350-400 ml (p. 194).
5 Cole uma etiqueta com o nome dos ingredientes e a data de preparo. Tome algumas gotas por dia ou 1 colher (chá), duas ou três vezes ao dia. O prazo de validade é de seis meses.

ATENÇÃO: Se os sintomas persistirem, consulte um médico. Não tome esta tintura durante a gravidez.

SOPAS

As sopas são bastante associadas à recuperação de pessoas doentes. Estas receitas fazem bem à saúde, são deliciosas e foram especialmente elaboradas para incluir nutrientes essenciais de cada planta.

Sopa de abóbora e gengibre

AQUECE E NUTRE

Rende 4-6 porções

Esta sopa é ótima para o inverno, com um toque oriental graças às raspas de limão e gengibre, que possuem propriedades curativas e ajudam a combater e prevenir gripes e resfriados. Além disso, esquenta o corpo, melhora a absorção de nutrientes e facilita a digestão.

INGREDIENTES

2 colheres (sopa) de azeite
1 kg de abóbora em pedaços
1 alho-poró médio em fatias
4 dentes de alho amassados
2 colheres (sopa) de gengibre picado
1,5 litro de caldo de legumes
suco e raspas de limão a gosto
sal e pimenta a gosto

MODO DE PREPARO

1 Aqueça o azeite em uma panela. Adicione a abóbora e o alho-poró e refogue por alguns minutos. Junte o alho e o gengibre, mexendo mais. Despeje um pouquinho do caldo de legumes, só para não grudar, e continue refogando até os ingredientes ficarem levemente macios. Coloque o resto do caldo e deixe ferver em fogo baixo por cerca de 10 minutos ou até a abóbora cozinhar.
2 Retire do fogo, junte as raspas e o suco de limão, acerte o tempero e sirva. Se preferir, bata no liquidificador.

Alho *(Allium sativum)* *(p. 19) É um dos ingredientes mais usados na cozinha para temperar. Também ajuda a prevenir e a tratar infecções bacterianas.*

Sopa de vagem e coentro

LIMPA O ORGANISMO

Rende 4 porções

Esta sopa ajuda a equilibrar os níveis de glicose no sangue. Pesquisas mostram que a vagem contém uma substância chamada arginina, que atua como a insulina, regulando a quantidade de glicose no sangue, apesar de ser mais fraca e agir de forma mais lenta. A vagem também é diurética.

INGREDIENTES

2 batatas grandes picadas
2 colheres (sopa) de azeite
1 cebola picada
2 cenouras cortadas em rodelas
1 kg de vagens picadas
3 dentes de alho picados
1 pimenta vermelha sem sementes e picada
1 colher (chá) de páprica picante
sal e pimenta a gosto
4 colheres (sopa) de folhas de coentro picadas
4 colheres (sopa) de creme de leite adicionadas na hora de servir

MODO DE PREPARO

1 Coloque as batatas para ferver.
2 Aqueça o azeite em uma frigideira funda e refogue a cebola. Junte as cenouras, mexa bem e refogue por mais tempo. Coloque a vagem e refogue por mais alguns minutos. Diminua o fogo, tampe a frigideira e deixe cozinhar por alguns minutos. Junte o alho, a páprica e a pimenta.
3 Verifique se os legumes liberaram água o suficiente para que não grudem no fundo da panela. Se necessário, coloque 1-2 colheres (sopa) de água.
4 Quando as vagens estiverem quase macias, junte as batatas com parte da água em que foram cozidas.
5 Cozinhe a sopa por mais um tempo, mexendo bem. Tempere com sal e pimenta.
6 Sirva com 1 colher (sopa) de creme de leite e folhas de coentro por cima.

Pimenta-malagueta *(Capsicum frutescens)* *(p. 38) As pimentas vermelhas, frescas ou secas, estimulam a circulação e ajudam a digestão.*

Sopa de raiz de bardana e cenoura

LIMPA O ORGANISMO

Rende 4 porções

Esta sopa é desintoxicante e suave. A raiz de bardana normalmente é usada no tratamento de problemas dermatológicos, como eczema, e de desordens reumáticas. Pode ser facilmente encontrada em lojas de produtos orientais.

INGREDIENTES

3 minicebolas picadas
100 g de raiz de bardana fresca picada
3 cenouras grandes picadas
2 dentes de alho amassados
sal e pimenta a gosto
1 colher (sopa) de folhas de levístico picadas
um fio de óleo de semente de abóbora ou azeite

MODO DE PREPARO

1 Coloque 2 colheres (sopa) de água em uma panela, junte as minicebolas e cozinhe por 2 minutos, mexendo de vez em quando até amaciarem. Junte a raiz de bardana e as cenouras. Tampe, abaixe o fogo e deixe cozinhar.
2 Verifique o cozimento a cada 2 minutos e, se necessário, coloque um pouquinho de água. Quando os ingredientes estiverem macios, adicione o alho e cozinhe um pouco mais. Junte 500 ml de água e ferva em fogo baixo por 5 minutos.
3 Passe a sopa para o liquidificador e bata até obter uma mistura homogênea. Tempere com sal e pimenta e sirva em tigelas. Finalize com o fio de óleo e as folhas de levístico.

Levístico *(Levisticum officinale)* *(p. 77)*
Contém quercetina, um flavonoide que possui diversos benefícios, entre eles, ação anti-inflamatória.

Sopa de goji e hortelã

REJUVENESCE A PELE

Rende 4 porções

Os frutos de goji têm sido considerados um superalimento que ajuda a proteger o corpo da ação de radicais livres, evitando o envelhecimento precoce. Além disso, aliviam o estresse e a ansiedade, melhorando o sono e os níveis de energia do corpo.

INGREDIENTES

100 g de frutos de goji secos
1 colher (sopa) de azeite
3 minicebolas picadas
2 tomates sem pele bem picados
600 ml de caldo de legumes
1 colher (sopa) de hortelã picada, mais um pouco para decorar

MODO DE PREPARO

1 Lave os frutos de goji e deixe de molho por alguns minutos para reidratar. Aqueça o azeite em uma frigideira, refogue as cebolas e junte os tomates e os frutos de goji. Mexa por alguns minutos e acrescente o caldo de legumes. Espere ferver, abaixe o fogo e deixe reduzir por 20 minutos.

2 Adicione as folhas de hortelã e desligue o fogo. Coloque a sopa no liquidificador e bata bem até obter uma mistura homogênea. Sirva com folhinhas de hortelã por cima.

OBSERVAÇÃO: Para tirar a pele dos tomates, faça cortes longitudinais neles, coloque-os em uma vasilha e jogue água fervente por cima. Espere 1-2 minutos, retire-os com uma escumadeira e mergulhe-os em água fria. A pele deve sair facilmente.

Sopa de urtiga e batata-doce

PURIFICA A PELE

TÔNICO
ADSTRINGENTE

Rende 4 porções

A sopa de urtiga tem sido usada como tônico na Europa há muito tempo. A urtiga é rica em vitaminas e minerais e ajuda a purificar o sangue, a eliminar toxinas e a diminuir a pressão arterial, além de nutrir os cabelos e a pele.

INGREDIENTES

1 colher (sopa) de azeite
1 cebola média picada
1 batata-doce picada
2 dentes de alho amassados
1 litro de caldo de legumes
250 g de folhas de urtiga picadas
sal e pimenta a gosto
2-3 colheres (sopa) de missô
4 colheres (chá) de iogurte natural

MODO DE PREPARO

1 Aqueça o azeite em uma frigideira e refogue as cebolas e a batata-doce por 2-3 minutos. Adicione o alho e o caldo e espere ferver. Abaixe o fogo e cozinhe por 20 minutos. Junte a urtiga e desligue o fogo.
2 Coloque a sopa no liquidificador e bata até obter uma mistura homogênea.
3 Junte o missô e tempere com sal e pimenta a gosto. Sirva em cumbucas com 1 colher (chá) de iogurte sobre cada uma.

Sopa de ginseng e astragalo

ENERGIZANTE MELHORA A DIGESTÃO

Rende 4 porções

O ginseng ajuda na convalescência de doenças graves e prolongadas. A raiz de astragalo é conhecida por seus benefícios ao sistema imunológico, fortalecendo os pulmões e prevenindo as infecções. Os cogumelos são ricos em proteínas, sais minerais, ferro, vitaminas B1 e B2, cálcio e outros elementos essenciais à saúde.

INGREDIENTES

15 g de raiz de astragalo fresca ou seca
15 g de raiz de ginseng fresca ou seca
6 minicebolas com casca
3 dentes de alho com casca
1 cenoura grande
um pedaço de 2,5 cm de gengibre
150 g de shitake fresco
150 g de cogumelos
1 pedaço de alga wakame fatiada
15 g de frutos de goji reidratados
200 g de macarrão do tipo soba
2-3 colheres (sopa) de missô
um punhado de salsinha picada
pimenta a gosto

MODO DE PREPARO

1 Coloque as raízes de astragalo e ginseng, a cebola, o alho, a cenoura e o gengibre em uma panela. Cubra com 1,5 litro de água e deixe ferver. Espere reduzir, em fogo bem baixo, por meia hora.

2 Tire do fogo, passe no coador e coloque de novo o líquido na panela. Jogue fora as raízes de ginseng e astragalo. Tire a casca dos dentes de alho e das cebolas e devolva-os à panela. Adicione, em seguida, os cogumelos, a cenoura picada e a alga, e espere ferver de novo. Acrescente os frutos de goji e ferva por mais 10 minutos. Junte o macarrão e cozinhe por mais 5-7 minutos.

3 Sirva a sopa em cumbucas e adicione missô a gosto. Finalize com salsinha e pimenta-do-reino.

Sopa de cenoura e amêndoas

FORTALECE OS PULMÕES

Rende 4 porções

Esta é uma sopa refrescante, perfeita como entrada em um almoço de verão. A erva-doce tem ação desintoxicante, antiespasmódica, diminui os gases, estimula a digestão e o funcionamento dos rins. Os brotos de amêndoas fornecem ainda mais nutrientes à receita.

INGREDIENTES

200 g de amêndoas
150 g de cenouras picadas
2 dentes de alho
500 ml de água mineral
½ colher (chá) de sementes de erva-doce
¼ de colher (chá) de pimenta-preta em grãos
uma pitada de sal marinho
1 colher (sopa) de folhas de erva-doce picadas

MODO DE PREPARO

1 Para que as amêndoas brotem, deixe de molho por meia hora e depois lave com água corrente em um escorredor. Coloque em uma tigela, cubra com água e deixe da noite para o dia. No dia seguinte, esprema as amêndoas para que saia a pele. Ponha em uma tigela com água mineral e deixe na geladeira por 24 horas.

2 Escorra as amêndoas e reserve a água mineral. Bata no processador as cenouras, o alho, 1 colher (sopa) da água mineral e as amêndoas, acrescentando o restante da água aos poucos. Coloque na geladeira algumas horas antes de servir.

3 Amasse as sementes de erva-doce, a pimenta e o sal em um pilão. Junte à sopa, mexa e sirva com as folhas de erva-doce picadas por cima.

Sopa de abobrinha e algas

AJUDA A PERDER PESO **AJUDA A PERDER PESO**

Rende 4 porções

Esta receita é uma opção nutritiva e traz os benefícios das algas, excelentes fontes de minerais que, além de desintoxicantes, estimulam os rins, alcalinizam o sangue, ajudam na perda de peso e diminuem o colesterol. A abobrinha é hidratante e refrescante. As algas podem ser encontradas em lojas de produtos japoneses.

INGREDIENTES

um punhado de alga wakame ou outra alga colorida, como a dulse
4 minicebolas picadas
1 bulbo de erva-doce picado
5 abobrinhas médias picadas
1 colher (sopa) de salsinha picada
sal e pimenta a gosto
um fio de óleo de semente de abóbora

MODO DE PREPARO

1 Deixe a alga de molho em 600 ml de água.
2 Coloque 1 colher (sopa) de água em uma frigideira e junte as cebolas. Cozinhe em fogo baixo, tampado, mexendo de vez em quando.
3 Quando estiverem macias, adicione as abobrinhas e a erva-doce até amaciarem.
4 Escorra as algas. Coloque o conteúdo da frigideira no liquidificador, junte a salsinha, 500-600 ml de água e bata até obter uma mistura homogênea. Acerte o tempero.
5 Divida as algas reidratadas em quatro cumbucas e cubra com a sopa. Finalize com a salsinha e o fio de óleo de semente de abóbora.

Dulse *(Palmaria palmata)*
Uma alga rica em sais minerais, que cresce na costa norte dos oceanos Atlântico e Pacífico.

Sopa de brotos de lentilha e cúrcuma

MELHORA A DIGESTÃO **CICATRIZANTE**

Rende 4 porções

Além de mais nutritivos, os brotos de lentilha são mais fáceis de digerir que as lentilhas secas. A cúrcuma não só condimenta, mas também ajuda a digestão e o funcionamento do fígado. Esta sopa tem propriedades anti-inflamatórias, aliviando as dores de reumatismo e artrite.

INGREDIENTES

1 colher (sopa) de azeite
4 minicebolas picadas
1 colher (chá) de cúrcuma
2 dentes de alho
100 g de shitake fresco em fatias
200 g de brotos de lentilha *(ver observação)*
1 litro de caldo de legumes
suco de ½ limão
sal e pimenta a gosto
1 colher (sopa) de coentro picado

MODO DE PREPARO

1 Aqueça o azeite em uma panela, junte as minicebolas e refogue por 1 minuto. Coloque o alho, a cúrcuma, o shitake e mexa bem. Adicione as lentilhas e o caldo de legumes, ferva, abaixe o fogo e deixe reduzir por 10 minutos.

2 Desligue o fogo, junte o suco de limão e acerte o tempero. Sirva a sopa em cumbucas e finalize com o coentro picado.

OBSERVAÇÃO: Coloque 150 g de brotos de lentilha de molho em água fria em um pote de vidro fechado com musselina presa por um barbante. Deixe da noite para o dia. De manhã, passe em água corrente com um escorredor, lave o pote e coloque as lentilhas de volta nele, deixando-o de cabeça para baixo e inclinado, de modo que a água escorra pela musselina. À tarde, lave novamente e deixe escorrer mais uma vez. Repita o processo duas vezes por dia até as lentilhas começarem a brotar (2-4 dias). Os brotos podem ser usados quando tiverem o tamanho de uma lentilha.

Cúrcuma *(Curcuma longa)* *(p. 45) A cúrcuma pertence à família do gengibre e é bastante usada na culinária asiática e do Oriente Médio. Também é empregada na medicina aiurveda.*

Sopa de trigo e castanhas portuguesas

FORTALECE AS PERNAS **ENERGIZANTE**

Rende 4 porções

Um dia frio de inverno é o cenário perfeito para fazer esta sopa. Além de nutritiva e energética, equilibra a energia dos rins e ajuda a aquecer todo o corpo. Para quem sofre de dores que se agravam no inverno, o ideal é tomá-la pelo menos uma vez por semana.

INGREDIENTES

6 minicebolas com casca
4 dentes de alho com casca
2 cenouras grandes
200 g de aipo picado
um pedaço de 2,5 cm de gengibre
150 g de castanhas portuguesas frescas ou pré-cozidas
200 g de shitake em fatias
2 colheres (sopa) de alga wakame picada
100 g de grão de trigo torrado *(ver observação)*
1 colher (sopa) de missô
salsinha picada para decorar

MODO DE PREPARO

1 Se for usar castanhas portuguesas frescas, asse-as no forno (ver observação).
2 Ferva as cebolas, o alho, a cenoura, o aipo e o gengibre em 500 ml de água. Cozinhe, em fogo bem baixo, pelo menos por 1 hora, adicionando um pouco mais de água se necessário.
3 Tire do fogo, separe os ingredientes e coe o líquido. Descasque o alho e as cebolas e volte tudo à panela.
4 Adicione as castanhas e espere ferver. Junte o shitake, a alga, o trigo torrado e cozinhe por 15-20 minutos. Coloque o missô e mexa até dissolver. Sirva a sopa em cumbucas e decore com salsinha.

OBSERVAÇÃO: Para torrar o trigo, deixe os grãos de molho em água morna da noite para o dia, escorra de manhã e deixe secar em uma travessa coberta com um pano limpo e seco. Quando o trigo ainda estiver um pouco úmido, aqueça uma frigideira grande em fogo alto. Reduza o fogo para médio e coloque ¼ dos grãos. Torre, sacudindo a frigideira, até que os grãos dourem. Repita a operação até dourar todos os grãos. Coloque em um pote bem fechado e deixe armazenado por alguns dias antes de fazer a sopa.

OBSERVAÇÃO: Para assar as castanhas portuguésas, dê um talho com uma faca afiada no topo de cada castanha, coloque-as em uma assadeira e leve ao forno por 25 minutos a 180°C. Deixe esfriar e retire a casca, começando a descascar pelo corte feito antes de assar.

SALADAS

Os vegetais crus e as ervas são essenciais para uma boa nutrição. Eles formam os ingredientes básicos de saladas, fornecendo nutrientes, água e fibras, que ajudam no funcionamento do intestino. Estas receitas unem legumes, verduras e ervas pela busca perfeita de sabores e nutrientes.

Salada de capuchinha e brotos de alfafa

DESINTOXICANTE

Rende 2 porções

Os brotos são uma ótima fonte de nutrientes. Ricos em minerais e geralmente cheios de fibras que ajudam no funcionamento do intestino, tornam-se importantes ingredientes em dietas de desintoxicação. As flores de capuchinha dão cor e sabor delicado a esta salada, além de fazer bem aos pulmões e rins.

INGREDIENTES

75 g de brotos de alfafa
1 abacate picado
1 tomate picado
8 flores de capuchinha

MOLHO

1 colher (sopa) de azeite
suco de ½ limão
½ colher (chá) de mostarda
1 tomate picado
sal e pimenta a gosto

MODO DE PREPARO

1 Lave bem e seque todos os ingredientes da salada.
2 Misture todos os ingredientes do molho.
3 Coloque os brotos de alfafa em uma tigela junto com o abacate e o tomate. Jogue o molho por cima, mexa bem e enfeite com as flores.

Espaguete de abobrinha e pesto com coentro e pinholes

PURIFICA A PELE

ALIVIA CONSTIPAÇÃO

Rende 2 porções

Esta receita pode ser um almoço de verão. As abobrinhas possuem um efeito laxante leve e, quando combinadas com os ácidos graxos essenciais das sementes, ajudam a desintoxicar e a nutrir o organismo. Os pinholes, além de saborosos, fornecem proteína à refeição.

INGREDIENTES

2 abobrinhas
2 colheres (sopa) de folhas de coentro picadas
50 g de pinholes moídos
2 colheres (chá) de óleo de linhaça
2 colheres (chá) de óleo de semente de abóbora
suco de ½ limão
sal e pimenta a gosto

MODO DE PREPARO

1 Lave bem as abobrinhas, seque e corte em tirinhas bem finas, no formato de espaguete.
2 Lave as folhas de coentro e coloque em uma tigela com os óleos e os pinholes, misturando bem, até obter um pesto.
3 Ponha a abobrinha em outra tigela, junte o pesto de coentro e misture bem. Tempere com suco de limão, sal e pimenta.

Coentro *(Coriandrum sativum)*
Tem caules finos e pequenas flores brancas. É da mesma família da salsinha e da cenoura.

Salada de trevo-dos-prados e melissa

ALIVIA OS SINTOMAS DA MENOPAUSA

Rende 2 porções

O trevo-dos-prados é normalmente usado no tratamento da tensão pré-menstrual (TPM), enquanto as flores são um importante ingrediente de remédios naturais para aliviar as ondas de calor, prevenir a perda de densidade e equilibrar os hormônios na menopausa. Os brotos possuem as mesmas propriedades das flores maduras.

INGREDIENTES

1 cenoura grande ralada
100 g de brotos de trevo-dos-prados
50 g de brotos de brócolis
½ manga
1 dente de alho picado
3 colheres (sopa) de azeite
suco de 1 limão
sal e pimenta a gosto
8 folhas de melissa bem picadas

MODO DE PREPARO

1 Lave bem todos os ingredientes da salada. Corte a cenoura em tirinhas finas e coloque em uma tigela junto com os brotos.
2 Para fazer o molho, passe a manga no processador com o alho, o azeite e o suco de limão. Tempere com sal e pimenta, misture com os vegetais e finalize com as folhas de melissa picadas.

OBSERVAÇÃO: Para que as sementes brotem, coloque 2 colheres (sopa) de cada semente de molho em um pote de vidro fechado com musselina presa por um barbante. Deixe da noite para o dia. De manhã, passe por água corrente usando um escorredor. Lave o pote e coloque as sementes novamente nele, deixando-o de cabeça para baixo, inclinado a 45º, de modo que escorra toda a água pela musselina. À tarde, lave de novo e deixe escorrer mais uma vez. Repita o processo duas vezes por dia, até as sementes começarem a brotar (4-5 dias). Depois que brotarem, coma em 2-3 dias.

Salada de dente-de-leão e erva-dos-burros

DESINTOXICANTE

Rende 2 porções

Esta salada é uma boa pedida para quem quer se desintoxicar. O dente-de-leão e a chicória estimulam o fígado e a bexiga a eliminarem toxinas. Alguns dos ingredientes podem ser colhidos em jardins, parques e pequenos campos.

INGREDIENTES

30 g de folhas de dente-de-leão
1 colher (chá) de cebolinha
10 g de folhas de margarida *(Bellis perennis)*
10 g de folhas de mil-folhas
20 g de folhas de erva-dos-burros
10 g de folhas de rúcula
1 cabeça de chicória
1½ colher (sopa) de óleo de linhaça
1½ colher (sopa) de suco de limão
pimenta-branca a gosto
gersal *(ver observação)* a gosto

MODO DE PREPARO

1 Lave bem e seque todas as folhas.

2 Misture o óleo de linhaça, o suco de limão, a pimenta e o gersal em uma tigelinha. Quando as folhas estiverem completamente secas, coloque-as em uma saladeira e jogue o molho por cima.

OBSERVAÇÃO: Para fazer gersal, coloque 1 colher (sopa) de cada tipo de gergelim, branco e negro, de molho em água da noite para o dia. Descarte então a água, coloque as sementes em uma musselina, fazendo uma trouxinha, e pendure para secar. Quando estiverem secas, passe-as em uma frigideira quente, torrando levemente. Junte três pitadas de sal marinho, coloque a mistura em um pilão e soque bem. Guarde em um pote de vidro com tampa.

ATENÇÃO: Não use mil-folhas se for servir a salada para gestantes.

Cebolinha *(Allium schoenoprasum)*
As folhas são cilíndricas e ocas, com um delicado sabor de cebola. São ideais para decorar pratos salgados.

Salada de flores

ESTIMULA OS SENTIDOS

Rende 4 porções

Esta salada de verão foi elaborada para despertar os sentidos, pois é cheia de cores e sabores inusitados. As flores frescas de calêndula, capuchinha, amor-perfeito e rosa possuem um sabor muito característico e, portanto, esta receita deve ser consumida por quem possui alguma familiaridade com essas plantas.

INGREDIENTES

50 g de brotos de girassol
50 g de brotos de trigo
50 g de brotos de brócolis (p. 229)
1 pimentão amarelo em tiras
1 pimentão vermelho em tiras
1 pepino pequeno em fatias finas
2 tomates em gomos
1 colher (sopa) de flores de calêndula
12 capuchinhas
1 colher (sopa) de amor-perfeito
1 colher (sopa) de pétalas de rosa

MOLHO

2 colheres (sopa) de manjericão
2 colheres (sopa) de óleo de girassol
½ dente de alho
1 colher (sopa) de saquê culinário
1 colher (sopa) de suco de limão
sal e pimenta a gosto

MODO DE PREPARO

1 Lave e seque todas as verduras da salada. Coloque tudo em uma tigela, junto com os pimentões, os tomates e o pepino.
2 Adicione as flores, mas reserve algumas para decorar.
3 Mexa todos os ingredientes do molho, junte à tigela, misture bem e finalize com as flores.

Capuchinha *(Tropaeolum majus)*
(p. 120) As flores e as folhas comestíveis desta planta dão cor, nutrientes e sabor a saladas e sanduíches.

Salada de brócolis e alecrim

ESTIMULA A DIGESTÃO

Rende 2 porções

Os brócolis são fonte de ferro e de vitaminas do complexo B. Devido à presença de antioxidantes, podem ajudar a aumentar os mecanismos de defesa do organismo. Nunca cozinhe os brócolis demais, senão perderão seus nutrientes. O alecrim estimula a circulação e a memória, melhora a digestão e alivia as dores abdominais.

INGREDIENTES

1 maço de brócolis cortado em buquês
1 abacate pequeno picado
2 dentes de alho picados
suco de ½ limão
sal e pimenta a gosto
1 talo de alecrim picado
16 azeitonas pretas picadas

MODO DE PREPARO

1 Cozinhe os buquês de brócolis a vapor.
2 Bata no liquidificador o abacate com o alho, o limão, o sal e a pimenta, até obter uma mistura homogênea. Derrame sobre os brócolis.
3 Sirva em uma travessa e finalize com o alecrim e as azeitonas.

Alecrim *(Rosmarinus officinalis)*
(p. 98) É uma erva aromática muito versátil, com folhas finas e bem verdes que combinam com carnes e vegetais.

Salada de chucrute com abacate

RESTAURA A FLORA INTESTINAL

Rende 2 porções

Alimentos fermentados como o chucrute são importantes para a saúde do intestino, aumentando a absorção de nutrientes. O repolho também contém substâncias que ajudam a manter a saúde do cólon e da mama, além de ser antioxidante, bactericida e antiviral. O chucrute tem mais vitamina C que o repolho ao natural.

CHUCRUTE

2 cabeças de repolho branco
2 colheres (sopa) de sal

SALADA

50 g de brotos de alfafa
1 abacate picado
1 colher (sopa) de óleo de semente de abóbora
sal e pimenta a gosto

MODO DE PREPARO

1 Para fazer o chucrute, corte o repolho em tiras, coloque em um saco plástico esterilizado e com veda, junte as 2 colheres de sal, misture e deixe descansar por 2 horas.
2 Passe um rolo de massa por cima do saco com o repolho para que libere seus líquidos. Ponha o repolho em um pote de vidro esterilizado (p. 194). Vá colocando camada por camada, apertando bem para que não fique ar entre cada uma. Pressione as camadas firmemente, deixando espaço só no topo para o repolho expandir-se.
3 Tampe o pote e coloque em lugar ventilado, mas não frio. Confira regularmente e retire quaisquer resíduos que possam aparecer. Depois de uma semana, o repolho já fermentou o suficiente para ser consumido. Mantenha-o por duas semanas na geladeira.
4 Para fazer a salada, misture 125 g do chucrute com os outros ingredientes e acerte o tempero.

OBSERVAÇÃO: É possível comprar chucrute pronto, mas feito em casa é mais saboroso e nutritivo, já que o industrializado muitas vezes é esterilizado. A temperatura ideal para fermentação é de 20-22°C; se for maior que 24°C ou menor que 13°C, ele estraga. Se o chucrute ganhar alguma coloração escura ou rosada e ficar muito mole ou murcho, a fermentação não foi adequada e não deve ser consumido.

Alfafa *(Medicago sativa)* *É uma planta da família das ervilhas, originalmente cultivada no Oriente Médio, mas hoje é encontrada em todo o mundo.*

Rolinhos de nori

DESINTOXICANTE

Rende 3-4 porções

As folhas de nori torradas são muito nutritivas. Com elas são feitos os rolinhos, que podem ser recheados de verduras, legumes e peixes. Coma esses rolinhos em uma dieta de desintoxicação, pois são leves, pouco calóricos e fáceis de fazer.

INGREDIENTES

2 colheres (sopa) cheias de sementes de gergelim
5 folhas de alga nori
1 abacate pequeno em tirinhas
1 pimentão vermelho em tirinhas
1 pimenta vermelha picada
10 cm de alho-poró em tiras
1 mamão papaia em tiras

MOLHO

suco de 1 limão
1 dente de alho amassado
½ colher (chá) de gengibre picado
1 colher (sopa) de folhas de coentro picadas
1 colher (chá) de missô
½ colher (chá) de raspas de limão
1 colher (chá) de xarope de glicose de milho
3 colheres (sopa) de água mineral

MODO DE PREPARO

1 Torre as folhas de nori por 3-4 minutos, em fogo baixo, até que dourem.
2 Para o molho, coloque todos os ingredientes no processador junto com 1 colher de gergelim. Bata bem até formar uma pasta.
3 Estique a alga em uma superfície plana e limpa, com um potinho de água perto.
4 Coloque um pouco de cada um dos ingredientes em cima da alga, deixando 2-3 cm das bordas livres.
5 Junte um pouco do molho e das sementes de gergelim em cima de cada uma das folhas de alga ainda abertas.
6 Enrole a alga, envolvendo os ingredientes como se fosse um sushi. Para selar o rolinho, molhe as pontas dos dedos no potinho de água e vá fechando.
7 Quando estiver pronto para servir, corte cada rolinho em três pedaços e os disponha em pratos. Salpique gergelim e mais molho, se desejar.

Gergelim *(Sesamum indicum)*
As sementes são ricas em nutrientes e vitaminas, incluindo ferro, cálcio, magnésio e vitaminas B1 e E.

Salada de pepino e hortelã com creme de castanha de caju

DIGESTIVA E REFRESCANTE

Rende 4 porções

Esta salada é indicada para quem não toma leite ou derivados. Os pepinos são refrescantes, portanto é uma receita ideal para os dias quentes. Se quiser servir em dias frios, adicione uma pimenta vermelha picada. Use o pepino japonês, pois tem menos sementes.

INGREDIENTES

1 pepino
folhas de hortelã para decorar

PARA O CREME DE CASTANHAS

75 g de castanhas de caju de molho em água por algumas horas
2 dentes de alho amassados
2 colheres (chá) de missô
2 colheres (sopa) de suco de limão
1 colher (sopa) de hortelã picada
1 colher (sopa) de coentro picado

MODOS DE PREPARO

1 Corte o pepino no sentido do comprimento e retire as sementes com uma colher. Depois fatie em cubos.
2 Coloque todos os ingredientes do creme de castanhas no processador e bata até obter a consistência desejada. Se quiser, adicione água aos poucos.
3 Despeje o creme nos pepinos, mexa bem e sirva com as folhas de hortelã por cima.

Pepino *(Cucumis sativus)*
Os pepinos são frutos, pois possuem sementes internas e se desenvolvem a partir de uma flor.

Salada de amêndoas e repolho

ESTIMULA A DIGESTÃO

Rende 3-4 porções

O repolho é uma boa opção para saladas de inverno, a exemplo do chucrute. Esta receita também leva pimenta-caiena em pó, que ajuda a aquecer, estimulando a circulação. Mas a pimenta não é aconselhada em casos de problemas gastrointestinais, como úlceras.

INGREDIENTES

2 colheres (sopa) de amêndoas picadas
uma pitada de pimenta-caiena em pó
½ colher (chá) de páprica doce
uma pitada de sal
gotas de suco de limão
250 g de repolho em tiras
1 colher (sopa) de azeite

MODO DE PREPARO

1 Torre as amêndoas em fogo médio por alguns minutos. Junte a pimenta, a páprica e o sal. Mexa bem, adicione o suco de limão, retire do fogo e reserve.
2 Aqueça uma panela em fogo médio e coloque 2 colheres (sopa) de água. Junte o repolho e deixe cozinhar por 2-3 minutos.
3 Sirva o repolho em uma travessa com o azeite, mais as gotas de limão e as amêndoas condimentadas.

Amêndoas *(Prunus dulcis)* *Além de uma excelente fonte de vitamina E, são ricas em gorduras monoinsaturadas, que ajudam a diminuir o colesterol.*

BARRINHAS

Estas receitas incorporam frutos, castanhas e grãos à alimentação diária. As variações desses ingredientes são intermináveis e dependem principalmente da preparação dos grãos, bem como da escolha de frutos, castanhas e sementes.

Barrinhas de frutas

NUTREM O SANGUE

INGREDIENTES

150 g de brotos de trigo
150 g de damasco seco
50 g de uvas-passas
50 g de mirtilos
50 g de cerejas
50 g de nozes, em molho por 4 horas, secas e levemente torradas
50 g de sementes de gergelim torradas

Rende 16 unidades

As cerejas dão um sabor diferente a estas barrinhas. Se quiser, combine com outras frutas secas, castanhas e sementes, de acordo com sua preferência. O ideal é consumi-las no mesmo dia do preparo.

1 ***Para que os grãos de trigo brotem,*** *deixe-os de molho por 12 horas. Lave e coloque em uma jarra de vidro (deixe espaço para os grãos se expandirem). Cubra a jarra com musselina amarrada com barbante. Posicione-a a 45º em lugar iluminado, mas não com sol direto. Lave os grãos novamente a cada manhã e fim de tarde, colocando água pela musselina e retirando.*

2 ***Os brotos estão prontos*** *quando atingem 0,5-1 cm de comprimento. Lave-os em água corrente, escorra e coloque em cima de um pano limpo. Bata os damascos e as passas no processador, junte metade dos brotos e dos mirtilos e misture mais um pouco. Só tome cuidado para não formar um purê.*

3 ***Coloque a mistura em uma tigela*** *e junte o restante dos grãos e das frutas. Misture bem com uma colher de madeira. Corte as nozes em pedaços pequenos e adicione. Vire a mistura sobre superfície lisa e forme um retângulo com 1 cm de espessura. Com faca afiada, corte as barrinhas. Deixe-as secar por 4 horas antes de servir.*

Barrinhas de mirtilo e damasco

ENERGIZANTE

Rende 12-16 unidades

O trigo, por ser nutritivo, já foi muito consumido pelos gladiadores romanos e pelos atletas gregos. Os mirtilos são ricos em antioxidantes, enquanto os damascos são excelentes fontes de ferro. Coma esta barrinha para nutrir-se e energizar-se.

INGREDIENTES

150 g de grãos de trigo torrados e moídos
100 g de mirtilos secos
200 g de damascos secos
60 g de pistache picado
40 g de pistache moído

MODO DE PREPARO

1 Antes, prepare os grãos de trigo (ver observação abaixo). Bata as frutas e o pistache picado no liquidificador até obter um purê. Junte o trigo moído até formar uma massa.
2 Coloque o pistache moído em uma superfície limpa, espalhe a massa por cima, pressione e corte em retângulos de 6-8 cm, juntando o resto dos pistaches e forçando delicadamente para que entrem nas barrinhas.
3 Coloque as barrinhas em uma assadeira e asse em forno baixo (50°C) por 2-3 horas.
4 Retire do forno, deixe esfriar e embrulhe cada uma individualmente com papel-manteiga. A validade é de uma semana.

OBSERVAÇÃO: Para torrar o trigo, deixe os grãos de molho em água morna da noite para o dia. Em seguida, escorra e deixe secar em uma travessa coberta com um pano limpo e seco. Quando o trigo ainda estiver um pouco úmido, aqueça, em fogo alto, uma frigideira grande, abaixe o fogo para médio e coloque ¼ dos grãos. Torre, sacudindo a frigideira, até que os grãos dourem. Repita a operação até dourar todos os grãos. Moa em um processador ou pilão e guarde em um pote bem fechado.

Barrinhas de linhaça e pimenta

FORNECEM ÔMEGA-3

Rende 12 unidades

Estas barrinhas podem ser apreciadas por qualquer pessoa. A linhaça contém altos níveis de ômega-3, um ácido graxo essencial que ajuda a prevenir algumas doenças, além de estimular a circulação. A adição de algas, pimenta e salsinha dá um toque especial a este lanche.

INGREDIENTES

250 g de sementes de linhaça
suco de 5 cenouras médias e 2 talos de aipo
1 pimenta vermelha picada
4 colheres (sopa) de salsinha picada
4 colheres (sopa) de alga wakame picada
uma pitada de sal
uma pitada de pimenta vermelha em pó (opcional)

MODO DE PREPARO

1 Adicione as sementes de linhaça ao suco de cenoura e aipo. Junte a pimenta, a salsinha, as algas e acerte o tempero. Deixe de molho por 2 horas para que a linhaça expanda.
2 Coloque a linhaça em uma assadeira pequena forrada com papel-manteiga, formando uma fina camada. Asse em forno baixo (50°C) por 3-4 horas.
3 Use uma faca para cortar as barrinhas. Sirva com sopa, no lugar do pão.

Barrinhas de groselha e nozes

ENERGIZANTE

Rende 8 unidades ou mais

O grão de trigo imerso em água morna amolece lentamente, diminuindo a perda de nutrientes. Torrado, o grão torna-se crocante e pode ser parcialmente moído dentro de um saco vedado e pressionado por um rolo de massa. Coma as barrinhas em 1-2 dias enquanto ainda estão frescas.

INGREDIENTES

250 g de grãos de trigo
50 g de nozes picadas
100 g de tâmaras picadas
100 g de groselha seca (ou mirtilos)

MODO DE PREPARO

1 Para torrar o trigo, deixe os grãos de molho em água morna da noite para o dia. Em seguida, escorra com a ajuda de uma peneira. Retire 150 g dos grãos e deixe o resto secar em uma travessa coberta com um pano limpo e seco até o dia seguinte.
2 Torre os 150 g de trigo ainda úmidos. Aqueça uma frigideira grande em fogo alto. Reduza o fogo para médio e coloque ¼ dos grãos. Torre, sacudindo a frigideira, até que dourem por igual. Repita a operação até dourar todos os grãos.
3 Deixe esfriar e coloque no processador ou pilão e quebre os grãos, sem moer.
4 Torre as nozes da mesma maneira que os grãos de trigo.
5 Coloque os grãos de trigo não torrados em um processador com as tâmaras até obter uma pasta. Acrescente as groselhas e as nozes, mexendo bem. Abra a massa, coloque o trigo torrado por cima e corte em barrinhas. Deixe secar por algumas horas e sirva.

Cure por fora

Cremes, sabonetes, sais de banho e produtos para os cabelos

CREMES PARA O CORPO E O ROSTO

A maioria das pessoas usa hidratante todos os dias. É possível preparar o seu próprio creme usando extratos e óleos essenciais ideais ao seu tipo de pele. Se sua pele for muito sensível, teste os cremes em uma pequena área do corpo para verificar se há alguma reação alérgica.

Creme corporal de rosas e abacate

HIDRATA A PELE

INGREDIENTES

½ colher (chá) de manteiga de cacau e manteiga de karité
1 colher (chá) de óleo de abacate
2 colheres (sopa) de infusão de rosas
2 colheres (sopa) de cera emulsificadora
2 gotas de óleo essencial de rosas
3 gotas de óleo essencial de gerânio

Rende 40 g

As manteigas de cacau e de karité, combinadas com o óleo de abacate, cheio de vitaminas, hidratam a pele, eliminando a sensação de ressecamento. O resultado é uma pele aveludada, macia e com perfume de rosas.

1 ***Derreta as manteigas*** *em banho--maria junto com o óleo de abacate.*

2 ***Aqueça a cera*** *com a infusão de rosas em fogo baixo. Quando derreter, despeje na mistura de manteiga e óleo, mexendo por 10 segundos.*

3 ***Quando esfriar,*** *junte os óleos essenciais. Guarde em um potinho de vidro com tampa e use em três meses.*

Creme corporal de centelha asiática e gengibre

HIDRATA A PELE

Rende 40 g

Este creme possui extratos herbais que ajudam a tonificar e revigorar a pele. A centelha asiática tem propriedades anti-inflamatórias e estimula a formação de colágeno, dando firmeza à pele. O gengibre, a pimenta e o óleo essencial de limão estimulam a circulação.

INGREDIENTES

1 colher (sopa) de óleo de damasco
2 colheres (sopa) de infusão de centelha asiática
2 colheres (chá) de cera emulsificadora
2 gotas de óleo essencial de pimenta
3 gotas de óleo essencial de gengibre
2 gotas de óleo essencial de limão

MODO DE PREPARO

1 Aqueça o óleo de damasco em banho-maria.
2 Em fogo baixo, esquente a infusão de centelha asiática e a cera, até que dissolvam.
3 Adicione, devagar, a infusão no óleo de damasco, mexendo sempre. Quando esfriar, junte os óleos essenciais.
4 Guarde em um potinho de vidro com tampa e use em dois meses.

Creme de amor-perfeito e erva-dos-burros

HIDRATA A PELE SENSÍVEL

Rende 40 g

Este creme é ideal para as peles sensíveis. O amor-perfeito alivia a pele irritada, sendo geralmente utilizado para tratar eczema. Enquanto a infusão de camomila ajuda a acalmar a pele sensível, os óleos de abacate e de erva-dos-burros a hidratam suavemente.

INGREDIENTES

1 colher (chá) de lanolina
1 colher (chá) de óleo de abacate
1 colher (chá) de óleo de erva-dos-burros
2 colheres (sopa) de infusão de amor-perfeito e camomila
10 g de cera emulsificadora

MODO DE PREPARO

1 Aqueça a lanolina e os óleos de abacate e de erva-dos-burros em banho-maria.
2 Em fogo baixo, esquente a infusão de camomila e amor-perfeito com a cera, até que dissolvam.
3 Adicione, devagar, a infusão nos óleos aquecidos em banho-maria, mexendo por 10 segundos.
4 Guarde em um potinho de vidro esterilizado (p. 194) com tampa e use em dois meses.

Creme facial de olíbano e rosas

HIDRATA A PELE

Rende 40 g

Este creme facial mantém a pele macia e radiante. O olíbano é conhecido por suas propriedades tonificadoras e restauradoras. Já o óleo de rosa-mosqueta ajuda a manter a elasticidade da pele e previne a desidratação. O óleo essencial de néroli, retirado das flores de laranjeira, ameniza rugas e deixa a pele viçosa.

INGREDIENTES

½ colher (chá) de manteiga de cacau
1 colher (chá) de óleo de calêndula
1 colher (chá) de óleo de rosa-mosqueta
10 g de cera emulsificadora
2 gotas de óleo essencial de olíbano
1 gota de óleo essencial de néroli

MODO DE PREPARO

1 Aqueça os óleos de rosa-mosqueta e calêndula e a manteiga de cacau em banho-maria.
2 Em fogo baixo, esquente 30 ml de água junto com a cera, até que dissolva. Adicione, devagar, os óleos e a manteiga de cacau, mexendo por 10 segundos.
3 Quando esfriar, coloque os óleos essenciais.
4 Guarde em um potinho de vidro esterilizado (p. 194) com tampa e use em dois meses.

Creme corporal de manteiga de cacau e rosas

HIDRATA A PELE

Rende 100 ml

A manteiga de cacau é antioxidante e facilmente absorvida pela pele. Este creme ainda inclui mel e óleo de gérmen de trigo, que ajudam a hidratar a pele, além de óleos essenciais e infusão de rosas. A fragrância é leve porém exótica.

INGREDIENTES

15 g de manteiga de cacau
1 colher (chá) de lanolina
5 colheres (sopa) de óleo de gérmen de trigo
3 colheres (sopa) de infusão de rosas (p. 342)
1 colher (chá) de mel
25 g de cera emulsificadora
5 gotas de tintura de benzoína
5 gotas de essência de baunilha
5 gotas de óleo essencial de ilangue
2 gotas de óleo de rosas e de gerânio
1 gota de óleo essencial de patchouli

MODO DE PREPARO

1 Aqueça a manteiga de cacau, a lanolina e o óleo de gérmen de trigo em banho-maria. Quando esfriar, adicione os óleos essenciais. Mexa bem.
2 Faça a infusão de rosas e dissolva nela o mel e a cera.
3 Aos poucos, junte a mistura de manteiga de cacau à infusão, mexendo bem. Depois, adicione a benzoína, a baunilha e os óleos essenciais de ilangue-ilangue, de rosas e de gerânio.
4 Guarde em um pote de vidro esterilizado (p. 194) com tampa e use em três semanas. Agite antes de usar.

Creme corporal de gerânio e laranja

HIDRATA A PELE **HARMONIZA AS EMOÇÕES**

Rende 100 g

Ideal para a pele seca e sem viço, este é um creme que se aproxima de uma manteiga corporal. Os óleos essenciais de semente de uva e de amêndoa hidratam a pele. Já os óleos essenciais de gerânio e laranja ajudam a tonificá-la.

INGREDIENTES

1 colher (sopa) de cera de abelha
3 colheres (sopa) de óleo de calêndula
4 colheres (chá) de óleo de semente de uva
4 colheres (chá) de óleo de amêndoa
20 gotas de óleo essencial de gerânio
20 gotas de óleo essencial de laranja

MODO DE PREPARO

1 Aqueça a cera de abelha e os óleos de amêndoa, calêndula e semente de uva em banho-maria. Quando esfriar, acrescente os óleos essenciais. Mexa bem.

2 Guarde em um pote de vidro esterilizado (p. 194) com tampa e use em três meses.

Manteiga corporal de rosas

HIDRATA A PELE **REVITALIZANTE**

Rende 100 g

Esta receita é uma boa alternativa para quem quer ao mesmo tempo nutrir a pele e deixá-la com um aroma agradável. Há três óleos essenciais de rosas que perfumam, amaciam e hidratam. O gerânio e o patchouli intensificam o aroma.

INGREDIENTES

1 colher (sopa) de cera de abelha
3 colheres (sopa) de óleo de rosas
2 colheres (chá) de óleo de rosa-mosqueta
2 colheres (sopa) de óleo de amêndoa
10 gotas de óleo essencial de rosas
10 gotas de óleo essencial de gerânio
5 gotas de óleo essencial de patchouli

MODO DE PREPARO

1 Aqueça a cera de abelha e os óleos de rosa-mosqueta, rosa e amêndoa em banho-maria. Quando esfriar, acrescente os óleos essenciais. Mexa bem.

2 Guarde em um pote de vidro esterilizado (p. 194) com tampa e use em três meses.

Bálsamo corporal de lavanda

HIDRATA A PELE **RELAXANTE**

Rende 100 g

Este bálsamo possui uma fragrância relaxante e deliciosa, além de ter uma textura cremosa que deixa a pele aveludada e nutrida. A lavanda e a lavandin *(Lavandula hybrida)* fornecem as propriedades calmantes.

INGREDIENTES

55 g de óleo de coco
2 colheres (sopa) de óleo de amêndoa
1 colher (sopa) de cera de abelhas
30 gotas de óleo essencial de lavanda
10 gotas de óleo essencial de lavandin

MODO DE PREPARO

1 Aqueça a cera de abelha e os óleos de coco e de amêndoa em banho-maria. Quando esfriar, acrescente os óleos essenciais. Mexa bem.

2 Guarde em um pote de vidro esterilizado (p. 194) com tampa e use em três meses.

Bálsamo calmante

PARA TRATAR HEMATOMAS, PICADAS DE INSETO E ARRANHÕES

Rende 40 g

Adote este bálsamo, ou pomada, como um artigo de primeiros socorros, pois ajuda a cicatrizar arranhões, a amenizar hematomas e a aliviar a irritação de picadas de insetos. Os óleos essenciais de ervas cicatrizam, acalmam e desinflamam a pele.

INGREDIENTES

4½ colheres (chá) de óleo de calêndula
2 colheres (chá) de óleo de erva-de-são-joão
8 g de cera de abelhas
12 gotas de óleo essencial de mirra
12 gotas de óleo essencial de lavanda
4 gotas de óleo essencial de melaleuca
4 gotas de óleo essencial de equinácea
4 gotas de óleo essencial de centelha asiática

MODO DE PREPARO

1 Aqueça a cera de abelha e os óleos de calêndula e de erva-de-são-joão em banho-maria. Quando esfriar, acrescente os óleos essenciais. Mexa bem.

2 Guarde em um pote de vidro esterilizado (p. 194) com tampa e use em três meses.

Hidratante facial de limão

HIDRATA A PELE MISTA E OLEOSA

Rende 40 g

Este creme é ideal para as peles oleosas, que também precisam ser hidratadas. A urtiga é uma erva cheia de nutrientes e com ação anti-inflamatória. O óleo essencial de limão é extraído pelo método de destilação por prensagem e tem ação adstringente, ajudando a limpar e a desobstruir os poros da pele mista e oleosa.

INGREDIENTES

1 colher (chá) de cera de abelha
1 colher (chá) de manteiga de cacau
3 colheres (sopa) de óleo de semente de uva
2 colheres (chá) de cera emulsificadora
2 colheres (sopa) de infusão de lavanda e urtiga (p. 342)
10 gotas de óleo essencial de limão

MODO DE PREPARO

1 Aqueça a cera de abelha, a manteiga de cacau e o óleo de semente de uva em banho-maria.
2 Dissolva a cera emulsificadora na infusão ainda quente de lavanda e urtiga.
3 Junte as misturas das etapas 1 e 2. Mexa por 10 segundos. Quando esfriar, acrescente o óleo essencial de limão. Mexa bem.
4 Guarde na geladeira em um pote de vidro esterilizado (p. 194) com tampa e use em dois meses.

Hidratante de alteia

HIDRATA A PELE SECA

Rende 40 g

As peles secas são as mais indicadas para receber os cuidados deste creme, que leva óleos de amêndoa e de abacate e manteiga de cacau, ajudando a pele a reter a umidade natural. A alteia tem efeito calmante, enquanto o gerânio e a bergamota são refrescantes e tonificadores.

INGREDIENTES

1 colher (chá) de cera de abelha
1 colher (chá) de manteiga de cacau
1 colher (sopa) de óleo de abacate
2 colheres (sopa) de óleo de amêndoa
2 colheres (chá) de cera emulsificadora
2 colheres (sopa) de infusão de alteia (p. 342)
4 gotas de óleo essencial de gerânio
5 gotas de óleo essencial de bergamota

MODO DE PREPARO

1 Aqueça a cera de abelha, a manteiga de cacau e os óleos de abacate e de amêndoa em banho-maria.
2 Dissolva a cera emulsificadora na infusão de alteia ainda quente.
3 Junte as misturas das etapas 1 e 2. Mexa por 10 segundos. Quando esfriar, acrescente os óleos essenciais. Mexa bem.
4 Guarde na geladeira em um pote de vidro esterilizado (p. 194) com tampa e use em dois meses.

Hidratante de rosas e gerânio

HIDRATA A PELE

Rende 40 g

Este creme pode ser usado em peles normais. Contém uma fragrância floral e óleos que hidratam. O óleo de damasco é um ótimo condicionador, enquanto o de semente de uva é facilmente absorvido. A manteiga de cacau, por sua vez, deixa a pele macia.

INGREDIENTES

1 colher (chá) de cera de abelha
1 colher (chá) de manteiga de cacau
1 colher (sopa) de óleo de damasco
2 colheres (sopa) de óleo de semente de uva
2 colheres (chá) de cera emulsificadora
2 colheres (sopa) de infusão de rosas
10 gotas de óleo essencial de gerânio

MODO DE PREPARO

1 Aqueça a cera de abelha, a manteiga de cacau e os óleos de damasco e de semente de uva em banho-maria.
2 Dissolva a cera emulsificadora na infusão de rosas ainda quente.
3 Junte as misturas das etapas 1 e 2. Mexa por 10 segundos. Quando esfriar, acrescente o óleo essencial. Mexa bem.
4 Guarde na geladeira em um pote de vidro esterilizado (p. 194) com tampa e use em dois meses.

Hidratante de camomila e prímula

ALIVIA OS ECZEMAS

Rende 100 ml

Este creme nutre a pele delicada. Os óleos são ótimas fontes de ácidos gama-linoleicos, que acalmam a pele ressecada, vermelha e irritada. A camomila também ajuda a aliviar, enquanto a manteiga de cacau e o óleo de amêndoa mantêm a umidade natural.

INGREDIENTES

1 colher (chá) de cera de abelha
1 colher (chá) de manteiga de cacau
2 colheres (sopa) de óleo de amêndoa
1 colher (sopa) de óleo de semente de borragem
2 colheres (chá) de óleo de prímula
2 colheres (chá) de cera emulsificadora
2 colheres (sopa) de infusão de camomila (p. 342)

MODO DE PREPARO

1 Aqueça a cera de abelha, a manteiga de cacau e os óleos de amêndoa, de prímula e de sementes de borragem em banho-maria.
2 Dissolva a cera emulsificadora na infusão ainda quente de camomila.
3 Junte as misturas das etapas 1 e 2. Mexa por 10 segundos. Deixe esfriar.
4Guarde na geladeira em um pote de vidro esterilizado (p. 194) com tampa e use em dois meses.

Creme de hortelã para os pés

HIDRATA OS PÉS ENERGIZANTE

Rende 100 g

Após um dia longo, nada melhor para os pés doloridos que uma massagem com um creme especial refrescante e hidratante como este, que contém dois tipos de hortelã. O óleo de amêndoa e o gérmen de trigo ajudam a manter a hidratação, já que os pés ressecam com facilidade.

INGREDIENTES

2 colheres (chá) de manteiga de cacau
2 colheres (chá) de cera de abelha
1 colher (sopa) de óleo de amêndoa
1 colher (sopa) de óleo de gérmen de trigo
2 colheres (sopa) de infusão de hortelã
2 colheres (chá) de cera emulsificadora
10 gotas de óleo essencial de hortelã-pimenta

MODO DE PREPARO

1 Aqueça a cera de abelha, a manteiga de cacau e os óleos de amêndoa e de gérmen de trigo em banho-maria.
2 Dissolva a cera emulsificadora na infusão ainda quente (não deixe a água ferver).
3 Junte as misturas das etapas 1 e 2. Mexa bem. Deixe esfriar.
4 Guarde na geladeira em um pote de vidro esterilizado (p. 194) com tampa. Use em dois meses.

"Este creme refrescante e relaxante contém dois tipos de hortelã para intensificar sua ação, oferecendo alívio para os pés quentes e doloridos"

Creme de rosas para as mãos

HIDRATA AS MÃOS

Rende 85 g

Este creme é cheiroso, nutritivo e hidratante, proporcionando maciez para mãos calejadas pelo excesso de trabalho manual. O óleo de rosa-mosqueta e o óleo essencial de rosa-de-damasco revitalizam a pele seca, irritada ou sem vida. A manteiga de cacau fornece maior hidratação.

INGREDIENTES

1½ colher (chá) de manteiga de cacau
1 colher (chá) de cera de abelha
1 colher (sopa) de óleo de amêndoa
1 colher (sopa) de óleo de rosa-mosqueta
3 colheres (sopa) de água de rosas
2 colheres (chá) de cera emulsificadora
10 gotas de óleo essencial de rosa-de-damasco

MODO DE PREPARO

1 Aqueça a cera de abelha, a manteiga de cacau e o óleo de amêndoa em banho-maria.
2 Dissolva a cera emulsificadora na água de rosas quente.
3 Junte as misturas das etapas 1 e 2. Mexa bem. Deixe esfriar.
4 Acrescente o óleo essencial de rosa-de-damasco e mexa.
5 Guarde em um pote de vidro esterilizado (p. 194) com tampa na geladeira e use em dois meses.

Rosa-de-damasco *(Rosa x damascena)*
(p. 96) São necessárias 250 flores para produzir apenas 1 ml (20 gotas) de óleo essencial, por isso é tão caro.

Creme de olíbano e flor de laranjeira

AJUDA A REDUZIR CICATRIZES

Rende 85 g

A manteiga de cacau, o óleo de calêndula e os óleos essenciais de laranja e de olíbano proporcionam suavidade e hidratação. A água de flor de laranjeira, bastante rara, dá aroma e poder restaurador a este creme.

INGREDIENTES

1½ colher (chá) de manteiga de cacau
1 colher (chá) de cera de abelha
2 colheres (chá) de óleo de calêndula
3 colheres (chá) de água de flor de laranjeira
2 colheres (chá) de cera emulsificadora
10 gotas de óleo essencial de laranja
5 gotas de óleo essencial de olíbano

MODO DE PREPARO

1 Aqueça a cera de abelha, a manteiga de cacau e o óleo de calêndula em banho-maria.
2 Dissolva a cera emulsificadora na água de flor de laranjeira quente.
3 Junte as misturas das etapas 1 e 2. Mexa bem. Deixe esfriar.
4 Acrescente os óleos essenciais e mexa.
5 Guarde na geladeira em um pote de vidro esterilizado (p. 194) com tampa e use em dois meses.

ESFOLIANTES CORPORAIS

Os esfoliantes ativam a circulação, deixando a pele macia e com brilho. Mas a esfoliação pode machucar a pele sensível ou com eczema. Nesse caso, o melhor tratamento é um hidratante de camomila e prímula (p. 253).

Esfoliante de babosa e sabugueiro

ESFOLIAÇÃO CORPORAL

Rende 1 aplicação

A babosa é uma planta refrescante e rica em aminoácidos, vitaminas, enzimas e proteínas. Já a flor de sabugueiro tem ação anti-inflamatória, enquanto o arroz moído esfolia a pele, deixando-a macia.

INGREDIENTES

20 g de flor de sabugueiro
2 colheres (sopa) de suco de babosa
25 g de arroz moído
3 gotas de tintura de benzoína
4 colheres (chá) de iogurte natural
4 gotas de óleo essencial de lavanda

MODO DE PREPARO

1 Cubra as flores de sabugueiro com o suco de babosa e deixe agir por 15 minutos.
2 Adicione o arroz moído e mexa bem.
3 Junte a tintura, o iogurte e o óleo essencial e aplique sobre a pele em movimentos circulares.

Esfoliante de mel e abacate

ESFOLIAÇÃO CORPORAL

Rende 1 aplicação

Este esfoliante é excelente para amaciar e hidratar áreas da pele ressecadas e grossas (mas sem eczemas), como joelhos e cotovelos. O mel limpa e acalma, o abacate amacia, o azeite nutre e a pedra-pomes esfolia.

INGREDIENTES

- 25 g de pedra-pomes triturada
- 1 abacate maduro
- 1 colher (sopa) de azeite
- 2 gotas de óleo essencial de melissa (opcional)
- 1 colher (sopa) de mel

MODO DE PREPARO

1 Moa a pedra-pomes com a ajuda de um martelo e de um pilão.
2 Amasse o abacate em uma tigela.
3 Aqueça levemente o mel e junte ao abacate. Depois, acrescente o azeite e o óleo essencial de melissa. Misture bem.
4 Junte a pedra moída aos poucos até obter a consistência desejada e use imediatamente.

Esfoliante de lavanda

ESFOLIAÇÃO CORPORAL

Rende 1 aplicação

Se quiser um esfoliante mais simples e prático, use óleo de amêndoa e sal grosso. Basta ajustar a quantidade de sal para aumentar ou diminuir o potencial de esfoliação. As tinturas, as ervas e os óleos essenciais fornecem aromas para ajudar a relaxar, como é o caso do óleo essencial de lavanda desta receita.

INGREDIENTES

- 2 colheres (sopa) de sal grosso
- 1 colher (chá) de flores de lavanda secas
- 2 colheres (sopa) de óleo de amêndoa
- 2 gotas de óleo essencial de lavanda

MODO DE PREPARO

1 Use um pilão para moer mais o sal, se quiser um esfoliante mais suave.
2 Moa as flores de lavanda com o pilão.
3 Misture todos os ingredientes e use imediatamente.

Esfoliante de calêndula e aveia

ESFOLIAÇÃO CORPORAL

Rende 1 aplicação

Esta receita simples esfolia, hidrata e amacia a pele em poucos minutos. A aveia é conhecida por suas propriedades calmantes, podendo substituir o sabonete em peles extremamente sensíveis. A calêndula também acalma a pele.

INGREDIENTES

45 g de aveia
20 g de farelo de aveia
15 g de flores de calêndula

MODO DE PREPARO

1 Coloque a aveia, o farelo de aveia e as flores no centro de um pedaço de musselina, faça uma trouxinha e amarre firme com um barbante.
2 No banho, passe a musselina com as ervas pelo corpo, principalmente nas áreas secas, como uma esponja, permitindo que a água passe pela trouxinha.

Esfoliante de mel e laranja

ESFOLIAÇÃO CORPORAL

Rende 50 g

Este esfoliante pode ser usado em qualquer tipo de pele. O arroz moído esfolia, a argila limpa e o mel hidrata e amacia. Os óleos essenciais de gerânio e de laranja perfumam e tonificam a pele.

INGREDIENTES

1 colher (sopa) de caulim
2 colheres (sopa) de arroz moído
1 colher (chá) de água de flor de laranjeira
1 colher (sopa) de mel
5 gotas de tintura de calêndula
2 gotas de óleo essencial de laranja
1 gota de óleo essencial de gerânio

MODO DE PREPARO

1 Coloque o caulim e o arroz moído em um pilão e soque bem, misturando e moendo mais um pouco.
2 Junte a água de flor de laranjeira com o mel levemente aquecido, misturando com o caulim e o arroz. Adicione a tintura e os óleos essenciais. Coloque em um pote esterilizado (p. 194) com tampa.
3 Misture um pouco do esfoliante com água até formar uma pasta. Passe sobre a pele em movimentos circulares e enxágue com água morna. Use em dois meses.

Esfoliante de camomila para as mãos

ESFOLIAÇÃO DAS MÃOS

Rende 1 aplicação (40 g)

Use este esfoliante no lugar do sabonete líquido para as mãos, pois, além de esfoliar com suavidade, hidrata devido à ação da aveia e da glicerina. É ideal para mãos sensíveis, já que é pouco abrasivo. A água da flor de camomila tem ação calmante.

INGREDIENTES

2 colheres (sopa) de glicerina vegetal
15 g de farinha de milho
1 colher (chá) de água de flor de camomila (ou infusão)
2 colheres (chá) de arroz moído
2 colheres (chá) de farinha de aveia

MODO DE PREPARO

1 Aqueça a glicerina em banho-maria.
2 Acrescente a farinha de milho aos poucos, mexendo até formar uma pasta.
3 Tire do fogo e adicione a água de camomila, mexendo sempre. Junte a aveia e o arroz.
4 Coloque em um pote de vidro esterilizado (p. 194) e use como sabonete líquido para as mãos. O prazo de validade é de dois meses.

Esfoliante de tangerina e mirra para os pés

ESFOLIAÇÃO DOS PÉS

Rende 1 aplicação (40 g)

Os esfoliantes para os pés eliminam calosidades e hidratam. Nesta receita, o agente esfoliador ajuda a remover células mortas e regiões ásperas, enquanto os óleos e as ervas têm a função de hidratar e ativar a circulação.

INGREDIENTES

15 g de pedra-pomes triturada
10 g de manteiga de cacau
10 g de cera de abelha
3 colheres (sopa) de óleo de damasco
10 g de cera emulsificadora
2 colheres (sopa) de infusão de alteia
8 gotas de óleo essencial de tangerina
12 gotas de óleo essencial de mirra

MODO DE PREPARO

1 Triture a pedra-pomes com a ajuda de um martelo e um pilão até obter um pó fino.
2 Aqueça a manteiga de cacau, a cera de abelha e o óleo de damasco em banho-maria até que derretam. Desligue o fogo.
3 Dissolva a cera emulsificadora na infusão de alteia. Espere derreter e junte à mistura do banho-maria.
4 Acrescente a pedra triturada e os óleos essenciais.
5 Guarde em um pote de vidro esterilizado (p. 194) e conserve na geladeira por três meses.

Alteia *(Althaea officinalis)* *(p. 23)*
Geralmente, as folhas de alteia são usadas secas no preparo de infusões, pomadas e extratos líquidos.

ÓLEOS CORPORAIS

Os óleos corporais são ótimos para tratar a pele. Para testar a sensibilidade, aplique um pouco do óleo em uma área pequena do corpo e espere 24 horas para ver se não provoca nenhuma reação.

Óleo relaxante de lavanda e bergamota

HIDRATA A PELE RELAXANTE

Rende 100 ml

A mistura de gerânio, lavanda e cipreste, entre outros elementos, proporciona uma fragrância floral relaxante. A bergamota ajuda a revitalizar e a nutrir a pele. Este óleo pode ser mantido por seis meses.

INGREDIENTES

4 colheres (chá) de óleo de amêndoa
4 colheres (chá) de óleo de girassol
4 colheres (chá) de óleo de coco
4 colheres (chá) de óleo de semente de uva
2 colheres (chá) de óleo de abacate
2 colheres (chá) de óleo de gérmen de trigo
10 gotas de óleo essencial de gerânio
10 gotas de óleo essencial de bergamota
10 gotas de óleo essencial de lavanda
10 gotas de óleo essencial de cipreste

MODO DE PREPARO

Misture todos os óleos e armazene em um pote de vidro escuro esterilizado (p. 194), bem tampado e longe da luz.

Óleo corporal estimulante

HIDRATA A PELE — ENERGIZANTE

Rende 100 ml

Os óleos desta receita reúnem ácidos graxos essenciais, vitaminas e minerais que hidratam e nutrem a pele, além de ativar a circulação e estimular os sentidos.

INGREDIENTES

4 colheres (chá) de óleo de amêndoa
4 colheres (chá) de óleo de girassol
4 colheres (chá) de óleo de coco
4 colheres (chá) de óleo de semente de uva
2 colheres (chá) de óleo de abacate
2 colheres (chá) de óleo de gérmen de trigo
10 gotas de óleo essencial de lavanda
10 gotas de óleo essencial de hortelã
10 gotas de óleo essencial de zimbro
10 gotas de óleo essencial de alecrim

MODO DE PREPARO

Misture todos os óleos e armazene em um pote de vidro escuro esterilizado (p. 194), bem tampado e longe da luz por três meses.

Óleo corporal de gerânio e laranja

HIDRATA A PELE — REVITALIZANTE

Rende 100 ml

Este óleo ajuda o corpo e a mente, pois traz uma sensação de bem-estar. Pode ser usado em massagens ou apenas para hidratar a pele. O óleo essencial de gerânio é empregado na aromaterapia para tratar ansiedade e nervosismo, enquanto o óleo essencial de laranja é refrescante e tonificador.

INGREDIENTES

2½ colheres (sopa) de óleo de amêndoa
2½ colheres (sopa) de óleo de girassol
4 colheres (chá) de óleo de calêndula
20 gotas de óleo essencial de gerânio
20 gotas de óleo essencial de laranja

MODO DE PREPARO

Misture todos os óleos e armazene em um pote de vidro escuro esterilizado (p. 194), bem tampado e longe da luz por três meses.

Óleo corporal desintoxicante

HIDRATA A PELE

ESTIMULA A CIRCULAÇÃO

Rende 100 ml

Esta mistura de óleos ajuda a ativar a circulação e a tonificar a pele, dando-lhe uma aparência mais saudável. Para melhores resultados, faça uma esfoliação a seco com uma escovinha antes do banho, esfregando a pele com movimentos circulares. Depois, passe o óleo pelo corpo todo.

INGREDIENTES

2½ colheres (sopa) de óleo de soja
2½ colheres (sopa) de óleo de amêndoa
4 colheres (chá) de óleo de gérmen de trigo
5 gotas de óleo essencial de limão
5 gotas de óleo essencial de laranja
5 gotas de óleo essencial de olíbano
2 gotas de óleo essencial de pimenta-preta e de óleo essencial de zimbro
2 gotas de óleo essencial de patchouli
2 gotas de óleo essencial de eucalipto

MODO DE PREPARO

Misture todos os óleos e armazene em um pote de vidro escuro esterilizado (p. 194), bem tampado e longe da luz por três meses.

Óleo de calêndula e erva-de-são-joão

ALIVIA AS QUEIMADURAS DE SOL

Rende 100 ml

Sempre proteja sua pele da exposição ao sol. Mas, diante de um descuido, use esta receita para aliviar o ardor e o desconforto causados pelas queimaduras de sol. Não aplique antes de se expor ao sol, pois o óleo da erva-de-são-joão é fotossensível. Também pode ser usado para aliviar a dor de herpes-zóster.

INGREDIENTES

1 colher (chá) de óleo de calêndula
1 colher (chá) de óleo de erva-de-são-joão
2 gotas de óleo essencial de lavanda

MODO DE PREPARO

Misture todos os óleos e aplique sobre a pele.

Limão *(Citrus limon)* *Além de limpar e tonificar a pele, o óleo essencial de limão estimula a concentração.*

Óleo de gergelim e soja

NUTRE A PELE

Rende 100 ml

Use este óleo após um período de férias na praia, quando a pele está ressecada devido ao sal e ao sol. O gergelim é rico em antioxidantes e vitamina E. Os óleos de soja e de semente de uva são ricos em ácidos graxos essenciais, nutrindo a pele. O óleo de coco amacia e hidrata.

INGREDIENTES

2½ colheres (sopa) de óleo de soja
2½ colheres (sopa) de óleo de gergelim
2½ colheres (sopa) de óleo de coco
4 colheres (chá) de óleo de uva
40 gotas de óleo essencial de laranja-amarga (ou petitgrain)
5 gotas de óleo essencial de lavanda

MODO DE PREPARO

Misture todos os óleos e armazene em um pote de vidro escuro esterilizado (p. 194), bem tampado e longe da luz por três meses.

Óleo de coco e limão

NUTRE A PELE

Rende 60 ml

De fácil absorção, o óleo de coco recupera o viço da pele, quando combinado com a manteiga de cacau e o óleo de gérmen de trigo, rico em vitamina E. O óleo essencial de limão dá um aroma cítrico e refrescante. Passe no corpo após o banho, no fim da tarde, para que a pele fique nutrida durante a noite.

INGREDIENTES

2 colheres (chá) de óleo de gérmen de trigo
20 g de manteiga de cacau
3½ colheres (sopa) de óleo de coco
10 gotas de óleo essencial de limão
5 gotas de tintura de benzoína

MODO DE PREPARO

1 Misture todos os ingredientes, esquentando a manteiga e o óleo de coco em banho-maria, se necessário.
2 Armazene em um pote de vidro escuro esterilizado (p. 194), bem tampado e longe da luz por três meses.

Óleo de massagem para bebês

PARA A PELE DO BEBÊ **RELAXANTE**

Rende 100 ml

Este óleo pode ser guardado por três meses e é indicado para peles sensíveis, principalmente a de bebês. Os óleos de rosa, camomila e lavanda, em uma base de óleo de girassol e calêndula, ajudam a acalmar e a relaxar a pele.

INGREDIENTES

5½ colheres (sopa) de óleo de girassol
4 colheres (chá) de óleo de calêndula
8 gotas de óleo essencial de lavanda
6 gotas de óleo essencial de camomila
6 gotas de óleo essencial de rosas

MODO DE PREPARO

Misture todos os óleos e armazene em um pote de vidro escuro esterilizado (p. 194), bem tampado e longe da luz por três meses.

Óleo de banho para bebês

PARA A PELE DO BEBÊ **RELAXANTE**

Rende 100 ml

O óleo de girassol e o de calêndula formam uma base suave para esta receita indicada para a pele dos bebês, hidratando e acalmando. O óleo de tangerina, retirado da casca do fruto, é ideal para as crianças devido à sua fragrância doce, cítrica e calmante. Armazene por três meses.

INGREDIENTES

5½ colheres (sopa) de óleo de girassol
4 colheres (chá) de óleo de calêndula
10 gotas de óleo essencial de tangerina

MODO DE PREPARO

Misture todos os óleos e armazene em um pote de vidro escuro esterilizado (p. 194), bem tampado e longe da luz por três meses.

BORRIFADORES

Combine óleos essenciais e misturas de ervas para preparar sprays e borrifadores que ajudam a manter a pele fresca, aumentando a sensação de bem-estar. Para testar a sensibilidade, aplique o produto em uma área pequena do corpo e espere 24 horas para ver se não provoca nenhuma reação.

Desodorante de hamamélis

DESODORANTE

Rende 100 ml

Este desodorante é indicado para quem quer evitar os produtos comuns que quase sempre contêm derivados de alumínio. A hamamélis é a base perfeita desta mistura antibacteriana. Passe o desodorante após o banho e reaplique quando necessário. Também pode ser usado nos pés.

INGREDIENTES

90 ml de extrato de hamamélis
2 colheres (chá) de glicerina vegetal
2 gotas de óleo essencial de coentro
2 gotas de óleo essencial de cravo
5 gotas de óleo essencial de grapefruit
2 gotas de óleo essencial de lavanda
10 gotas de óleo essencial de limão
5 gotas de óleo essencial de lima
5 gotas de óleo essencial de palmarosa

MODO DE PREPARO

1 Misture a hamamélis com a glicerina vegetal.
2 Adicione os óleos essenciais e mexa bem.
3 Armazene em um vidro escuro (p. 194) , de preferência com uma válvula spray, por seis meses. Agite antes de usar.

Hamamélis *(Hamamelis virginiana)*
(p. 63) Possui ação adstringente e anti-inflamatória, sendo usada também em compressas para tratar varizes.

Desodorante de bergamota e hortelã

DESODORANTE

Rende 85 ml

A combinação refrescante da hamamélis e da água de lavanda mantém a pele fresca. Os óleos essenciais são bactericidas, evitando o mau cheiro causado pela proliferação de bactérias. Passe na pele limpa, depois do banho. Use também nos pés.

INGREDIENTES

1 colher (chá) de glicerina vegetal
2½ colheres (sopa) de hamamélis
2½ colheres (sopa) de água de lavanda
10 gotas de óleo essencial de bergamota
8 gotas de óleo essencial de grapefruit
7 gotas de óleo essencial de limão
4 gotas de óleo essencial de hortelã
1 gota de óleo essencial de cipreste

MODO DE PREPARO

1 Misture a hamamélis com a glicerina vegetal.
2 Adicione os óleos essenciais e mexa bem.
3 Armazene em um vidro escuro, de preferência com uma válvula spray, por seis meses. Agite antes de usar.

Borrifador de gerânio e laranja

REVITALIZANTE

Rende 95 ml

Possui uma fragrância leve, mantendo a pele cheirosa e fresca. A babosa é a base calmante, enquanto os óleos essenciais de gerânio e patchouli limpam e aromatizam. A água de laranjeira é feita com as flores da árvore de laranja-amarga.

INGREDIENTES

80 ml de água destilada
2 colheres (chá) de suco de babosa
1 colher (chá) de água de flor de laranjeira
2 gotas de óleo essencial de patchouli
2 gotas de óleo essencial de gerânio

MODO DE PREPARO

1 Misture todos os ingredientes.
2 Armazene em um vidro escuro, de preferência com uma válvula spray, por dois meses. Agite antes de usar.

Gerânio *(Pelargonium graveolens)*
O gerânio é usado na aromaterapia para tratar a pele e para aliviar a fadiga e o estresse.

Spray de citronela

REPELENTE DE INSETOS

Rende 25 ml

A citronela e o óleo essencial de eucalipto são ótimos repelentes de insetos. Aplique sobre a pele a cada 2 horas ou quando necessário.

INGREDIENTES

5 colheres (chá) de água de lavanda
3 gotas de óleo essencial de eucalipto *(Eucalyptus citriodora)*
2 gotas de óleo essencial de citronela

MODO DE PREPARO

1 Misture a água de lavanda e os óleos essenciais.
2 Armazene em um vidro escuro (p. 194), de preferência com uma válvula spray, por seis meses. Agite antes de usar.

Bálsamo para picada de insetos

ALIVIA O INCÔMODO DAS PICADAS

Rende 30 ml

A hamamélis, a mil-folhas e a tanchagem possuem propriedades anti-inflamatórias e antissépticas. A lavanda limpa, a babosa refresca e a calêndula acalma. Borrife o líquido sobre picadas de insetos para obter alívio.

INGREDIENTES

4 colheres (chá) de hamamélis
1 colher (chá) de suco de babosa
30 gotas de tintura de tanchagem
30 gotas de tintura de calêndula
30 gotas de tintura de mil-folhas
24 gotas de óleo essencial de lavanda
6 gotas de óleo essencial de árvore-do-chá

MODO DE PREPARO

1 Misture todos os ingredientes.
2 Armazene em um vidro escuro (p. 194), de preferência com uma válvula spray, por seis meses. Agite antes de usar.

Borrifador de rosas

ESTIMULA OS SENTIDOS

Rende 95 ml

Este borrifador floral contém uma mistura de água de rosa-de-damasco e óleos essenciais de patchouli e gerânio. A babosa e a água de rosas são calmantes e refrescantes, tratando a pele cansada e sem viço. No verão, deixe o borrifador na geladeira.

INGREDIENTES

75 ml de água destilada
2 colheres (chá) de suco de babosa
2 colheres (chá) de água de rosa-de--damasco
3 gotas de óleo essencial de rosas
3 gotas de óleo essencial de gerânio
1 gota de óleo essencial de patchouli

MODO DE PREPARO

1 Misture todos os ingredientes.
2 Armazene em um vidro escuro (p. 194), de preferência com uma válvula spray, por dois meses. Agite antes de usar.

Loção refrescante de olíbano

ENERGIZANTE

Rende 95 ml

O óleo essencial de olíbano é obtido a partir da destilação da resina retirada da árvore, com ação levemente adstringente e tônica para a pele. Os óleos cítricos de bergamota e tangerina fornecem uma solução refrescante para todos os tipos de pele.

INGREDIENTES

5½ colheres (sopa) de água destilada
2 colheres (chá) de suco de babosa
1 colher (chá) de água de lavanda
4 gotas de óleo essencial de olíbano
2 gotas de óleo essencial de tangerina
2 gotas de óleo essencial de bergamota

MODO DE PREPARO

1 Misture todos os ingredientes.
2 Armazene em um vidro escuro (p. 194), de preferência com uma válvula spray, por dois meses. Agite antes de usar.

Babosa *(Aloe vera)* *(p. 20) O gel contido no interior das folhas é calmante e curativo, além de ser rico em enzimas, vitaminas e aminoácidos.*

TALCOS

Estas receitas ajudam a manter a pele macia, aveludada e perfumada. Os óleos essenciais e as tinturas reforçam o poder curativo. Para testar a sensibilidade, aplique o produto em uma área pequena do corpo e espere 24 horas para ver se não provoca reações.

Talco corporal de calêndula

ACALMA A PELE

Rende 20 g

Este talco mantém a pele seca em climas quentes e úmidos, além de acalmar e proteger áreas do corpo com coceiras e brotoejas. Aplique na pele limpa, após o banho, com algodão ou com as mãos. O prazo de validade é de seis meses.

INGREDIENTES

20 g de caulim
5 gotas de tintura de lavanda
5 gotas de óleo essencial de limão

MODO DE PREPARO

1 Espalhe o caulim de maneira uniforme em um prato e reserve. Misture a tintura e o óleo, colocando-os dentro de um vaporizador bem pequeno. Borrife em cima do caulim e deixe secar.

2 Armazene em um pote de talco.

"Experimente um destes talcos para revitalizar-se após um banho relaxante e aromático"

Talco de lavanda e árvore-do-chá

ACALMA A PELE

Rende 20 g

Este talco é levemente perfumado e ideal para ser usado antes e depois de praticar esportes, mantendo a pele fresca e protegida de brotoejas. Aplique após o banho, com a pele seca. Use algodão ou as mãos.

INGREDIENTES

20 g de maisena
1 ml (20 gotas) de tintura de própolis
5 gotas de óleo essencial de lavanda
5 gotas de óleo essencial de árvore-do-chá

MODO DE PREPARO

1 Peneire a maisena em cima de um prato e reserve.
2 Misture os óleos essenciais e a tintura, colocando-os dentro de um vaporizador bem pequeno.
3 Borrife em cima da maisena. Cuidado para não formar grumos. Deixe secar.
4 Armazene em um pote de talco. O prazo de validade é de seis meses.

Talco corporal de rosas

ACALMA A PELE

Rende 20 g

Este talco possui óleo essencial de rosas, que ajuda a amaciar a pele. A essência de gerânio complementa a fragrância, enquanto o patchouli dá um toque amadeirado. Aplique após o banho, com a pele seca e fresca, usando algodão ou as mãos.

INGREDIENTES

20 g de maisena
5 gotas de óleo essencial de rosas
4 gotas de óleo essencial de gerânio
1 gota de óleo essencial de patchouli

MODO DE PREPARO

1 Peneire a maisena em cima de um prato e reserve.
2 Misture os óleos, colocando-os dentro de um vaporizador bem pequeno.
3 Borrife em cima da maisena. Cuidado para não formar grumos e deixe secar.
4 Armazene em um pote de talco. O prazo de validade é de seis meses.

Talco para os pés

DESODORANTE

Rende 15 g

Para manter os pés desodorizados e longe do mau cheiro, use este talco feito com sálvia, que refresca e elimina o excesso de umidade. As folhas de groselha são adstringentes. Aplique após o banho, com a pele seca, usando algodão ou as mãos.

INGREDIENTES

10 g de caulim
2 colheres (sopa) de folhas secas de groselha
1 colher (sopa) de sálvia seca
5 gotas de óleo essencial de limão

MODO DE PREPARO

1 Coloque as ervas secas em um pilão e soque até que fiquem moídas.
2 Misture-as com o caulim. Adicione a essência de limão e mexa bem. Deixe secar.
3 Armazene em um pote de talco. O prazo de validade é de dois meses.

Groselha *(Ribes nigrum)* *(p. 94)*
As folhas do pé de groselha possuem propriedades purificantes e são usadas em gargarejos.

Talco para bebês

PARA A PELE DO BEBÊ

Rende 20 g

A pele delicada dos bebês é sujeita a assaduras, por isso necessita de um bom talco. Esta receita é tão leve que pode ser usada em recém-nascidos. A camomila tem propriedades calmantes e anti-inflamatórias, enquanto o própolis é um antisséptico poderoso. Sempre mantenha o talco longe do nariz e da boca dos bebês.

INGREDIENTES

3 colheres (sopa) de maisena
5 gotas de tintura de própolis
2 gotas de óleo essencial de camomila

MODO DE PREPARO

1 Peneire a maisena em cima de um prato e reserve.
2 Misture a tintura e o óleo essencial, colocando-os dentro de um vaporizador bem pequeno.
3 Borrife em cima da maisena. Cuidado para não formar grumos e deixe secar.
4 Armazene em um pote de talco. O prazo de validade é de seis meses.

Camomila *(Matricaria recutita)*
A camomila tem propriedade calmante e pode ser aplicada na pele de crianças e bebês.

SABONETES

Fazer sabonetes é divertido e eles ainda podem se tornar belos presentes. Para maior segurança, observe os cuidados a serem tomados no preparo (p. 343), seguindo as instruções rigorosamente. Não use azeites caros para o preparo, pois os mais baratos são igualmente eficazes.

Sabonete de alecrim

LIMPA A PELE **REVITALIZANTE**

INGREDIENTES
300 ml de azeite
175 ml de óleo de coco
120 ml de água fervente ou destilada
60 g de soda cáustica
1 colher (sopa) de argila verde
4 drágeas de espirulina amassadas
1 colher (sopa) de farelo de aveia
30 gotas de óleo essencial de alecrim

Rende 16 unidades

O alecrim tem propriedades desintoxicantes e o farelo de aveia é levemente esfoliante. A argila verde e a espirulina dão cor. Se quiser, coloque algumas folhinhas de alecrim em cima do sabonete para decorar.

1 ***Em uma panela, misture o azeite e o óleo de coco*** *em fogo baixo, utilizando um fouet. Despeje a água em uma tigela de vidro e coloque dentro da pia. Vá acrescentando aos poucos os cristais de soda cáustica, mexendo até que dissolvam. Ao manejar a soda cáustica, use luvas, máscara e avental. Deixe esfriar.*

2 ***Com cuidado e devagar, despeje*** *a mistura de soda cáustica e água na panela com o azeite e o óleo de coco. Mexa bem. Depois, bata com o fouet por 20 segundos. A consistência deve ser similar à de uma calda. Junte a argila verde, a espirulina, o farelo de aveia e o óleo essencial de alecrim.*

3 ***Coloque a mistura*** *em uma fôrma de 23 cm untada com azeite. Cubra com um pano e deixe descansar por 24 horas. Quando ainda estiver um pouco mole, corte em retângulos. Deixe secar e endurecer por completo. Deve levar algumas semanas. Verifique o pH do sabonete antes de usar (deve estar em torno de 10-10,5).*

Sabonete de calêndula e camomila

LIMPA A PELE

Rende 16 unidades

A calêndula, a camomila e o óleo de erva-dos-burros são ideais para peles sensíveis e delicadas. Experimente decorar os sabonetes com algumas flores. Leia as instruções de segurança na página 343 antes de iniciar o preparo.

INGREDIENTES

300 ml de azeite
175 ml de óleo de coco
120 ml de água fervente e resfriada ou destilada
60 g de soda cáustica
2 colheres (sopa) de óleo de calêndula
1 colher (chá) de óleo de erva-dos-burros
25 gotas de óleo essencial de camomila
10 gotas de óleo essencial de lavanda

MODO DE PREPARO

1 Em uma panela, misture o azeite e o óleo de coco em fogo baixo, utilizando um fouet.

2 Despeje a água em uma tigela de vidro e coloque dentro da pia. Vá adicionando aos poucos os cristais de soda cáustica, mexendo até que dissolvam (nunca coloque a água na soda, e sim o contrário). Ao manejar a soda cáustica, use luvas, máscara e avental. Deixe esfriar.

3 Com cuidado e devagar, despeje a mistura de soda cáustica e água na panela com óleos quentes e mexa. Depois, bata com o fouet por 20 segundos. A consistência deve ser similar à de uma calda. Junte os óleos essenciais. Coloque a mistura em uma fôrma de 23 cm de diâmetro e 5 cm de profundidade, untada com azeite. Cubra com um pano e deixe descansar por 24 horas.

4 Quando ainda estiver um pouco mole, corte em retângulos. Deixe secar e endurecer por completo. Isso deve levar algumas semanas. Durante esse tempo, o pH do sabonete deverá cair, tornando-se mais neutro. Se um resíduo branco aparecer na superfície, raspe-o. Dependendo do clima, o sabonete demorará vários meses para secar, mas o que determina se já pode ser usado é o valor do pH, que deve estar em torno de 10-10,5.

Sabonete antisséptico

LIMPA A PELE

Rende 16 unidades

O neem *(Azadirachta indica)* é uma árvore sagrada na Índia e na África, muito usada por suas propriedades desinfetantes. Esta receita também leva própolis, uma resina feita pelas abelhas para proteger a colmeia. Este sabonete, portanto, é um ótimo antisséptico. Os óleos de lavanda e árvore-do-chá fornecem uma fragrância muito agradável. Adicione flores de lavanda e leia as instruções da página 343 antes de iniciar o preparo.

INGREDIENTES

300 ml de azeite
175 ml de óleo de coco
120 ml de água fervente e resfriada ou destilada
60 g de soda cáustica
5 gotas de tintura de própolis
1 colher (chá) de óleo de neem
30 gotas de óleo essencial de árvore-do-chá
40 gotas de óleo essencial de lavanda

MODO DE PREPARO

1 Em uma panela, misture o azeite e o óleo de coco em fogo baixo, utilizando um fouet.
2 Despeje a água em uma tigela de vidro e coloque dentro da pia. Vá adicionando aos poucos os cristais de soda cáustica, mexendo até que dissolvam (nunca coloque a água na soda, e sim o contrário). Ao manejar a soda cáustica, use luvas, máscara e avental. Deixe esfriar.
3 Com cuidado e devagar, despeje a mistura de soda cáustica e água na panela de óleos e mexa. Depois, bata com o fouet por 20 segundos. A consistência deve ser similar à de uma calda. Junte os óleos e a tintura. Coloque a mistura em uma fôrma de 23 cm de diâmetro e 5 cm de profundidade, untada com azeite. Cubra com um pano e deixe descansar por 24 horas.
4 Quando ainda estiver um pouco endurecida, corte em retângulos. Deixe secar e endurecer por completo. Isso deve levar algumas semanas. Durante esse tempo, o pH do sabonete deverá cair, tornando-se mais neutro. Se um resíduo branco aparecer na superfície, raspe-o. Conforme o clima, o sabonete demorará vários meses para secar, mas o que determina se já pode ser usado é o valor do pH, que deve estar em torno de 10-10,5.

Sabonete relaxante

LIMPA A PELE RELAXANTE

Rende 16 unidades

Este sabonete possui uma combinação terapêutica de aromas. Os óleos essenciais de lavanda, rosas e manjerona são revigorantes e ajudam a evitar o estresse do dia a dia, aumentando a sensação de bem-estar. Leia as informações de segurança na página 343 antes do preparo e lembre-se de que o ideal é usar um azeite barato.

INGREDIENTES

300 ml de azeite
175 ml de óleo de coco
120 ml de água fervente e resfriada ou destilada
60 g de soda cáustica
10 gotas de óleo essencial de lavanda
2 colheres (chá) de óleo de amêndoas
10 gotas de óleo essencial de rosas
5 gotas de óleo essencial de manjerona

MODO DE PREPARO

1 Em uma panela, misture o azeite e o óleo de coco em fogo baixo, utilizando um fouet.
2 Despeje a água em uma tigela de vidro e coloque dentro da pia. Vá adicionando aos poucos os cristais de soda cáustica, mexendo até que dissolvam (nunca coloque a água na soda, e sim o contrário). Ao manejar a soda cáustica, use luvas, máscara e avental. Deixe esfriar.
3 Com cuidado e devagar, coloque a mistura de soda cáustica e água na panela de óleos quentes e mexa. Depois, bata com o fouet por 20 segundos. A consistência deve ser similar à de uma calda. Junte todos os óleos. Coloque a mistura em uma fôrma de 23 cm de diâmetro e 5 cm de profundidade, untada com azeite. Cubra com um pano e deixe descansar por 24 horas.
4 Quando ainda estiver um pouco mole, corte em retângulos. Deixe secar e endurecer por completo. Isso deve levar algumas semanas. Durante esse tempo, o pH do sabonete deverá cair, tornando-se mais neutro. Se um resíduo branco aparecer na superfície, raspe-o. Dependendo do clima, o sabonete demorará vários meses para secar, mas o que determina se já pode ser usado é o valor do pH, que deve estar em torno de 10-10,5.

Sabonete exótico

LIMPA A PELE   ESTIMULA OS SENTIDOS

Rende 16 unidades

O óleo essencial de ilangue-ilangue é obtido a partir da destilação de flores da árvore cananga *(Cananga odorata)*, nativa das Filipinas e da Indonésia e da família da macieira. Neste sabonete há uma combinação dos óleos de rosa, gerânio e sálvia. Leia as informações de segurança na página 343 antes de iniciar o preparo.

INGREDIENTES

300 ml de azeite
175 ml de óleo de coco
120 ml de água fervente e resfriada ou destilada
60 g de soda cáustica
2 colheres (chá) de óleo de abacate
12 gotas de óleo essencial de ilangue-ilangue
12 gotas de óleo essencial de gerânio
12 gotas de óleo essencial de sálvia
5 gotas de óleo essencial de rosas
1 colher (chá) de essência de baunilha

MODO DE PREPARO

1 Em uma panela, misture o azeite e o óleo de coco em fogo baixo, utilizando um fouet.

2 Despeje a água em uma tigela de vidro e coloque dentro da pia. Vá adicionando aos poucos os cristais de soda cáustica, mexendo até que dissolvam (nunca coloque a água na soda, e sim o contrário). Ao manejar a soda cáustica, use luvas, máscara e avental. Deixe esfriar.

3 Com cuidado e devagar, coloque a mistura de soda cáustica e água na panela de óleos quentes e mexa. Depois, bata com o fouet por 20 segundos. A consistência deve ser similar à de uma calda. Junte todos os óleos. Coloque a mistura em uma fôrma de 23 cm de diâmetro e 5 cm de profundidade, untada com azeite. Cubra com um pano e deixe descansar por 24 horas.

4 Quando ainda estiver um pouco mole, corte em retângulos. Deixe secar e endurecer por completo. Isso deve levar algumas semanas. Durante esse tempo, o pH do sabonete deverá cair, tornando-se mais neutro. Se um resíduo branco aparecer na superfície, raspe-o. Dependendo do clima, o sabonete demorará vários meses para secar, mas o que determina se já pode ser usado é o valor do pH, que deve estar em torno de 10-10,5.

LOÇÕES DE LIMPEZA

É importante ter uma rotina de limpeza e hidratação para manter a pele saudável, especialmente quem está exposto à poluição. As loções esfoliantes e adstringentes podem ajudar. Para ver se não provoca reação, aplique o produto em uma área pequena do corpo e espere 24 horas.

Loção calmante de lavanda

LIMPA A PELE

Rende 60 ml

Esta loção de limpeza é ideal para peles sensíveis. A aveia é muito usada em cremes e cosméticos devido às suas propriedades calmantes e nutritivas. O óleo de amêndoas ajuda a hidratar, enquanto a lavanda fornece uma fragrância refrescante.

INGREDIENTES

- 25 g de aveia orgânica
- um pouco de água mineral
- 1 gema de ovo
- 3½ colheres (sopa) de óleo de amêndoa
- 5 gotas de óleo essencial de lavanda

MODO DE PREPARO

1 Coloque a aveia em uma tigela, cubra com água mineral e deixe de molho por 1 hora.

2 Bata a gema de ovo no liquidificador, pingando uma gota de óleo de amêndoa por vez. Repita o mesmo procedimento com o óleo de lavanda e bata novamente. A mistura deve ficar na consistência de uma emulsão grossa.

3 Escorra a aveia, espremendo todo o líquido (leite de aveia). Descarte o sólido e acrescente o líquido à mistura de ovo, mexendo aos poucos.

4 Coloque em um pote de vidro esterilizado (p. 194) e com tampa. Conserve na geladeira por três dias.

Esfoliante facial de mel e rosas

ESFOLIAÇÃO DO ROSTO

Rende 1 aplicação

O mel é um dos melhores produtos naturais para a pele, pois amacia, hidrata e protege, atuando como um lubrificante. O óleo de rosas tonifica e, assim como o óleo de lavanda, refresca e purifica. Esta loção é levemente esfoliante e ajuda a remover células mortas e impurezas da pele.

INGREDIENTES

25 g de rosas secas
2 colheres (sopa) de flores de lavanda
2 colheres (chá) de mel
1 gota de óleo essencial de lavanda
1 gota de óleo essencial de rosas

MODO DE PREPARO

1 Faça uma infusão padrão (p. 342) usando metade das rosas e 1 xícara de água. Cubra e reserve.
2 Moa o restante das flores com um pilão, até obter um pó. Junte os óleos essenciais e o mel, misture bem e acrescente a infusão necessária para formar uma pasta.
3 Aplique na pele em movimentos circulares. Enxágue com água abundante.

Peeling facial de babosa e sabugueiro

ESFOLIAÇÃO DO ROSTO

Rende 1 aplicação

A flor de sabugueiro tem propriedades adstringente, emoliente e anti-inflamatória, por isso é bastante benéfica para a pele. A babosa é refrescante e a camomila é calmante, podendo ser usada em todos os tipos de pele. Como esta loção contém iogurte, deve ser usada imediatamente.

INGREDIENTES

25 g de flores de sabugueiro ou 10 saquinhos de chá de flor de sabugueiro
25 g de camomila ou 10 saquinhos de chá de camomila
2 colheres (chá) de suco de babosa
2 colheres (sopa) de iogurte integral

MODO DE PREPARO

1 Faça uma infusão padrão (p. 342) usando metade das ervas e 240 ml de água. Cubra e reserve.
2 Moa o restante das flores com um pilão, até obter um pó. Se estiver usando saquinhos de chá, as ervas já estarão bem picadas.
3 Misture as ervas, a babosa e o iogurte; adicione a infusão, uma colher por vez, formando uma pasta.
4 Aplique no rosto após a limpeza, protegendo a área em volta dos olhos e da boca. Para esfoliar, massageie suavemente a pele com a ponta dos dedos, em movimentos circulares.
5 Use a infusão restante (com mais água, se necessário) para remover a máscara do rosto.

TONIFICANTES

As loções tonificantes ajudam a remover da pele resíduos dos sabonetes e loções de limpeza, além de equilibrar o pH e, obviamente, tonificar. Para testar a sensibilidade, aplique o produto em uma área pequena do corpo e espere 24 horas para ver se não provoca reação.

Tonificante de lavanda e babosa

TONIFICA A PELE

Rende 100 ml

Este tonificante pode ser usado em todos os tipos de pele, pois possui óleos essenciais que ajudam a hidratar e tratar, além de água de lavanda e hamamélis, que são adstringentes e auxiliam a purificar e limpar os poros. O prazo de validade é de seis meses.

INGREDIENTES

80 ml de água de lavanda
2 colheres (chá) de extrato de hamamélis
1 colher (chá) de suco de babosa
14 gotas de óleo essencial de bergamota
4 gotas de óleo essencial de limão
4 gotas de óleo essencial de lavanda
4 gotas de óleo essencial de laranja-amarga (ou petitgrain)
2 gotas de óleo essencial de alecrim
2 gotas de óleo essencial de pimenta-preta

MODO DE PREPARO

1 Misture bem todos os ingredientes.
2 Coloque em um vidro esterilizado (p. 194), preferencialmente com uma válvula spray, longe da luz do sol. Agite antes de usar.

Limão *(Citrus limon)* *Da casca do limão, é extraído o óleo essencial que ajuda a limpar, tonificar e refrescar.*

Tonificante de rosas

TONIFICA A PELE

Rende 100 ml

Este tonificante refresca e equilibra a pele. A rosa amacia, enquanto o vinagre estimula a circulação e ajuda a regular o pH. O vinagre de maçã, fabricado por uma simples fermentação, retém todos os nutrientes da maçã e também as enzimas produzidas durante o processo.

INGREDIENTES

85 ml de água mineral
2 colheres (chá) de pétalas de rosas secas ou 4 colheres (chá) de pétalas de rosas frescas
1 colher (chá) de flor de sabugueiro seca ou 2 colheres (chá) de flor de sabugueiro fresca
1 colher (sopa) de vinagre de maçã

MODO DE PREPARO

1 Faça uma infusão com a água e as flores secas. Depois de fria, junte o vinagre e misture bem.
2 Coloque em um vidro esterilizado (p. 194), agitando antes de usar. Aplique com algodão e mantenha na geladeira por três meses.

Tonificante de ervas

TONIFICA A PELE

Rende 100 ml

O extrato de hamamélis acalma e refresca a pele, além de possuir propriedades adstringentes que regulam a oleosidade, ajudando a desobstruir poros e controlar a acne. Esta receita também leva rosa, alecrim e camomila, que é calmante e anti-inflamatória.

INGREDIENTES

75 ml de água destilada
1 colher (sopa) de extrato de hamamélis
2 colheres (chá) de suco de babosa
3 gotas de óleo essencial de camomila
3 gotas de óleo essencial de alecrim
3 gotas de óleo essencial de rosas

MODO DE PREPARO

1 Misture bem todos os ingredientes.
2 Coloque em um vidro esterilizado (p. 194), agitando antes de usar. Aplique com algodão e guarde na geladeira por três meses.

Spray de ervas para o rosto e o corpo

REVITALIZA A PELE

Rende 100 ml

A hortelã é o ingrediente principal deste borrifador facial, ideal para os dias quentes e noites de verão, pois refresca a pele. Borrife sempre que necessário no rosto e em todo o corpo. O prazo de validade é de dois dias.

INGREDIENTES

3 colheres (chá) de hortelã picada
1 colher (chá) de dill picado
1 colher (chá) de salsinha picada
85 ml de água mineral

MODO DE PREPARO

Faça uma infusão padrão (p. 342) usando água suficiente somente para cobrir as ervas. Depois, coloque a água mineral e armazene em um vidro esterilizado (p. 194), preferencialmente com uma válvula spray.

Loção refrescante facial

REVITALIZA A PELE **ENERGIZANTE**

Rende 100 ml

A água de flor de laranjeira é um ótimo remédio para a pele. Os aromaterapeutas usam a fragrância para ajudar a aliviar o estresse. Esta loção é ideal para refrescar a pele e pode ser borrifada no rosto durante viagens. Conserve na geladeira por dois dias.

INGREDIENTES

85 ml de água destilada
2 colheres (chá) de suco de babosa
1 colher (chá) de água de flor de laranjeira
1 gota de tintura de própolis
1 gota de óleo essencial de alecrim
1 gota de óleo essencial de limão

MODO DE PREPARO

Misture bem todos os ingredientes e coloque em um vidro esterilizado (p. 194), preferencialmente com uma válvula spray, longe da luz do sol. Agite antes de usar.

Dill ou endro *(Anethum graveolens)*
É uma erva culinária muito popular graças a seu aroma e sabor, sendo bastante usada para temperar peixes.

MÁSCARAS FACIAIS

Dedicar um tempo para relaxar e aplicar uma máscara facial pode ser bastante prazeroso. Para uma purificação extra, experimente usar uma máscara de argila. Teste a sensibilidade passando o produto em uma área pequena do corpo e espere 24 horas para ver se não provoca reação.

Máscara de hamamélis e lavanda

CONDICIONA A PELE

Rende 1 aplicação

A argila verde é o nome comum da montmorilonita, uma argila rica em minerais e muito absorvente. Conforme seca, ela retira as impurezas da pele e limpa os poros. A hamamélis é adstringente e a lavanda ajuda a fechar os poros, completando a limpeza.

INGREDIENTES

2 colheres (chá) de pó de argila verde
2 colheres (chá) de extrato de hamamélis
1 ovo levemente batido
2 gotas de óleo essencial de lavanda

MODO DE PREPARO

1 Misture a argila com o extrato de hamamélis até formar uma pasta. Junte o ovo batido e o óleo de lavanda, mexendo bem.
2 Aplique a máscara no rosto e deixe agir por 10 minutos. Remova com água gelada e seque o rosto.

"Dê um presente para a sua pele e sua mente: reserve 10 minutos do dia para relaxar com uma máscara facial"

Máscara esfoliante de morango

CONDICIONA A PELE

Rende 1 aplicação

As máscaras de frutas deixam a pele refrescante e brilhante. O morango, rico em ácidos naturais de frutas, ajuda a esfoliar a pele e ainda possui vitamina C. A aveia também ajuda a esfoliar e desobstruir os poros. Esta máscara deve ser usada imediatamente, pois leva frutas frescas e derivados do leite.

INGREDIENTES

2 colheres (sopa) de aveia
3 morangos grandes
1 colher (chá) de creme de leite

MODO DE PREPARO

1 Soque a aveia com um pilão até que fique moída. Amasse os morangos com um garfo e misture com a aveia. Adicione o creme de leite e mexa até formar uma pasta.

2 Aplique no rosto evitando contato com olhos e boca e deixe agir por 10 minutos.

3 Remova a máscara aos poucos, com as palmas das mãos molhadas com água fria, fazendo movimentos circulares para esfoliar. Enxágue e seque delicadamente o rosto.

Morango *(Fragaria x ananassa)*
(p. 58) É nutritivo, cheio de vitaminas e substâncias antioxidantes, responsáveis por sua cor vermelha.

Máscara de lavanda

CONDICIONA A PELE

Rende 1-2 aplicações

A argila ajuda a drenar as toxinas da pele, limpando-a profundamente. Com a hidratação do mel e a ação antioxidante da babosa, esta máscara deixa a pele fresca, macia e protegida. A lavanda, por sua vez, purifica e perfuma. Guarde em um vidro escuro esterilizado (p.194) com tampa e use em dois meses.

INGREDIENTES

2 colheres (sopa) de suco de babosa
1 colher (chá) de água de lavanda
1 colher (chá) de mel
½ colher (sopa) de caulim em pó
1 colher (sopa) de bentonita em pó
1 gota de óleo essencial de lavanda

MODO DE PREPARO

1 Misture a babosa, a água de lavanda e o mel. Adicione o caulim e a bentonita e mexa bem. Passe tudo por uma peneira e acrescente o óleo essencial.
2 Aplique no rosto, evitando contato com olhos e boca. Deixe agir por 10 minutos. Remova a máscara com água morna.

Máscara de grapefruit

CONDICIONA A PELE

Rende 50 ml

Esta máscara é mais apropriada para a pele oleosa. O grapefruit é rico em ácidos de frutas e possui ação esfoliante e adstringente, bem como a hamamélis, que também é tonificante. A babosa nutre e a argila retira as impurezas. O óleo essencial de limão hidrata e refresca. Guarde em um vidro escuro esterilizado (p. 194) com tampa e use em dois meses.

INGREDIENTES

2 colheres (sopa) de suco de babosa
1 colher (chá) de extrato de hamamélis
1 colher (chá) de suco de grapefruit
1½ colher (chá) de caulim em pó
½ colher (sopa) de argila em pó
1 gota de óleo essencial de limão

MODO DE PREPARO

1 Misture a babosa, a hamamélis e o grapefruit. Vá adicionando aos poucos o caulim e a argila. Passe tudo por uma peneira e acrescente o óleo essencial.
2 Aplique no rosto, evitando contato com olhos e boca. Deixe agir por 10 minutos. Remova a máscara com água morna.

Máscara de rosas

CONDICIONA A PELE

Rende 1-2 aplicações

Esta máscara purifica e nutre a pele. As rosas são conhecidas por suas propriedades equilibrantes e refrescantes. A babosa hidrata, acalma e é rica em vitaminas e aminoácidos. Guarde em um vidro escuro esterilizado (p. 194) com tampa e use por dois meses.

INGREDIENTES

2 colheres (sopa) de suco de babosa
1 colher (chá) de água de rosas
1 colher (chá) de mel
½ colher (sopa) de caulim
1 colher (sopa) de argila em pó
1 gota de óleo essencial de rosas

MODO DE PREPARO

1 Misture a babosa, a água de rosas e o mel. Vá adicionando aos poucos o caulim e a argila. Passe tudo por uma peneira e acrescente o óleo essencial.
2 Aplique no rosto, evitando contato com olhos e boca. Deixe agir por 10 minutos. Remova a máscara com água morna.

Máscara de banana

CONDICIONA A PELE

Rende 1 aplicação

Esta máscara ajuda a revitalizar a pele seca e sem viço. A banana hidrata e amacia, e o óleo de calêndula possui carotenoides, precursores da vitamina A, que é ótima para a pele. Esta receita deve ser usada imediatamente, pois contém ingredientes frescos.

INGREDIENTES

1 banana madura amassada
1 gema de ovo
2 gotas de óleo essencial de calêndula

MODO DE PREPARO

1 Misture a banana amassada com a gema e o óleo essencial.
2 Aplique no rosto, evitando contato com olhos e boca. Deixe agir por 10 minutos. Remova a máscara com água fria.

Máscara de abacate e babosa

CONDICIONA A PELE

Rende 1 aplicação

Esta máscara serve para todos os tipos de pele. O abacate é rico em vitaminas, minerais, ácidos graxos, lecitina e fitoesteróis, além de ser um ótimo hidratante. Deve ser aplicada imediatamente, pois leva frutas frescas e derivados do leite.

INGREDIENTES

1 abacate maduro e amassado
1 colher (chá) de mel
1 colher (chá) de suco de limão
1 colher (chá) de iogurte
1 colher (chá) de suco de babosa

MODO DE PREPARO

1 Misture o abacate amassado com o resto dos ingredientes.
2 Aplique no rosto, evitando contato com olhos e boca. Deixe agir por 10 minutos. Remova a máscara com água fria.

Máscara de maçã e canela

NUTRE A PELE

Rende 1 aplicação

Experimente esta máscara para pele oleosa ou com acne. A maçã contém ácidos naturais de frutas que ajudam a esfoliar a pele, enquanto o mel hidrata. A aveia também esfolia. Esta receita deve ser usada imediatamente, pois leva frutas frescas e derivados do leite.

INGREDIENTES

1 maçã ralada
½ colher (chá) de creme de leite
1 colher (chá) de mel
1 colher (sopa) de aveia moída
½ colher (chá) de canela em pó

MODO DE PREPARO

1 Misture todos os ingredientes até formar uma pasta.
2 Aplique no rosto, evitando contato com olhos e boca. Deixe agir por 10 minutos. Remova a máscara com água fria.

BÁLSAMOS

Uma maneira simples de nutrir e proteger a pele da desidratação é utilizar o bálsamo, um hidratante mais espesso. Para testar a sensibilidade, aplique o produto em uma área pequena do corpo e espere 24 horas para ver se não provoca reação.

Bálsamo labial de calêndula e tangerina

HIDRATA OS LÁBIOS

PREVINE RACHADURAS CAUSADAS PELO FRIO

INGREDIENTES

1 colher (chá) de cera de abelha
70 g de manteiga de cacau
5 gotas de tintura de melissa
5 gotas de tintura de calêndula
10 gotas de óleo essencial de tangerina

Rende 80 g

O óleo essencial de tangerina, retirado da casca do fruto, é levemente antisséptico e desinfetante. A melissa trata e previne herpes, já que possui ação antiviral. Já a manteiga de cacau é uma velha arma usada contra o ressecamento dos lábios.

1 ***Derreta a cera de abelha,*** *a manteiga de cacau e o óleo de coco em banho-maria.*

2 ***Adicione as tinturas*** *e os óleos essenciais e mexa.*

3 ***Divida a mistura*** *em dois potes de vidro bem pequenos e esterilizados (p. 194) e deixe esfriar. O prazo de validade é de três meses.*

Bálsamo labial de lavanda e mirra

HIDRATA OS LÁBIOS

Rende 10 g

Este bálsamo é fácil de fazer e proporciona alívio prolongado, pois hidrata e protege os lábios de rachaduras causadas por sol, frio, vento ou ar seco. Use em até seis meses.

INGREDIENTES

- 2 colheres (chá) de manteiga de cacau
- 2 gotas de óleo essencial de lavanda
- 1 gota de óleo essencial de mirra

MODO DE PREPARO

1 Derreta a manteiga de cacau em banho-maria. Adicione os óleos essenciais e mexa. Coloque a mistura em um potinho de vidro esterilizado e com tampa (p. 194).

2 Deixe esfriar e ganhar consistência – pode levar até 12 horas, dependendo da temperatura ambiente.

Bálsamo para gestantes

PREVINE ESTRIAS **HIDRATA A PELE**

Rende 40 g

Este bálsamo é indicado especialmente para gestantes, pois hidrata a pele, diminuindo a sensação de estiramento e o risco de aparecer estrias. É um hidratante nutritivo, impedindo que a pele desidrate. Use em até três meses.

INGREDIENTES

- 1 colher (chá) de cera de abelha
- 5 colheres (chá) de óleo de coco
- 1 colher (chá) de óleo de damasco
- 1 colher (chá) de óleo de calêndula

MODO DE PREPARO

1 Derreta a cera de abelha e os óleos de coco, de damasco e de calêndula em banho-maria.

2 Coloque a mistura em um potinho de vidro esterilizado e com tampa (p. 194). Deixe esfriar e ganhar consistência (pode levar até 12 horas).

Bálsamo de árvore-do-chá e tomilho

TRATA PÉ DE ATLETA

Rende 80 g

Este bálsamo ajuda no tratamento de pé de atleta e infecções por fungos, graças ao óleo essencial de árvore-do-chá, que tem propriedades fungicidas e bactericidas, assim como o óleo de tomilho. As tinturas de ervas ajudam na regeneração da pele. O prazo de validade é de seis meses.

INGREDIENTES

2 colheres (chá) de cera de abelha
3 colheres (sopa) de óleo de amêndoa
1 colher (sopa) de óleo de gérmen de trigo
1 colher (chá) de tintura de alteia
1 colher (chá) de tintura de confrei
5 gotas de óleo essencial de tomilho
5 gotas de óleo essencial de árvore-do-chá

MODO DE PREPARO

1 Derreta a cera de abelha e os óleos de amêndoa e de gérmen de trigo em banho-maria.

2 Tire do fogo, espere esfriar e junte as tinturas e os óleos essenciais. Coloque a mistura em um potinho de vidro esterilizado e com tampa (p. 194). Deixe esfriar e ganhar consistência – pode levar até 12 horas, dependendo da temperatura ambiente.

SAIS DE BANHO

Os sais de banho são fáceis de fazer, pois contêm ingredientes simples. Além disso, estimulam os sentidos e podem se tornar lindos presentes, com embalagens criativas feitas com tecidos, papéis e fitas.

Sal de banho cítrico

ALIVIA A FADIGA MUSCULAR **REVITALIZANTE**

Rende 4 unidades

Os sais de banho cítricos são sempre bem-vindos. O limão, a lima e o grapefruit combinam-se com o óleo de alecrim, que deixa uma deliciosa fragrância na pele. Se não quiser cor, substitua o óleo de cenoura (ou de abacate) por óleo de amêndoa.

INGREDIENTES

80 g de bicarbonato de sódio
1 colher (sopa) de ácido cítrico
4 gotas de óleo essencial de grapefruit
4 gotas de óleo essencial de limão
1 gota de óleo essencial de lima
1 gota de óleo essencial de alecrim
uma pitada de calêndula seca picada
um fio de óleo de cenoura ou de abacate (opcional)
ervas ou flores picadas (opcional)

MODO DE PREPARO

1 Misture o bicarbonato de sódio e o ácido cítrico em um prato. Despeje os óleos essenciais por cima e adicione a calêndula picada.
2 Se quiser colorir o sal de banho, adicione um fio de óleo de cenoura (laranja) ou de abacate (verde). Acrescente ervas frescas picadas, como lavanda ou calêndula.
3 Use a mistura diretamente na água da banheira ou faça bolas com forminhas de gelo ou de bombons, colocando na água um pouco antes de entrar na banheira.
4 Para transformar os sais em presente, faça-os em formatos diferentes e embrulhe-os com papel-alumínio.

Sal de banho exótico

ALIVIA A FADIGA MUSCULAR **ESTIMULA OS SENTIDOS**

Rende 4 unidades

Faça do seu banho uma ocasião especial, usando estes sais com perfume sensual. A água fica mais leve, enquanto a combinação de fragrâncias deixa uma sensação de bem-estar, estimulando os sentidos. Essa combinação especial apazigua a mente e confere um profundo sentimento de bem-estar.

INGREDIENTES

3 colheres (sopa) de bicarbonato de sódio
1 colher (sopa) de ácido cítrico
4 gotas de óleo essencial de tangerina
3 gotas de óleo essencial de patchouli
2 gotas de óleo essencial de ilangue-ilangue
1 gota de óleo essencial de laranja-amarga (ou petitgrain)
2 colheres (chá) de óleo de erva-de-são-joão
uma pitada de pétalas de rosas bem picadas

MODO DE PREPARO

1 Misture o bicarbonato de sódio e o ácido cítrico em um prato. Despeje os óleos essenciais por cima.
2 Faça uma cova no meio para adicionar o óleo de erva-de-são-joão e as pétalas picadas.
3 Vá misturando todos os ingredientes. O óleo de erva-de-são-joão ajuda a dar liga e cor ao sal de banho.
4 Faça bolas do sal com forminhas de gelo e guarde em local seco por dois meses.

Sal de banho revigorante

ALIVIA A FADIGA MUSCULAR

REVITALIZANTE

Rende 4 unidades

Este sal de banho é suave e delicado. Pode ser usado até no banho de crianças, ajudando-as a relaxar depois de um dia agitado e preparando-as para dormir. As raspas das frutas cítricas e o óleo de calêndula fornecem textura e cor.

INGREDIENTES

3 colheres (sopa) de bicarbonato de sódio
1 colher (sopa) de ácido cítrico
7 gotas de óleo essencial de tangerina
2 gotas de óleo essencial de laranja
1 gota de óleo essencial de lavanda
2 colheres (chá) de óleo de calêndula
uma pitada de raspas de casca de laranja, tangerina ou limão

MODO DE PREPARO

1 Misture o bicarbonato de sódio e o ácido cítrico em um prato. Despeje os óleos essenciais por cima.
2 Faça uma cova no centro para adicionar o óleo de calêndula e misture bem. Junte as raspas de frutas.
3 Misture todos os ingredientes. O óleo de calêndula ajuda a dar liga e cor ao sal de banho.
4 Faça bolas do sal com forminhas de gelo e guarde em local seco por dois meses.

INFUSÕES PARA BANHO

Colocar um pouco de ervas no banho é uma das maneiras mais fáceis e divertidas de se beneficiar de suas propriedades naturais. Simplesmente deite na banheira e relaxe. Os aromas ajudam a aliviar dores e tensões. Não há forma melhor de terminar o dia.

Infusão para banho de rosas e calêndula

ALIVIA A FADIGA MUSCULAR **RELAXANTE**

Rende 1 aplicação

Esta suave infusão de banho ajuda a hidratar e a tonificar, sendo indicada principalmente para peles delicadas e secas. As propriedades balanceadas e refrescantes da rosa renovam a pele, enquanto o vinagre tem a função de amaciá-la.

INGREDIENTES

2 colheres (chá) de pétalas de rosas
1 colher (chá) do fruto de rosa-mosqueta seco
1 colher (chá) de sal
1 colher (chá) de vinagre de maçã
5 gotas de tintura de calêndula
8 gotas de óleo essencial de rosas
2 gotas de óleo essencial de gerânio

MODO DE PREPARO

1 Faça uma infusão padrão (p. 342) com as pétalas de rosas, o fruto de rosa-mosqueta seco e 500 ml de água quente.
2 Coe e coloque o restante dos ingredientes.
3 Use imediatamente, despejando-a na água da banheira.

Infusão para banho de capim-limão e alecrim

RELAXANTE **ALIVIA A FADIGA MUSCULAR**

Rende 1 aplicação

O alecrim, o capim-limão e o louro são ervas aromáticas muito usadas na cozinha, mas também podem ser ótimas nos cuidados com a pele. A mistura aromática de ervas desta infusão é ideal para ser usada depois de atividades físicas, ajudando na recuperação muscular.

INGREDIENTES

2 colheres (chá) de folhas de louro picadas
1 colher (chá) de alecrim picado
5 gotas de óleo essencial de capim-limão

MODO DE PREPARO

1 Faça uma infusão padrão (p. 342) com as ervas e 500 ml de água quente.
2 Coe e coloque o óleo essencial de capim-limão.
3 Use imediatamente, despejando-a na água da banheira.

Infusão para banho de lavanda e babosa

RELAXANTE **ALIVIA A FADIGA MUSCULAR**

Rende 1 aplicação

Esta infusão alivia a pele irritada e estimula a sensação de bem-estar. A lavanda, conhecida por sua ação restauradora, também é indicada para amenizar as tensões da mente e do corpo.

INGREDIENTES

2 colheres (chá) de lavanda
2 colheres (chá) de camomila
30 ml de suco de babosa
10 gotas de óleo essencial de lavanda

MODO DE PREPARO

1 Faça uma infusão padrão (p. 342) com as ervas e 500 ml de água quente. Espere esfriar e acrescente a babosa e o óleo essencial de lavanda.
2 Use imediatamente, despejando-a na água da banheira.

Infusão para banho de algas e arnica

RELAXANTE   ALIVIA A FADIGA MUSCULAR

Rende 1 aplicação

Esta mistura de ervas ajuda a revitalizar o corpo após um dia longo. As algas-marinhas amenizam irritações ou inflamações na pele. A arnica, um famoso remédio para hematomas, também alivia as dores. Coloque no banho, deite e relaxe.

INGREDIENTES

½ colher (chá) de alga-marinha fucus *(Fucus vesiculosus)*
1 colher (chá) de confrei
2 colheres (chá) de zimbro
2 colheres (chá) de sal marinho
5 gotas de tintura de arnica
2 gotas de óleo de pinheiro
2 gotas de óleo essencial de lavanda
2 gotas de óleo essencial de limão
2 gotas de óleo essencial de zimbro

MODO DE PREPARO

1 Faça uma infusão padrão (p. 342) com as ervas e 500 ml de água quente.
2 Coe e coloque o resto dos ingredientes.
3 Use imediatamente, despejando-a na água da banheira.

Infusão para banho desintoxicante

ESTIMULA A CIRCULAÇÃO   ALIVIA A FADIGA MUSCULAR

Rende 1 aplicação

Para ajudar na eliminação de toxinas, as algas-marinhas e o sal marinho são combinados com zimbro, pimenta-preta e óleo essencial de limão, que estimulam a circulação. A fim de obter melhores resultados, antes de se banhar, esfregue o corpo com uma escovinha em leves movimentos circulares, para esfoliar a pele e energizar o corpo.

INGREDIENTES

½ colher (chá) de alga-marinha fucus *(Fucus vesiculosus)*
1 colher (chá) de sementes de aipo
2 colheres (chá) de sementes de erva-doce
2 colheres (chá) cheias de sal marinho
2 gotas de óleo essencial de zimbro
2 gotas de óleo essencial de pimenta-preta
2 gotas de óleo essencial de limão
2 gotas de óleo essencial de eucalipto

MODO DE PREPARO

1 Faça uma infusão padrão (p. 342) com as ervas e 500 ml de água quente.
2 Coe e coloque o resto dos ingredientes.
3 Use imediatamente, despejando-a na água da banheira.

Erva-doce *(Foeniculum vulgare)* *(p. 57)*
As sementes são pequenas, com sabor forte e bastante aromáticas. Em cosméticos, é desintoxicante e tonificante.

Escalda-pés de gengibre e zimbro

AQUECE O CORPO

ESTIMULA A CIRCULAÇÃO

Rende 1 aplicação

Este escalda-pés aumenta a circulação, aquecendo os pés. O gengibre é conhecido por ajudar a esquentar, o zimbro tem propriedades estimulantes e o cravo é analgésico.

INGREDIENTES

1 colher (sopa) de rosa-mosqueta
2 colheres (sopa) de hibisco seco
1 colher (chá) de cravos
1 colher (chá) de zimbro
3 folhas de louro moídas
1 colher (sopa) de raspas de laranja
3 gotas de óleo essencial de gengibre

MODO DE PREPARO

1 Coloque todos os ingredientes dentro de um pedaço de musselina, amarre com um barbante formando uma trouxinha e coloque em uma bacia com água fervente.
2 Espere 10 minutos, coloque água fria para chegar à temperatura ideal e mergulhe os pés pelo tempo desejado.

Zimbro *(Juniperus communis)*
(p. 73) O que chamamos de frutos nesta espécie de conífera são, na verdade, a parte feminina que abriga as sementes.

Infusão para banho com ervas relaxantes

RELAXANTE **ALIVIA A FADIGA MUSCULAR**

Rende 1 aplicação

As folhas de framboesa são levemente adstringentes e ricas em taninos. A violeta e a lavanda são relaxantes, enquanto a aveia é indicada para a pele seca, pois acalma e hidrata.

INGREDIENTES

2 colheres (sopa) de folhas de framboesa
2 colheres (sopa) de folhas de violeta
2 colheres (sopa) de lavanda
2 colheres (sopa) de aveia

MODO DE PREPARO

1 Amasse as folhas e a aveia com um pilão, até obter um pó.
2 Deposite o pó em um pano de musselina e amarre com um barbante, formando uma trouxinha. Coloque na banheira ou pendure no chuveiro de modo que a água passe pela musselina.

Framboesa *(Rubus idaeus)* *(p. 99)*
A framboesa é rica em vitaminas, minerais e taninos, sendo usada como remédio há séculos.

Infusão pós-parto

AJUDA NO PÓS-PARTO

Rende 1 aplicação

Esta mistura de ervas promove a recuperação do corpo da mulher após o parto. A calêndula estimula a regeneração celular, enquanto a mil-folhas tem ação anti-inflamatória. A lavanda, além de nutrir a pele, ajuda a relaxar.

INGREDIENTES

2 colheres (sopa) de calêndula
2 colheres (sopa) de camomila
2 colheres (sopa) de lavanda
1 colher (sopa) de mil-folhas
1 colher (sopa) de bolsa-de-pastor *(Capsella bursa-pastoris)*

MODO DE PREPARO

1 Faça uma infusão padrão (p. 342) com as ervas e água quente.
2 Use imediatamente, despejando-a na água da banheira, que deve chegar apenas até os quadris. Fique 10 minutos. Se estiver com pontos, faça apenas um banho de infusão por dia.

TRATAMENTOS CAPILARES

Um cabelo bonito depende de um couro cabeludo saudável. Uma dica valiosa é lavar a cabeça com água morna, e não água quente. Para nutrir, utilize produtos naturais feitos em casa, que deixam o cabelo macio, revitalizado e com brilho.

Tônico capilar de confrei

PARA TODOS OS TIPOS DE CABELO

INGREDIENTES

3 colheres (chá) de calêndula seca
3 colheres (chá) de confrei seco
1 colher (chá) de cavalinha seca

Rende 1 aplicação

O confrei, proibido em alguns países, tem efeito condicionador, restaurando a vitalidade natural dos cabelos e o couro cabeludo. É rico em alantoína, que estimula a regeneração celular. A calêndula acalma o couro cabeludo e é ótima para desembaraçar e hidratar os fios.

1 ***Faça uma infusão das ervas*** *com 100 ml de água fervente.*

2 ***Deixe descansar*** *e esfriar por 20 minutos. Descarte as ervas.*

3 ***Coloque o tônico coado*** *em seu xampu, numa proporção máxima de 50%. Use o que sobrar para finalizar a lavagem dos cabelos.*

Xampu de cavalinha

PARA CABELOS OPACOS

Rende 100 ml

A cavalinha, rica em sílica, é indicada para tratar cabelos opacos e sem vida. Misture com o alecrim, que estimula o crescimento e dá brilho. A sálvia ajuda a amenizar a oleosidade, e o óleo de amêndoa hidrata e nutre os fios.

INGREDIENTES

3 colheres (sopa) de xampu comum
3 colheres (sopa) de uma infusão com partes iguais de cavalinha, alecrim e sálvia
1 colher (chá) de óleo de amêndoa
6 gotas de óleo essencial de alecrim

MODO DE PREPARO

Misture bem todos os ingredientes. Use em uma semana ou guarde na geladeira por duas semanas.

Xampu de urtiga

ANTICASPA

Rende 100 ml

Este é um xampu anticaspa. Indicada para tratar cabelos secos e pele irritada, a borragem é uma erva rica em ácidos graxos essenciais, incluindo o ácido gama-linolênico. A urtiga é abundante em minerais, a lavanda é calmante e a sálvia é refrescante.

INGREDIENTES

3 colheres (sopa) de xampu comum
3 colheres (sopa) de uma infusão com partes iguais de lavanda, urtiga e sálvia
1 colher (chá) de óleo de borragem
6 gotas de óleo essencial de erva-cidreira
2 gotas de óleo essencial de limão

MODO DE PREPARO

Misture bem todos os ingredientes. Use em uma semana ou guarde na geladeira por duas semanas.

Condicionador nutritivo

PARA CABELOS SECOS E DANIFICADOS

Rende 100 ml

Este condicionador é indicado para cabelos frágeis e quebradiços. A alteia nutre, o confrei e a calêndula fortalecem e protegem, e os óleos essenciais dão maciez e brilho.

INGREDIENTES

3 colheres (sopa) de condicionador comum
3 colheres (sopa) de uma infusão com partes iguais de alteia, confrei e calêndula
1 colher (chá) de óleo de calêndula
8 gotas de óleo essencial de olíbano
2 gotas de óleo essencial de camomila

MODO DE PREPARO

Misture bem todos os ingredientes. Use em uma semana ou guarde na geladeira por duas semanas.

Condicionador de alecrim

PARA TODOS OS TIPOS DE CABELO

Rende 100 ml

O alecrim é uma das ervas mais indicadas para estimular o crescimento e o fortalecimento dos cabelos. Também é usado para escurecer os cabelos, portanto para as loiras é melhor uma infusão de alecrim e camomila. O óleo de abacate ajuda a hidratar o couro cabeludo e os fios.

INGREDIENTES

3 colheres (sopa) de condicionador comum
3 colheres (sopa) de uma infusão com partes iguais de tomilho, rosas e alecrim
1 colher (chá) de óleo de abacate
5 gotas de óleo essencial de erva-cidreira
3 gotas de óleo essencial de laranja
3 gotas de óleo essencial de alecrim

MODO DE PREPARO

Misture bem todos os ingredientes. Use em uma semana ou guarde na geladeira por duas semanas.

Loção de tomilho

ANTICASPA

Rende 100 ml

O óleo essencial de tomilho aquece e estimula, além de ter ação fungicida e bactericida. O vinagre ajuda a limpar e a tonificar, dando brilho aos fios. Esta loção é indicada para tratar caspa. Aplique antes de passar o xampu.

INGREDIENTES

100 ml de vinagre de maçã
10 gotas de óleo essencial de tomilho

MODO DE PREPARO

Misture bem os ingredientes e massageie no couro cabeludo. Deixe agir por 5 minutos. Lave com água morna e xampu comum. Use em seis meses.

Tomilho *(Thymus vulgaris)*
(p. 116) É uma erva calmante, antisséptica e tonificante.

Condicionador de coco

PARA TODOS OS TIPOS DE CABELO

Rende 100 g

O óleo de coco hidrata todos os tipos de cabelo. É facilmente absorvido pelo couro cabeludo e amacia os fios. A importante combinação dos óleos essenciais de lavanda, tangerina e laranja--amarga ajuda a finalizar o tratamento.

INGREDIENTES

100 g de óleo de coco
8 gotas de óleo essencial de lavanda
7 gotas de óleo essencial de tangerina
5 gotas de óleo essencial de laranja--amarga (ou petitgrain)

MODO DE PREPARO

1 Aqueça o óleo de coco em banho-maria até que derreta. Depois, acrescente os óleos essenciais, mexa e deixe esfriar.
2 Coloque um pouco do condicionador na palma das mãos e massageie os cabelos e o couro cabeludo. Deixe agir pelo menos por 2 horas. Lave com xampu. Use em seis meses.

"O óleo de coco é um dos produtos naturais mais eficazes para hidratar a pele e os cabelos. Para melhores resultados, use uma variedade orgânica"

Condicionador de lavanda e alecrim

PARA TODOS OS TIPOS DE CABELO

Rende 100 g

O óleo de coco é um dos melhores produtos para tratar fios rebeldes ou definir cachos sem vida. Os óleos essenciais ajudam a estimular o crescimento e a restaurar a vitalidade dos fios.

INGREDIENTES

100 g de óleo de coco
10 gotas de óleo essencial de lavanda
8 gotas de óleo essencial de alecrim
6 gotas de óleo essencial de gerânio

MODO DE PREPARO

1 Aqueça o óleo de coco em banho-maria até que derreta. Depois, acrescente os óleos essenciais, mexa e deixe esfriar.
2 Coloque um pouco do condicionador na palma das mãos e massageie os cabelos e o couro cabeludo. Deixe agir por 30 minutos com uma toalha quente em volta da cabeça. Lave com xampu.
3 Para retirar o excesso de produto, passe xampu nos fios antes de molhar. Enxágue bem e aplique o xampu novamente, se necessário.

Óleo capilar estimulante

PARA TODOS OS TIPOS DE CABELO

Rende 1 aplicação

O óleo de abacate é obtido a partir da polpa do fruto, e não do caroço, como muitos pensam. Rico em vitaminas e minerais, é um grande aliado no tratamento da pele e dos cabelos. Já o manjericão e o alecrim estimulam o crescimento dos fios.

INGREDIENTES

2 colheres (chá) de óleo de abacate
2 gotas de óleo essencial de alecrim
2 gotas de óleo essencial de manjericão

MODO DE PREPARO

1 Misture os óleos, coloque em um pote de vidro e aqueça em banho-maria por alguns minutos. Mexa e deixe esfriar.
2 Coloque um pouco do óleo na palma das mãos e massageie os cabelos e o couro cabeludo. Deixe agir por 30 minutos. Lave com xampu. Use em seis meses.

Manjericão *(Ocimum basilicum)*
Na aromaterapia, o manjericão é usado para eliminar e aliviar a fadiga mental, dando força e clareza para a mente.

Creme de tratamento de calêndula e banana

PARA TODOS OS TIPOS DE CABELO

Rende 1 aplicação

Rica em potássio e aminoácidos, a banana é indicada para tratar cabelos secos, sem vida e danificados. A calêndula possui ação antioxidante e, aliada ao exótico óleo de ilangue-ilangue, proporciona um excelente hidratante para os cabelos cacheados, diminuindo o frizz.

INGREDIENTES

1 banana amassada
2 colheres (chá) de óleo de calêndula
3 gotas de óleo essencial de ilangue-ilangue
gotas de suco de limão

MODO DE PREPARO

1 Amasse bem a banana; se preferir, bata no liquidificador. Misture com os óleos.
2 Molhe os cabelos, enxugue o excesso de água e aplique a pasta, massageando os fios.
3 Cubra a cabeça com uma touca de banho e deixe agir por 30 minutos. Lave os cabelos com xampu misturado a gotas de limão.

Fonte de ervas

Veja como cultivar ervas medicinais em jardins ou vasos. Descubra também como colhê-las na natureza ou comprar as melhores espécies, frescas ou secas, para preparar seus próprios remédios.

Planeje seu jardim de ervas

Primeiramente, escolha suas plantas favoritas, levando em conta o espaço e o clima. Pense também na quantidade de sol que cada uma delas precisa para se desenvolver. Seja cuidadoso para dosar quanto de sol suas ervas necessitam e para saber a posição delas em seu jardim.

Aproveite seu espaço Coloque os vasos em paredes, escadas ou outras áreas que recebam sol.

Vasos

• A maioria das ervas culinárias se desenvolve bem em vasos médios. A vantagem disso é que podem ser deslocadas com facilidade para áreas com mais sol ou sombra, dependendo da espécie e da época do ano, sendo protegidas também de possíveis geadas ou excesso de chuva.

• Se preferir, cultive várias ervas no mesmo vaso, e não separadamente, colocando estrategicamente na janela da cozinha para que estejam sempre à mão para serem utilizadas.

• Plante em vasos com furos no fundo para drenar a água, usando terra adubada de boa qualidade e, no caso de ervas mediterrâneas, misture em quantidades iguais terra e vermiculite.

• Nos vasos, as ervas sempre precisam ser regadas diariamente.

Jardins

• Se você possui um jardim ou horta, plante as ervas entre outras que já existam, colocando as que gostam de sombra embaixo de árvores ou plantas maiores e as que gostam de sol ao lado de plantas baixas.

• O espaço ideal para plantar pode ser pequeno, mas suficiente para o desenvolvimento das ervas. A medida mínima é de 1,5 x 3,5 m. Demarque um lugar em que bata sol.

• É possível arrumar espaço nos menores jardins, plantando ervas que não crescem muito, como tomilho e camomila, entre caminhos feitos com brita e pedras.

• Para não cometer erros, planeje seu jardim dos sonhos antes de começar a plantar. Se possível, também leve em conta o aspecto ornamental.

• Use treliças, cercas, pilares e vasos decorados para ajudar a dar o aspecto desejado ao seu jardim. As estátuas e fontes de água são opções mais formais.

Divida o espaço Muitas ervas podem ser encaixadas no meio de hortaliças e de outras plantas já estabelecidas.

Teste o solo

O melhor solo é o que apresenta uma mistura de argila e areia, pois esta proporciona a passagem de água e ar. Antes de plantar as ervas, faça este simples teste na terra do seu jardim.

1 ***Remova toda a grama,*** *ervas daninhas e plantas indesejáveis de uma área delimitada e recolha uma pá de terra. Repita a operação em outras duas áreas.*

2 ***Aperte amostras de terra*** *na palma da mão. Se formar uma cavidade, o solo é muito úmido, mas, se apenas rachar, é o melhor tipo de solo.*

Prepare composto orgânico

Coloque grama, folhas, cascas, talos de vegetais crus e plantas mortas em uma caixa de 1,5 m de largura e 90 cm de altura. Não use ervas daninhas ou grama que estejam germinando.

1 ***Coloque o composto orgânico*** *na caixa. Mantenha a mistura úmida e revire-a a cada duas semanas, com um rastelo, até que toda a matéria seja decomposta.*

2 ***O composto pode ser usado*** *quando ficar escuro e tiver aparência e cheiro de terra.*

Plante

Há muitas vantagens em plantar as sementes. Primeiro, elas são mais baratas que as mudas. Além disso, as raízes de plantas semeadas em casa costumam ser mais saudáveis que as de plantas compradas em viveiros. Há plantas, entretanto, que são mais facilmente cultivadas de outras formas (p. 334).

Plante as sementes

1 ***Coloque a terra*** *adubada em um vaso e pressione levemente com os dedos. Regue e espere drenar. Espalhe as sementes conforme indicado na embalagem.*

2 ***Cubra as sementes*** *com vermiculite ou mais terra adubada. Regue novamente e coloque o vaso em lugar aquecido. Nunca deixe a terra ressecar.*

Transplante

Conforme as mudas vão se formando, necessitam de mais espaço para crescer. Transplante para vasos maiores quando já tiverem formado pelo menos quatro folhas verdadeiras acima das folhas da semente.

1 ***Retire as mudas*** *puxando-as delicadamente pelas folhas verdadeiras, não pelo caule. Esprema a base do suporte para que saia mais fácil.*

2 ***Cave um buraco*** *na terra do vaso e encaixe a muda. Preencha com mais terra, pressione suavemente, regue e coloque em lugar ensolarado.*

Mudas

Algumas vezes não é prático fazer o plantio a partir das sementes, principalmente se você não dispõe de muito espaço e sua intenção é apenas plantar algumas ervas. Algumas espécies são difíceis de germinar, portanto comprar a muda é mais prático.

Para mudar de vaso

Se sua intenção é manter a planta em um vaso, transplante para um que tenha o dobro do tamanho daquele em que está a muda. Se a planta crescer muito, pode ser necessário repetir o processo.

1 ***Verifique*** *se o vaso novo tem furos no fundo. Coloque um pouco de pedras embaixo, preenchendo com terra até a metade e deixando um espaço para a muda.*
2 ***Acomode a planta*** *e coloque mais terra, se necessário. Pressione levemente com os dedos e regue bem a planta.*

Para plantar diretamente no solo

As plantas compradas em viveiros devem estar grandes o suficiente para serem plantadas diretamente no solo.

1 ***Prepare o solo,*** *revolvendo a terra em 15-30 cm de profundidade. Faça um buraco do tamanho do vaso em que a planta estava.*
2 ***Coloque a planta no buraco,*** *cubra com a terra, pressionando-a levemente. Regue bem.*

Propagação

Uma vez que sua erva preferida esteja bem estável, é possível aumentar o número de pés, o que pode ser uma medida de precaução para o caso de alguma planta morrer. Há diversos métodos de propagação. Veja a seguir alguns deles.

Corte dos ramos

Corte os ramos jovens na primavera. No final do verão, corte os ramos semimaduros e maduros. Deixe para cortar os ramos mais duros e grossos no fim da estação de crescimento.

1 ***Selecione um ramo*** *saudável e sem flores, com folhas maduras. Corte logo acima da ramificação e tire as folhas que estão mais abaixo.*

2 ***Corte o ramo*** *5 cm abaixo da última folha. Plante verticalmente em um vaso com terra. Regue bem e cubra com um saco plástico para reter a umidade.*

Corte da raiz

Outra possibilidade é plantar, no final do inverno, a partir de ramificações da raiz madura ou semimadura de plantas dormentes (que não crescem).

1 ***Levante a planta*** *e separe uma ramificação da raiz de 5 cm. Evite pedaços fibrosos ou verdes.*

2 ***Corte a raiz*** *na parte de cima e na diagonal na base. Plante verticalmente no solo, cobrindo com vermiculite.*

Para regar e nutrir

As plantas que crescem em vasos ou jardins têm necessidades específicas de nutrição. Sempre siga orientações das embalagens das sementes e de funcionários de viveiros e lojas de jardinagem. As orientações a seguir ajudam a manter a maior parte das plantas.

Água

Jardim: Quando as plantas estão uma ao lado da outra, é difícil atender exatamente à necessidade de água específica de cada uma. Porém, elas toleram a divisão de território, desde que sejam regadas e que a terra esteja bem drenada. Use adubo para ajudar a manter a umidade do solo e regue sempre que os 5 cm superiores parecerem secos. A melhor hora para regar é no início da manhã.

Vasos: Neste caso, as plantas precisam ser regadas mais regularmente que as de jardim, já que suas raízes não podem ir tão fundo buscar água. No verão ou em dias quentes, as plantas devem ser regadas todos os dias. Se preferir, use irrigadores ou aparelhos que garantam certa quantidade de água diariamente. É possível usar grânulos que ajudam a manter a umidade.

Rega matinal Tente aguar suas ervas pela manhã, evitando putrefação noturna.

Fertilizantes

Jardim: As plantas de jardim não precisam de muito fertilizante, pois suas raízes buscam nas profundezas do solo os nutrientes de que precisam. Entretanto, é possível dar uma mão, espalhando uma camada de 5 cm de composto por cima da terra, no inverno, e depois revolver, na primavera, para restaurar os nutrientes. As ervas que são colhidas regularmente na estação de crescimento se beneficiam de fertilizantes no meio do verão.

Vasos: Neste caso, as plantas precisam de mais atenção. Coloque fertilizantes líquidos ou em grânulos a cada seis semanas na estação de crescimento, principalmente se são colhidas regularmente. Comece a adubar na primavera, quando começam a aparecer os novos ramos. Tire 5 cm da terra e coloque nova terra adubada. No final do verão, pare de adubar para que não cresçam muito, já que devem estar se preparando para o período de dormência, no inverno.

Nutra bem Durante a fase de crescimento, alimente os vasos de ervas com fertilizante a cada seis semanas.

Ervas daninhas, pestes e doenças

As ervas daninhas competem com as plantas por espaço, luz do sol, água e nutrientes. Por isso, devem ser removidas assim que aparecerem. Uma das vantagens de plantar ervas é que os óleos voláteis que elas possuem espantam insetos. Portanto, algumas plantas possuem mecanismos de defesa que vão ajudar a manter as pestes longe.

Com as mãos A maneira mais eficiente de tirar as ervas daninhas é usando as mãos.

Ervas daninhas

Quando começam a aparecer na superfície do solo, na primavera, é necessário removê-las com as mãos. Para evitar que voltem, tire-as antes que iniciem a produção de sementes e certifique-se de arrancá-las pela raiz, principalmente as que são perenes. Verifique o solo frequentemente.

Se quiser limpar uma área grande antes de começar a plantar, tente a técnica da solarização: limpe bem a área, molhando até encharcar, e cubra com um plástico transparente. Enterre as pontas para que não entre ar ou o plástico voe (não use plástico preto ou de outra cor, pois bloqueiam os raios de sol, impedindo a esterilização). Nas 6-8 semanas seguintes, o calor na área será alto e matará as ervas daninhas. Tire o plástico e plante as ervas imediatamente.

Pestes

Lagartas: Tire com as mãos. Estimule a aparição de vespas, que se alimentam das larvas de lagartas e de pulgões. Borrife as plantas com uma solução feita com uma cabeça de alho descascada batida com 500 ml de água. Coe e aplique com um spray.

Lesmas e caracóis: Faça armadilhas, enterrando pratinhos ou copinhos de plástico com cerveja. Se preferir, passe uma fita de cobre em volta dos vasos para dar um choque nos invasores quando estiverem subindo.

Afídeos: Conhecidos popularmente como pulgões, enfraquecem a planta, atrapalhando o crescimento. Outros exemplos da praga são a mosca-branca, a cigarrinha-das-pastagens e a cochonilha. Tire-as das plantas com um jato de água ou use pesticida orgânico.

Larvas: Preferem atuar à noite e aparecem em maior quantidade no outono e na primavera. Os nematoides podem ajudar no seu controle.

Choque rápido A fita de cobre provoca um choque nas lesmas e caracóis, impedindo que subam.

Evite doenças e bactérias

Muitas plantas são resistentes a doenças e a maioria delas se mantém saudável com alguns cuidados básicos. Ocasionalmente, entretanto, aparecem algumas doenças. Tente erradicá-las o quanto antes.

Doenças: Cultive as espécies resistentes e adote boas práticas de higiene, tentando não trabalhar no jardim quando o tempo estiver úmido, pois é mais fácil de espalhar doenças. Examine as plantas regularmente, observando as folhas que caem. Jogue fora as partes das plantas contaminadas e, se possível, queime-as.

Bactérias: Uma maneira de tratar as plantas doentes é fazer uma solução caseira e orgânica: bata uma dúzia de dentes de alho com 1,2 litro de água. Coe, coloque em um borrifador e aplique na planta conforme necessário. Se a planta não responder em alguns dias, corte a parte infectada e queime. Esterilize a tesoura e os alicates antes de usar em outra planta.

Spray orgânico Faça uma receita caseira de alho e água para combater as infecções bacterianas.

Fungos

Embora a presença de fungos seja incomum em ervas, a hortelã pode ser infectada quando está em climas úmidos e quentes. Passe uma solução alcalina e orgânica na planta para a prevenção de doenças causadas por fungos.

Fungos As folhas esbranquiçadas podem ser sinal de fungos, como nesta sálvia.

Vírus

Os vírus podem causar pontinhos brancos, amarelos ou verde-claros nas folhas. Outros podem curvar as folhas, deixá-las amarelas ou pálidas. Apesar de não causarem muitos danos, tire as partes infectadas para que não passe para as outras.

Folhas curvadas Isso pode ser sinal de infecção por vírus, que pode ter sido transmitido por insetos ou ferramentas infectadas.

Procure as ervas

Uma alternativa para plantar no próprio jardim é colher as plantas ao ar livre, em parques, jardins públicos, matas e terrenos. Em muitos casos, as plantas selvagens apresentam maior concentração de princípios ativos, pois estão em seu *habitat*.

Colheita Durante a estação de crescimento, não tire mais que metade da planta, pois ela pode não voltar a crescer.

Sustentabilidade

Algumas plantas, como a urtiga e o dente-de-leão, podem ser facilmente encontradas em áreas verdes. Muitas espécies, porém, estão ameaçadas de extinção devido à colheita abusiva e ao desmatamento. Em alguns países, é proibido colher em áreas públicas e há espécies protegidas por lei.

Em outros, entretanto, há uma grande tradição de colheita de plantas selvagens, mas o comércio é monitorado pela IUCN (União Internacional de Conservação da Natureza), que contém uma lista de plantas em extinção que não podem ser colhidas.

Nunca colha frutos estranhos, ainda que sejam abundantes no local. Não tire todas as plantas de uma área e pegue apenas o que for usar. Não colha a casca das árvores, pois pode machucar a planta.

Segurança

É necessário ter experiência ou estar acompanhado de um especialista. É essencial saber exatamente o que se está colhendo. Muitas plantas similares a ervas que utilizamos podem ser venenosas. Um exemplo é a família das *Umbelliferae*, que inclui não só a angélica e a centelha asiática, mas também plantas venenosas como a cicuta. Use sempre um guia com tabelas de identificação bem claras. A regra é: na dúvida, não arrisque.

Evite colher em beiras de estrada, principalmente as movimentadas, porque as plantas costumam conter altos níveis de chumbo e outros poluentes. Evite também os canteiros, que frequentemente são alvo de cachorros.

Certifique-se também de que os terrenos e campos nunca tenham sido usados para despejar materiais tóxicos. Procure se informar. Não colete perto de fábricas e rios poluídos ou em áreas que possam ter sido pulverizadas.

Frutos Certifique-se de que está colhendo a planta correta quando estiver procurando na natureza.

Plantas selvagens A urtiga é uma das plantas mais fáceis de achar, até mesmo em ambientes urbanos.

Onde procurar

Nas áreas urbanas há uma porção de plantas chamadas "pioneiras", que podem ser encontradas em terrenos, jardins e parques.

Os hortos florestais e parques ecológicos também são bons lugares para isso. Evite colher de locais poluídos ou onde passam muitos carros. O ideal é colher as plantas jovens na primavera e evitar as raízes e plantas maduras.

Um bom argumento para colher plantas perto de casa é que o transporte delas não será feito de uma cidade para a outra e, portanto, será mais ecológico.

Em áreas rurais, procure as plantas em cercas vivas, campos, bosques e matas.

Lembre-se sempre de pedir permissão para colher em propriedades particulares.

Procure se informar se a área em que está pensando em colher uma muda é apropriada.

Quando colher

As plantas produzem óleos voláteis à noite, portanto, a melhor hora para colher é de manhã bem cedo, quando o sereno já tiver evaporado. O tempo seco é mais indicado, pois dificulta o aparecimento de fungos. Colha a planta no ponto mais alto de sua estação de crescimento, a fim de obter a maior quantidade de nutrientes.

Prefira colher as folhas na primavera ou no início do verão e as flores quando começarem a abrir e os frutos quando estiverem maduros, a não ser que esteja especificado de outra forma (veja as páginas 10-137).

As sementes, como as de erva-doce, devem ser colhidas quando ainda estiverem na planta, ou corte os talos com os receptáculos e seque.

As sementes menores podem ser retiradas colocando um papel ou tecido embaixo da planta e chacoalhando-a.

Para saber se os frutos pequenos estão maduros, basta ver se eles estão soltando facilmente do pé.

Colha as sementes Balance a planta cuidadosamente para que as sementes caiam.

Compra e armazenamento

Muitas vezes é vantajoso comprar a planta ou erva diretamente na feira, viveiro ou floricultura. Procure as variedades orgânicas e de produtores de sua confiança. Algumas ervas crescem melhor em outras condições climáticas e são sazonais. Portanto, comprar a planta fresca ou seca pode ser mais indicado que cultivar.

A planta perfeita

Não compre plantas com problemas ou doenças, como folhas amareladas e pálidas ou com manchas. As ervas devem ter folhas viçosas e brilhantes. Tire a planta do vaso e verifique a raiz, que deve estar ramificada, mas não em excesso. Observe se há insetos para não levar pragas para casa.

Vasos de plantas Antes de comprar, confira cada planta que você escolheu, das folhas e caules à raiz.

Raízes

As folhas viçosas e os caules eretos nem sempre garantem que a planta esteja livre de doenças. Verifique se as raízes estão saudáveis, pois são a base da planta.

1 ***Uma raiz saudável*** *deve sair facilmente do vaso, estar ramificada, mas não em excesso, com solo visível.*

2 ***Se a raiz não estiver muito saudável***, *tire a parte doente antes de plantar. Remova todas as pragas.*

Ervas frescas

Vale a pena comprar ervas e hortaliças em feiras e mercados se a planta em questão é difícil de cultivar, se está disponível em apenas em algumas épocas ou se a quantidade necessária é maior do que você tem disponível em sua horta. Procure comprar orgânicos e escolha sempre as folhas viçosas e com bom aspecto.

Ervas delicadas como salsinha, hortelã ou estragão podem ser conservadas por alguns dias em vasos de água ou em recipientes bem fechados na geladeira. Outras ervas, como manjericão e manjerona, podem ser refrigeradas. Lave bem as folhas, seque, enrole em papel-toalha umedecido e coloque dentro de um recipiente fechado na geladeira.

A maioria mantém as propriedades quando congeladas. Pique bem, coloque em forminhas de gelo com azeite ou água e congele. Use em seis meses.

Preserve ervas frescas Pique bem as ervas frescas e coloque em forminhas de gelo com azeite ou água e congele.

Ervas secas

A maioria das ervas mantém suas propriedades depois de secas. Por isso, colha no momento de pico de crescimento e, se sobrar, seque para usar depois. Tradicionalmente as ervas são colhidas em uma estação e depois crescem por todo o ano para serem colhidas na mesma estação, no ano seguinte. A maioria tem validade de 12 meses. Ou seja, depois desse prazo, jogue-as fora.

Somente resseque ervas orgânicas, pois, como as plantas secas são mais concentradas, os agrotóxicos e outros químicos também serão consumidos de forma concentrada.

É essencial que você procure um fornecedor orgânico ou empresas que respeitem o meio ambiente.

Conserve as ervas secas em potes de vidro bem fechados e em lugar escuro e seco para manter suas propriedades.

Armazene Ervas secas devem ser guardadas em potes de vidro bem fechados, longe da luz direta, e usadas em 12 meses.

BÁSICO

Infusões

Preparar uma infusão é a maneira mais fácil de consumir os nutrientes das plantas. Uma infusão padrão é feita com 1 colher (chá) de uma erva seca ou 2 colheres (chá) de qualquer mistura de ervas (dobre as quantidades para as ervas frescas) e 1 xícara (175 ml) de água fervente. Consulte a primeira parte deste livro (pp. 10-137).

INGREDIENTES

1 colher (chá) cheia de uma erva seca ou 2 colheres (chá) de qualquer mistura de ervas
1 xícara (175 ml) de água fervente

MODO DE PREPARO

1 Coloque as ervas em um bule de chá e despeje a água fervente por cima.
2 Deixe descansar por 10 minutos, tampando para evitar que os óleos voláteis escapem. Coe e beba.

Decocções

Para usar as partes mais duras da planta, como cascas, raízes e talos, faça uma decocção. A medida padrão é 1 colher (chá) de erva seca, ou 2 colheres (chá) de erva fresca, e 1 xícara (175 ml) de água fervente. Consulte o guia de ervas da primeira parte deste livro (pp. 10-137). Evite usar panelas de alumínio, que podem alterar a decocção. Esta receita rende 3 xícaras.

INGREDIENTES

15 g de erva seca ou 30 g de erva fresca
750 ml de água fria

MODO DE PREPARO

1 Coloque as ervas em uma panela e acrescente a água.
2 Tampe a panela e deixe levantar fervura. Abaixe o fogo e deixe reduzir por 15-20 minutos.
3 Coe a decocção e separe em três doses.

Óleos de ervas

A maneira de preparar os óleos de ervas deste livro é conhecida como "método quente". É fácil de fazer: ajuste as quantidades abaixo na proporção desejada. Use óleo suficiente para cobrir todas as ervas.

INGREDIENTES

100 g de erva seca ou 300 g de erva fresca
500 ml de óleo vegetal (como de girassol ou oliva)

MODO DE PREPARO

1 Pique as ervas, coloque em uma tigela de vidro e junte o óleo.
2 Leve a tigela para aquecer em banho-maria, tampando-a por 2 horas. Coloque mais água na fervura, se necessário.
3 Coe e repita a operação com o mesmo óleo, aquecendo por 1 hora.
4 Coe de novo, coloque em um pote de vidro esterilizado (p. 194) e cole uma etiqueta com o nome dos ingredientes e a data.
5 Deixe descansar por um tempo e, se aparecer água na superfície do pote, retire-a. Armazene por três meses.

Tinturas

As propriedades medicinais das ervas podem ser aproveitadas através das tinturas. O álcool atua como um conservante, permitindo que as ervas sejam armazenadas durante todo o ano, fora das estações.
As tinturas são mais fortes que as infusões, as decocções e os óleos, portanto devem ser usadas em quantidades menores (veja a quantidade indicada para cada erva na primeira parte do livro, pp. 10-137). Elas podem variar na concentração, por exemplo, 1:3 ou 1:5. Ao comprá-las prontas, siga as instruções da embalagem. As dosagens deste livro são baseadas em tinturas 1:5, a não ser quando especificado de outra forma.

INGREDIENTES

200 g de erva seca (as ervas frescas devem ser ressecadas para diminuir a quantidade de água da tintura)
1 litro de vodca com teor alcoólico de 37,5%.

MODO DE PREPARO

1 Pique as ervas e coloque-as em um vidro escuro esterilizado (p. 194) com tampa.
2 Despeje a vodca, imergindo as ervas por completo.
3 Feche o vidro e deixe em lugar escuro e arejado, agitando ocasionalmente durante duas semanas.
4 Coe a mistura forrando um coador com um pedaço de musselina. Depois, filtre com a ajuda de um filtro de papel.
5 Coloque no vidro escuro esterilizado novamente e cole uma etiqueta com o nome dos ingredientes e a data de fabricação. Armazene em lugar escuro e arejado.

INFORMAÇÕES IMPORTANTES DE SEGURANÇA

ERVAS

Os remédios fitoterápicos e as ervas devem ser tratados com respeito e cuidado. Na primeira parte do livro (pp. 10-137), leia os destaques "Cuidado" de cada planta.

ÓLEO ESSENCIAL

Os óleos essenciais contêm substâncias altamente concentradas e devem ser diluídos em óleos base antes do uso. Uma típica proporção para um óleo de massagem, por exemplo, é de 2% de óleo essencial e 98% de óleo base. Os óleos essenciais devem ser diluídos na banheira na proporção de 5 gotas para 15 ml de óleo vegetal ou leite. Nunca use sem orientação médica. As crianças com menos de dois anos não devem ser tratadas com óleos essenciais. Alguns, como os de sálvia e manjericão, não devem ser usados durante a gravidez. Sempre consulte um médico ou especialista antes de usar qualquer óleo essencial.

SABONETE

Preparar sabonetes exige as quantidades corretas. As receitas deste livro não devem ser feitas por crianças, pois pode ser perigoso. Compre soda cáustica de 100% e sempre use luvas, máscara e avental. No momento do preparo, o pH do sabonete é extremamente alto, muito alcalino, devido à soda cáustica. Porém vai caindo e chega a 10-10,5 com o passar das semanas. O sabonete vai secando até tornar-se apropriado para uso. Mesmo assim, pode irritar as peles mais sensíveis. Por isso, sempre faça o teste antes de aplicar qualquer produto na pele.

Glossário

ADAPTOGÊNICA Uma erva restauradora que ajuda a aumentar a resistência do corpo ao estresse e à fadiga
ADSTRINGENTE Gera a constrição dos tecidos e diminui as secreções
ANALGÉSICA Alivia a dor
ANAFRODISÍACA Reprime o desejo sexual
ANÓDINA Acalma as dores
ANTIÁCIDA Ajuda a diminuir a acidez estomacal
ANTIALÉRGICA Alivia as reações alérgicas
ANTIBACTERIANA OU BACTERICIDA Mata ou inibe a proliferação de bactérias
ANTIBIÓTICA Mata e inibe a proliferação de bactérias
ANTICATARRAL Diminui a produção de catarro e ajuda a limpar os pulmões
ANTICOAGULANTE Retarda a coagulação do sangue
ANTIDEPRESSIVA Ajuda a combater os sintomas da depressão
ANTIDIARREICA Diminui a diarreia
ANTIEMÉTICA Ajuda a diminuir os vômitos
ANTIESCORBÚTICA Previne contra o escorbuto (carência de vitamina C)
ANTIESPASMÓDICA Reduz os espasmos musculares e a tensão
ANTI-HELMÍNTICA Ajuda a combater as infecções por vermes
ANTI-HIDRÓTICA Reduz o suor
ANTI-HISTAMÍNICA Reduz os efeitos da produção de histamina no organismo
ANTI-INFLAMATÓRIA Reduz as inflamações e as dores
ANTIOXIDANTE Reduz os danos da oxidação, combatendo os radicais livres
ANTIPARASITA Mata ou inibe o crescimento de parasitas
ANTIRREUMÁTICA Ajuda no tratamento de doenças reumáticas
ANTITROMBÓTICA Ajuda a prevenir a formação de trombos ou coágulos na circulação
ANTITUSSÍGENA Alivia a tosse
ANTIVIRAL Mata ou inibe a proliferação de vírus

BRONCODILATADORA Dilata os brônquios (vias aéreas) dos pulmões

CARMINATIVA Reduz a flatulência e o desconforto gástrico
COLAGOGA Estimula o fluxo de bile
COLERÉTICA Aumenta a secreção de bile pelo fígado

DEMULCENTE Protege as mucosas e alivia as irritações
DIAFORÉTICA Estimula a produção de suor
DIGESTIVA Beneficia a digestão
DIURÉTICA Estimula a produção e a eliminação de urina

EMENAGOGA Provoca a menstruação
EMOLIENTE Amolece a pele
ESTÍPTICA Estanca a hemorragia externa
ESTROGÊNICA Promove ou imita a ação de hormônios femininos
EXPECTORANTE Ajuda a eliminar o catarro do sistema respiratório

FEBRÍFUGA Diminui a febre
FUNGICIDA Mata os fungos e inibe a proliferação

GALACTAGOGA Aumenta a produção de leite

HOMEOSTÁTICA Ajuda a parar as hemorragias e os sangramentos
HIPOGLICÊMICA Diminui a concentração de açúcar no sangue
HIPOLIPIDÊMICA Diminui os níveis de colesterol
HIPOTENSIVA Diminui a pressão arterial

LAXATIVA/LAXANTE Estimula os movimentos do intestino

NUTRITIVA Promove a nutrição, saudável

OCITÓCICA Estimula a contração de músculos uterinos, ajudando no parto

PROGESTERÔNICA Estimula ou imita a ação da progesterona
PURGATIVA Laxante forte

RELAXANTE Ajuda a aliviar a tensão
RESTAURADORA HEPÁTICA Ajuda o fígado
RUBEFACIENTE Estimula o fluxo de sangue na pele, causando rubor

SEDATIVA Calmante
SOPORÍFICA Induz ao sono

TÔNICA AMARGA Substância digestiva ou estimuladora do apetite

VASODILATADORA Dilata os vasos sanguíneos

Índice

A

B

C

D

E

F

Mais informações

Aromaterapia
www.terra-flor.com

Associação Brasileira de Fitoterapia
www.abfit.org.br

Associação Paulista de Naturologia
www.apanat.org.br

BioEssência – óleos essenciais e produtos naturais
www.bioessencia.com.br

Plantamed – base de dados de plantas e ervas medicinais e fitoterápicos
www.plantamed.com.br

Fitoterapia & terapias complementares
www.fitoterapia.com.br

Weleda – óleos essenciais e produtos naturais
www.weleda.com.br

Agradecimentos

A **Neal's Yard Remedies** agradece aos responsáveis pela concretização deste livro: Julie Wood, Elly Phillips, Dra. Pauline Hili e a equipe técnica da empresa, no passado e no presente, e Dr. Merlin Willcox.

A **Dorling Kindersley** agradece à equipe da Neal's Yard Remedies, em Peacemarsh, pelo uso do jardim orgânico em julho e agosto de 2010, onde foi feita a maioria das fotografias deste livro. Também agradecemos a Philip Robbshow, da Sheepdrove Organic Farm, por sua ajuda.

Nossos agradecimentos também aos fornecedores de plantas para as fotografias: Arne Herbs, Jekka's Herb Farm, Viveiros Petersham, Viveiro de Ervas Poyntzfield e South Devon Chilli Farm.

Ilustrações: Debbie Maizets
Diretores de arte: Luis Peral e Nicky Collings
Estilista culinária: Jane Lawrie
Preparação de cenários: Wei Tang
Revisão: Jennifer Latham
ndice: Hilary Bird
ste de receitas: Katy Greenwood
istentes editoriais: Roxanne Benson-Mackey e Mistry
entes de arte: Danaya Bunnag e Emma Forge
afia DK: Lucy Claxton e Romaine Werblow

As ervas têm propriedades medicinais e devem
. Este livro não tem a intenção de substituir
uma referência, mas somente uma fonte de
ne fitoterápicos se estiver em tratamento com
io. Antes de usar uma erva, é recomendado
antidade pequena a fim de verificar se há
as. Também há a orientação para não se
adotar os tratamentos a longo prazo,
crianças sem recomendação médica.
es podem ser responsáveis por reações
struções aqui inseridos. O uso de
e de responsabilidade do leitor.